1951

「元晖学者教育研究丛书」

THE ADVANCING SPOTS
ON THE BASIC EDUCATION TEXTBOOK REFORM

基础教育课程教材
改革前沿问题研究

刘学智 / 著

NORTHEAST NORMAL UNIVERSITY PRESS
WWW.NENUP.COM
东北师范大学出版社
长 春

本书系教育部哲学社会科学研究重大课题攻关项目"大中小学教材的一体化建设和管理研究"（16JZD042）的研究成果；同时获得 2019 年度北京师范大学中国基础教育质量监测协同创新中心重大成果培育性项目（2019-03-003-BZPK01）的资助。

丛书序言

在实践领域，教育在全球化、信息化、现代化的背景下，不再呈现为简单有序、线性透明的样态，而是出现了各种各样的复杂样态。因此，这就需要我们更为审慎地思考和更为敏感地把握。在现实生活中，从教育与社会的发展来看，教育越来越多地成为实现国家目的的重要工具，成为实现理想的重要手段；从教育与人的发展来看，教育在满足人的发展需要、培养理想人格方面还有很大提升空间。综观教育的发展，教育的改革不再仅仅是地方性质的了，而是成了世界各国政府为实现国家利益和国际诉求的重要手段。教育在应对人的发展的不确定性、人的发展需要的变化性等方面面临着各种各样的挑战。另外，教育的复杂性吸引着思考者不断地进行探索，试图去发现教育世界的"秘密"，找到变革教育世界的"钥匙"，从而使我们更好地认识和改造这个丰富多彩而又纷繁复杂的领域。

东北师范大学教育学部召集十余位教授，整理了近二十年的研究成果，系统诊断教育实践问题，不断追问教育的真理，并创新教育理论。这些研究既有理论模型的构建，又有实践领域的深刻探究；既诊断问题、分析原因，又提出对策、措施；既追本溯源有历史大视野，又关心现实展望未来；既关心国家宏观政策制度，又在微观层面提出具体可操作的方法；既扎根本土研究注重原创，又注重以国际视野进行深度学习。

本套丛书是东北师范大学教育学部教育研究的总结，是十余位教授多年教育研究的记录，是他们对中国教育改革的独特认识。我们希望以这套丛书为支点，与读者展开对话，共同探寻教育的真理，在对教育的凝视中不断地思辨、判断、检视。

吕立杰

2019 年 11 月

于东北师范大学田家炳教育书院

前　　言

　　课程改革作为教育的核心工程，事关国家人才强国战略能否实现，事关国家与民族的未来，必须随着社会发展不断加以变革，构建适应时代发展要求和符合素质教育要求的现代教育课程体系。2014 年，教育部颁布了《关于全面深化课程改革 落实立德树人根本任务的意见》，该意见指出，要"充分发挥课程在人才培养中的核心作用，进一步提升综合育人水平，更好地促进各级各类学校学生全面发展、健康成长"。为了进一步发挥课程、教材的育人功能，落实立德树人的根本任务，有必要对深化课程、教材改革的前沿问题进行实践反思与理论探究，以挖掘课程、教材改革的内在规律。

　　为此，本书从课程改革、教材改革、评价改革、教师专业发展等方面着手，紧跟时代发展的步伐，探索我国和国际基础教育课程改革的成果及发展潮流，期待为深化基础教育课程教材改革提供一些有益的探索。本书的总体内容框架及具体专题结构如下。

　　课程改革篇，共三大专题。

　　专题一：中国基础教育课程改革趋向研究，主要以中国大陆及台湾地区为对象，探讨中国大陆及台湾地区课程改革理论与实践中存在的问题，洞察基础教育课程改革发展的基本趋向。

　　专题二：课程改革的国际比较研究，主要探讨了日本和美国两国课程改革中课程理论、课程标准研制等热点问题。

　　专题二：课程评价改革问题研究，主要探讨了美国基础教育评价体系和 PISA 青少年幸福感评价体系的构建，以及区域性义务教育学业质量监测制度等问题。

　　教材改革篇，共一个专题。

　　专题四：教材改革的热点问题研究，直面教材改革的重难点，对教材一体化建设、教材管理制度创新以及教材制度发展历史进行了探讨。同时，进行了教材改革的国际比较研究，对美国田纳西州教材审定制度进行了重点研究。

一致性问题篇，共两大专题。

专题五：基础教育领域一致性理论研究，主要介绍了美国学者研制的一致性分析模型。包括：分析学业评价与课程标准的一致性水平的韦伯模型、成功分析模式，以及分析课堂教学与课程标准一致性的SEC模型等。

专题六：基础教育领域一致性实践探索。主要研究个案地区，即以J省某县小学数学、东北三省初中化学教师为研究对象进行学业评价与课程标准的一致性水平分析、课堂教学与课程标准的一致性水平分析等，为基础教育课程改革、教学质量提升提供依据。

教师教育改革篇，共一个专题。

专题七：基础教育教师教育问题研究，主要探讨日本、美国等国家基础教育改革中的教师教育问题，为我国教师教育改革提供新思路。

本书是笔者致力于学术研究的积累和结晶。有一些学术文章是与国内学者马云鹏教授、缴润凯教授、陈淑清副教授等合作完成的，也有一些文章是与自己的学生栾慧敏、王馨若、张振、丁浩然、李哨兵、张祎等合作完成的。在此，对他们给予的学术支持表示衷心的感谢！

本书在学术论文选取及编撰中，在忠实原文的基础上对部分文章的题目和内容做了简要、适当的修改。受精力及能力所限，书中难免有谬误之处，恳请学术界同仁不吝赐教。

作　者

2019 年 9 月

目　　录

课程改革篇

专题一

中国基础教育课程改革趋向研究

　　课程改革是全面提高国民素质，培养时代新人的关键路径。世界各国都将课程改革作为深化教育改革的重要环节，不断探索推进课程改革的新路径。当前基于标准的课程改革已经成为世界各国深化课程改革的重要举措。基于标准的课程改革强调教育工作者要有标准意识，能够从课程标准的立场和视角出发进行课程改革，具体表现为要以课程标准为导向，与课程标准保持一致进而充分发挥课程标准在课程改革实践中的统领作用。基于此，本专题在中国基础教育课程改革的热点问题中以中国大陆和台湾地区的课程改革为代表，深入分析大陆和台湾地区课程改革的时代背景、发展趋势、存在问题以及问题解决的对策，进而探讨基于课程标准的课程改革的内在发展规律，最终为推动教育高质量均衡发展提供有力的课程保证。

中国大陆地区基于标准的课程改革深化

一、2001 年启动基于标准的课程改革

实施课程改革是 21 世纪世界教育改革与发展的共同趋势。2001 年 6 月，我国颁布了《基础教育课程改革纲要（试行）》（以下简称《纲要》），这是国家指导 21 世纪前 10 年基础教育课程改革的纲领性文件，标志着新中国成立以来最大规模的课程改革的全面启动。《纲要》提出了此次课程改革的六项具体目标：

改变课程过于注重知识传授的倾向，强调形成积极主动的学习态度，使获得基础知识与基本技能的过程同时成为学会学习和形成正确价值观的过程。

改变课程结构过于强调学科本位、科目过多和缺乏整合的现状，整体设置九年一贯的课程门类和课时比例，并设置综合课程，以适应不同地区和学生发展的需求，体现课程结构的均衡性、综合性和选择性。

改变课程内容"难、繁、偏、旧"和过于注重书本知识的现状，加强课程内容与学生生活以及现代社会和科技发展的联系，关注学生的学习兴趣和经验，精选终身学习必备的基础知识和技能。

改变课程实施过于强调接受学习、死记硬背、机械训练的现状，倡导学生主动参与、乐于探究、勤于动手，培养学生搜集和处理信息的能力、获取新知识的能力、分析和解决问题的能力以及交流与合作的能力。

改变课程评价过于强调甄别与选拔的功能，发挥评价促进学生发展、教师提高和改进教学实践的功能。

改变课程管理过于集中的状况，实行国家、地方、学校三级课程管理，增强课程对地方、学校以及学生的适应性。

新课程改革目标构成了这次基础教育课程改革的总体框架，无论是课程功能还是课程结构，无论是课程内容还是课程管理政策，无论是课程实

施还是课程评价都发生了新的变化。可以说,"课程目标是围绕人的培养目标来设计和确定的"[1],课程改革紧紧指向了学生素质的全面发展。基础教育课程不再仅仅是以灌输知识与掌握技能为目标的课程,更是学生发展能力,建构自己态度、情感与价值观的课程。这对课程实施提出了更高的要求,即必须保证课程实施的有效性,全面实现课程目标。此次课程改革,以课程标准代替"教学大纲",主要是考虑我国在新的历史时期,"理论背景的转型、教育政策的变化、改革的推广与传播,以及教师的理解与接受等多方面的原因"。[2]课程标准在我国并不是一个新术语,最早可以追溯到清朝末年。在"废科举,兴学校"的近代普及教育运动初期,清政府在颁布各级学堂章程中,就有《功课教法》或《学科程度及编制》章,此为课程标准之雏形。明确把课程标准作为教育指导性文件,始于1912年南京临时政府教育部颁布的《普通教育暂行课程标准》,此后,"课程标准"一词沿用了40余年。如1923年颁布的《新学制课程标准纲要》,1929年颁布的《中小学课程暂行标准》,1932年颁布的《课程正式标准》,以及1936年、1942年、1948年的不同修正标准。中华人民共和国成立初期也颁布了小学各科和中学各别科目的课程标准(草案)。此前使用的课程标准结构主要包括课程标准总纲和各科课程标准。前者是对一定学段的课程进行总体设计的纲领性文件,规定各级学校的课程目标、学科设置、各年级各学科的教学时数、课外活动的要求和时数以及集体活动的时数等;后者根据前者具体规定各科教学目标、教材纲要、教学要点、教学时数等。一直到1952年,在全面学习苏联的特定背景下,我国才把课程标准总纲改为教学计划,把课程标准改为教学大纲[3],1991年又从教学大纲改为课程标准。1999年开始酝酿的新一轮课程改革的核心理念之一就是制定课程标准以取代原来的教学大纲。2001年伊始,在广泛听取国内知名教育专家及一线教师的意见和建议的基础上,经过反复酝酿、修改,涵盖中小学义务教育18门学科的国家课程标准研制完成,2001年9月1日起进入基础教育课程改革实验区。

二、2011年课程标准修订

自2001年国家启动新世纪基础教育课程改革后,经过十年的实践探索,教育部在2011年颁布了《义务教育各学科课程标准(2011年版)》,(以下简称"新课标"),这标志着我国义务教育课程改革进入一个新的发展时期。为贯彻落实《国家中长期教育改革和发展规划纲要(2010—2020

年)》，适应新时期全面实施素质教育的要求，深化基础教育课程改革，提高教育质量，"新课标"以推动教育均衡发展、提高教育质量为目标，在深刻总结十年改革经验、深入分析存在问题的基础上，力求巩固和深化十年课程改革理念与成果，着力解决十年改革尚未解决的问题，为下一个十年的基础教育课程提供指导[4]。

"新课标"对各学科课程目标、课程理念、课程设计等均进行了修订。下面以《义务教育数学课程标准（2011 年版）》（以下简称《课标 2011》）与《全日制义务教育数学课程标准（实验稿）》（以下简称《课标》）为对比，深入了解新课程标准。

（一）课程目标

1. 四个"基本"点

《课标》提出数学包括"重要数学知识（包括数学事实、数学活动经验）以及基本的数学思想方法和必要的应用技能"。《课标（2011）》提出数学包括"数学的基础知识、基本技能、基本思想、基本活动经验"，明确提出了"四基"概念[5]。

课程目标从两个"基本"点到四个"基本"点，提高了对学生理解数学本质的要求。史宁中教授认为基本思想可作为一门学科教学的主线或学科内容的诠释架构和逻辑架构[6]。四个"基本"点中，基本思想指能反映数学最本质的大的思想，如归纳思想（一般化）、演绎思想（特殊化）、模型化思想、公理化思想等。这里的"基本活动经验"主要指数学活动经验，其本质上是指学习主体在数学活动过程中通过感知觉、操作及反思获得的具有个性特征的表象性内容、策略性内容、情感性内容以及未经社会协商的个人知识等，具有活动性、个人性、整体性、模糊性、基础性、层次性、情境性、情感性等特点。因此，该标准体现了对课程过程性目标与情感性目标的重视[7]。

2. 四个要求

《课标（2011）》在《课标》"分析问题、解决问题"的基础上增加了"发现问题、提出问题"目标。

分析问题、解决问题、发现问题、提出问题是对学生创新意识和创新能力培养的要求。从"分析、解决"到"发现、提出"是从基础思维训练到创新思维训练的具体体现，反映了创新思维的训练是接下来数学课程学习的重点。

3. 一个"联结"

《课标》指出"体会数学与自然及人类社会的密切联系",侧重的是数学的现实应用。《课标（2011）》修改为"体会数学知识之间、数学与其他学科之间、数学与生活之间的联系",侧重的是数学知识的广泛联结。联结是在数学内部、数学与其他学科、数学与日常生活之间发现联结、建立联结[8]。而数学联结的目的是从不同角度审视知识、赋予知识以现实背景,形成联系丰富的知识模块,使得知识节点具有深度和灵活性。

（二）课程理念与内容

1. 课程理念的变化

《课标》中"基本理念"的结构为课程性质、数学观、数学学习、数学教学、评价、信息技术。《课标（2011）》在"基本理念"中则新增了"课程内容",并将实验稿中的"数学学习、数学教学"合并为"教学活动"。

2. 课程内容的更新

《课标（2011）》新增"课程内容",从内容选择、内容组织、内容呈现上予以表述。内容选择上要结果与过程并重、知识与思想并重,要贴近学生实际;内容组织上要处理好过程与结果、直观与抽象、直接经验与间接经验的关系;内容呈现上要体现出层次性与多样性。与《课标》强调"学习内容应当是现实的,应有利于学生的观察、实验等数学活动"相比,《课标（2011）》呈现出一定的回归倾向,即吸收传统数学教学的精华元素[9]。

（三）教学活动

与《课标》强调数学活动、学生探究相比,《课标（2011）》呈现出"学生探究与教师讲授相融合"的回归倾向。如"认真听讲、积极思考、动手实践、自主探索、合作交流等都是学习数学的重要方式";"教师应注重启发式教育和因材施教,处理好讲授和学生自主学习的关系"。[10]《课标（2011）》同时突出了对学生良好数学学习习惯的培养,以及数学学习方法的掌握。在教学实践中,教师对《课标》"活动、探究"理念的错误理解往往导致形式化倾向,如情境创设绚丽多彩、虚假造作、缺少问题、去数学化,探究活动方向模糊、时时探究、只重过程,缺少思维。在中国传统教学方式中，精讲多练、变式练习等仍有其合理之处，"讲授静听式"的间接经验学习同样可以是有意义学习。

（四）课程设计

以《数学课标》为例，共设置了 6 个核心词，分别为数感、符号感、空间观念、统计观念、应用意识、推理能力。《课标（2011）》将"符号感"改成"符号意识"，"统计观念"改成"数据分析观念"，并且增加了运算能力、模型思想、几何直观、创新意识 4 个核心词。这些核心词构成了《课标（2011）》的设计思路。

① "运算能力"的增添

基于十年课改中学生运算能力下降的事实，力图恢复中国传统数学教学运算快速而准确、技能扎实而熟练的优势。

② "模型思想"的增添

基于对数学基本思想的认识，史宁中教授认为数学基本思想本质上有 3 个，第一是抽象，第二是推理（包括合情推理与演绎推理），第三是模型，模型是沟通数学与外部世界的桥梁[11]。"模型思想"反映了弗赖登塔尔提出的"数学化"理念，即人们把实践中的数学元素析取出来，转化为数学问题，发现其中的数学规律，并通过再抽象和整理上升到形式化模型，然后回到实践中检验和调整的过程。弗赖登塔尔认为：与其说学习数学，还不如说学习"数学化"[12]。

③ "几何直观"的增添

基于对创新思维培养的要求，形象思维、直觉思维是创新思维的重要方面，它们具有同逻辑思维同等重要的地位。形象、直觉思维要利用表象，具有整体性。"几何直观"即指利用图形描述和分析问题，帮助学生直观地理解数学[13]。

④ "创新意识"的增添

本次课程崭新的修订理念，为未来数学课改的发展指明了方向。无论是"几何直观、模型思想"等核心词的增添，还是课程目标的提出，均是为了培养学生的创新意识与能力。《课标（2011）》认为："创新意识的培养是现代数学教育的基本任务，发现和提出问题是创新的基础；独立思考、学会思考是创新的核心；归纳概括得到猜想，并加以验证，是创新的重要方法。"[14]

相对《课标》，《课标（2011）》在实验稿中强调应用意识的基础上，又将"创新意识"写入核心词当中，既关注自主探究，也关注教师的启发式讲授的作用，还强调科学与人文的融合，抽象与直观的结合，演绎与归纳的并重，过程与结果的兼得。因此，也是对《课标》的继承和发展。

三、当前课程改革深化的探索

党的十八大提出把立德树人作为教育工作的根本任务，明确强调了教育的本质功能和真正价值，开始从国家层面更加深入系统地考虑"教育要立什么德、树什么人"或者说"教育要培养什么样的人"这一根本问题。2014年4月，《教育部关于全面深化课程改革落实立德树人根本任务的意见》颁布，这是教育部落实立德树人根本任务的一项重大举措，预示着课程改革将在更广泛的范围、更深入的层次全面推进。而学生发展核心素养回答了"培养什么样的人"的问题，建立学生核心素养旨在推进教育教学改革[15]。如何将核心素养从一套理论框架或者育人目标体系，落实与推行到具体的教育和社会活动中，进而真正实现其育人功能与价值，是教育领域面临的重大问题。

（一）核心素养内涵与主要表现

2016年9月14日，北京师范大学举行了中国学生发展核心素养研究成果发布会，对学生发展核心素养的内涵、表现等做了详细的阐述。

1. 基本内涵

这涉及三个方面六大核心素养。

第一，文化基础。文化是人存在的根和魂。文化基础，重在强调能习得人文、科学等领域的知识和技能，掌握和运用人类优秀智慧成果，涵养内在精神，追求真善美的统一，发展成为有宽厚文化基础、有更高精神追求的人。

·人文底蕴。主要是学生在学习、理解、运用人文领域知识和技能等方面所形成的基本能力、情感态度和价值取向。具体包括人文积淀、人文情怀和审美情趣等基本要点。

·科学精神。主要是学生在学习、理解、运用科学知识和技能等方面所形成的价值标准、思维方式和行为表现。具体包括理性思维、批判质疑、勇于探究等基本要点。

第二，自主发展。自主性是人作为主体的根本属性。自主发展，重在强调能有效管理自己的学习和生活，认识和发现自我价值，发掘自身潜力，有效应对复杂多变的环境，成就出彩人生，发展成为有明确人生方向、有生活品质的人。

·学会学习。主要是学生在学习意识形成、学习方式方法选择、学习进程评价调控等方面的综合表现。具体包括乐学善学、勤于反思、信息意识等基本要点。

·健康生活。主要是学生在认识自我、发展身心、规划人生等方面的综合表现。具体包括珍爱生命、健全人格、自我管理等基本要点。

第三，社会参与。社会性是人的本质属性。社会参与，重在强调能处理好自我与社会的关系，养成现代公民所必须遵守和履行的道德准则和行为规范，增强社会责任感，提升创新精神和实践能力，促进个人价值实现，推动社会发展进步，发展成为有理想信念、敢于担当的人。

·责任担当。主要是学生在处理与社会、国家、国际等关系方面所形成的情感态度、价值取向和行为方式。具体包括社会责任、国家认同、国际理解等基本要点。

·实践创新。主要是学生在日常活动、问题解决、适应挑战等方面所形成的实践能力、创新意识和行为表现。具体包括劳动意识、问题解决、技术应用等基本要点。

2. 主要表现

第一，文化基础——人文底蕴

·人文积淀。具有古今中外人文领域基本知识和成果的积累；能理解和掌握人文思想中所蕴含的认识方法和实践方法等。

·人文情怀。具有以人为本的意识，尊重、维护人的尊严和价值；能关切人的生存、发展和幸福等。

·审美情趣。具有艺术知识、技能与方法的积累；能理解和尊重文化艺术的多样性，具有发现、感知、欣赏、评价美的意识和基本能力；具有健康的审美价值取向；具有艺术表达和创意表现的兴趣和意识，能在生活中拓展和升华美等。

第二，文化基础——科学精神

·理性思维。崇尚真知，能理解和掌握基本的科学原理和方法；尊重事实和证据，有实证意识和严谨的求知态度；逻辑清晰，能运用科学的思维方式认识事物、解决问题、指导行为等。

·批判质疑。具有问题意识；能独立思考、独立判断；思维缜密，能多角度、辩证地分析问题，做出选择和决定等。

·勇于探究。具有好奇心和想象力；能不畏困难，有坚持不懈的探索精神；能大胆尝试，积极寻求有效的问题解决方法等。

第三，自主发展——学会学习

·乐学善学。能正确认识和理解学习的价值，具有积极的学习态度和浓厚的学习兴趣；能养成良好的学习习惯，掌握适合自身的学习方法；能自主学习，具有终身学习的意识和能力等。

·勤于反思。具有对自己的学习状态进行审视的意识和习惯，善于总结经验；能够根据不同情境和自身实际，选择或调整学习策略和方法等。

·信息意识。能自觉、有效地获取、评价、鉴别、使用信息；具有数字化生存能力，主动适应"互联网＋"等社会信息化发展趋势；具有网络伦理道德与信息安全意识等。

第四，自主发展——健康生活

·珍爱生命。理解生命意义和人生价值；具有安全意识与自我保护能力；掌握适合自身的运动方法和技能，养成健康文明的行为习惯和生活方式等。

·健全人格。具有积极的心理品质，自信自爱，坚韧乐观；有自制力，能调节和管理自己的情绪，具有抗挫折能力等。

·自我管理。能正确认识与评价自我；依据自身个性和潜质选择适合的发展方向；合理分配和使用时间与精力；具有达成目标的持续行动力等。

第五，社会参与——责任担当

·社会责任。自尊自律，文明礼貌，诚信友善，宽和待人；孝亲敬长，有感恩之心；热心公益和志愿服务，敬业奉献，具有团队意识和互助精神；能主动作为，履职尽责，对自我和他人负责；能明辨是非，具有规则与法治意识，积极履行公民义务，理性行使公民权利；崇尚自由平等，能维护社会公平正义；热爱并尊重自然，具有绿色生活方式和可持续发展理念及行动等。

·国家认同。具有国家意识，了解国情历史，认同国民身份，能自觉捍卫国家主权、尊严和利益；具有文化自信，尊重中华民族的优秀文明成果，能传播弘扬中华优秀传统文化和社会主义先进文化；了解中国共产党的历史和光荣传统，具有热爱党、拥护党的意识和行动；理解、接受并自觉践行社会主义核心价值观，具有中国特色社会主义共同理想，有为实现

中华民族伟大复兴中国梦而不懈奋斗的信念和行动。

·国际理解。具有全球意识和开放的心态，了解人类文明进程和世界发展动态；能尊重世界多元文化的多样性和差异性，积极参与跨文化交流；关注人类面临的全球性挑战，理解人类命运共同体的内涵与价值等。

第六，社会参与——实践创新

·劳动意识。尊重劳动，具有积极的劳动态度和良好的劳动习惯；具有动手操作能力，掌握一定的劳动技能；在主动参加的家务劳动、生产劳动、公益活动和社会实践中，具有改进和创新劳动方式、提高劳动效率的意识；具有通过诚实合法劳动创造成功生活的意识和行动等。

·问题解决。善于发现和提出问题，有解决问题的兴趣和热情；能依据特定情境和具体条件，选择制订合理的解决方案；具有在复杂环境中行动的能力等。

·技术运用。理解技术与人类文明的有机联系，具有学习掌握技术的兴趣和意愿；具有工程思维，能将创意和方案转化为有形物品或对已有物品进行改进与优化等。

（二）基于核心素养的课程改革的探索

基于学生发展核心素养的课程改革就是要将核心素养融入课程标准，并基于此改进课程实施，推进教师培训，指导考试评价，渗透到教学改革的各个环节中。

1. 将核心素养融入课程标准

第一，基于核心素养的课程标准要求

根据国际课程改革的经验，现代课程体系一般包括四个部分[16]：一是具体化的教学目标，即描述课程教学所要达到的目标，需要落实培养学生哪些核心素养；二是内容标准，即规定学生在具体学科领域应知道和掌握的知识技能等；三是教学建议，也称"机会标准"，即为保障受教育者的学习质量提供的教育经验和资源，包括课堂讲授内容的结构、组织安排、重点处理及传授方式，还有学校公平性、教育资源的分配、学习环境的创设等；四是质量标准，即描述经历一段时间的教育之后，学生在知识技能、继续接受教育、适应未来社会等方面应该或必须达到的基本能力水平和程度要求。

在课程标准中贯彻核心素养的要求，主要涉及三个方面[17]。第一，具体化的教学目标一定是体现学生发展核心素养的教学目标。每一门学科都应当根据本学段学生核心素养的主要内容与表现形式，结合本学科的内容与特点，提出该学科实现本学段核心素养的具体目标，同时要体现本学科特色。第二，内容标准和机会标准是促进学生形成核心素养的保证。各学科都应当结合本学科、本学段的学生核心素养要求来安排学科知识，并且要根据素养培养目标和学科内容特点提出有针对性的教学建议，以促进学生核心素养的形成。第三，质量标准是学生核心素养在学业上的具体体现。学生核心素养可以为衡量学生全面发展状况提供评判依据，通过将核心素养与质量标准紧密结合，不仅可以更加有效地指导教育教学实践，结合内容标准后还可以用来指导教育评价，监测学生核心素养达到的程度，并最终促进学生核心素养的形成和发展。

第二，处理核心素养与学科素养的关系

核心素养是基于学生终身发展和适应未来社会的基本素养建立的，而非基于学科知识体系建立。学生的问题解决能力、创新精神、社会责任感等方面的素养不是仅靠某一个学科就能够培养的，而是要借助多学科、多种知识和多种能力的共同作用[18]。核心素养推动的课程和教学改革，从人的跨学科能力出发，有利于打破学科界限，促进学科融合，共同培养全面发展的人。

"核心素养与学科素养之间的关系是全局与局部、共性与特性、抽象与具象的关系。这是因为在学校课程的学科之间拥有共性、个性与多样性的特征。"[19]从国际经验来看，日本和我国台湾地区都是将学生核心素养的具体指标直接分解到不同的学科之中，特别强调跨学科的统整性，既可以明确地看到如何通过不同课程的合力共同培养出学生的核心素养，也可以看到不同课程在培养学生核心素养方面的侧重[20]。因此，明确核心素养与学科素养之间的关系能够促进学科间的整合以及学生全面发展。

第三，基于核心素养的学业质量评价标准的建立

课程改革的成功与否最终都要看学生学习的质量，因而以核心素养为本的课程评价其内容与形式也必须根据核心素养目标而进行变革。学业质量标准则主要界定学生经过一段时间教育后应该或必须达到的基本能力水平和程度要求，是学生核心素养在具体学段和具体学科中的体现[21]。根据国际组织、各国及地区经验，已有的学生学业自量评价指标应当根据核心素养指标体系做相应的调整，当前，世界很多国家和地区在其课程标准中均有与课程内容相对应的质量标准或能力表现标准，而我国现行课程标准主要是对课程内容的界定，虽然从知识和能力、过程和方法、情感态度

和价值观三维角度对课程进行了说明，但主要对学什么、学多少讲得比较详细，大部分学科对学到什么程度的要求不明确，难以量化、分级，缺乏明确、具体的能力表现标准，导致各地、各校评判教育质量的标准不一致[22]。建立基于核心素养的学业质量标准，将学习内容要求和质量要求有机结合在一起，完善现行课程标准，将有助于解决上述问题。

2. 基于核心素养的课程结构调整

课程目标的落实必须通过课程结构与分布得以完成。如何将核心素养以合理的方式分布在各学科课程之中，是落实课程目标的关键。常见的课程结构方式如下[23]：

第一，整体分布式。这种方式是将核心素养落实程度分为几个层次，要求所有课程都要实现核心素养的课程目标，但存在程度水平的差异。如澳大利亚。

第二，局部分布式。这种方式是指不同学科所负责培养和落实的核心素养目标有所不同，所有学科综合起来统一实现培养目标。以各教育阶段垂直连贯和各学习领域水平统整的理念，考核不同学习领域的特性，逐步发展各教育阶段各学科素养，进而形成核心素养。如我国台湾地区。

整体分布式与局部分布式相比，前者将核心素养的培养作为核心目标，使其在课程中不断巩固和加强，但学科特色难以得到加强和巩固。后者凸显了学科课程特色，减轻了各学科所承担的目标任务，但弱化了核心素养目标本身的系统性。基于此，依照我国当前课程现状与基于培养学生核心素养的课程目标，课程结构的调整须进行进一步探究。

3. 基于核心素养的课程实施的改进

课程实施是指将课程标准转化为教师教学实践的过程。推进基于核心素养的课程实施，是保证融入核心素养后的课程标准落实到教师课堂教学的重要环节。因此，基于核心素养课程改革的关键因素在于课程实施。

第一，基于核心素养的教学设计

当前在一些国家和地区已经开始关注核心素养的培育，强调学习过程的质量。在日本，针对 21 世纪人才需要，能力的培养重点在于对学生学习过程的关注。研究指出，学习指导过程是指针对所学习的内容，使用适宜的方法手段，通过学习活动来培养学生素质能力的过程。基于这样的学习过程，教师培养学生的核心素养在考虑学生思维能力的同时，还应关注各发展阶段需要培养的思维能力，进行学习指导过程的设计[24]。由此可知，基于核心素养的课程改革在实施过程中，"核心素养"不仅促进教师丰富教学内容，还要求教师深入挖掘知识本身之下的核心素养，以此来进行教学设计。

第二，基于核心素养的教材编写

教材是对课程标准的进一步具体化，能明确地指引教师将知识传授给学生[25]。推进核心素养进入教学实践工作，就要在教材编写时突出培养学生核心素养的导向。一方面，教材编写要改变"以知识为中心"的传统思想，应在编写中体现培育学生创新实践能力，引导情感、态度、价值观等方面的内容；另一方面，教材要打破"以学科为中心"的思想，尤其是编写"科学、社会、艺术"等跨学科教材时，更要打破学科界限，培养学科之上的综合素养。编写单一学科的教材时，也要注意培养学科素养，为综合能力素养的生成提供学科支持，而不是仅盯着学科知识，忽视人的整体性[26]。

综上所述，为满足时代对人才的需要，基于标准的基础教育改革逐渐兴起。各国在课程改革过程中，逐渐关注通过课程学习，学生获得知识与能力的程度，即是知识与能力的掌握程度与课程标准间一致性的问题。该问题一方面反映了国家对落实人才培养的关注，另一方面反映了人们获取知识能力的诉求，是当前课程研究领域的热点问题之一。

参考文献

[1] 王湛. 加大基础教育课程改革力度，扎实做好课程改革实验工作 [J]. 课程·教材·教法，2001（9）：17.

[2] 钟启泉. 基础教育课程改革纲要与"学校文化"的重塑 [J]. 教师博览，2001（9）：8-9.

[3] 顾明远.《教育大词典》第一卷 [M]. 上海：上海教育出版社，1990：280.

[4] 于江. 新世纪以来我国基础教育课程改革的十年回顾与反思 [J]. 教学研究，2011，34（4）：77-79.

[5] 中华人民共和国教育部. 义务教育数学课程标准（2011 年版）[M]. 北京：北京师范大学出版社，2012.

[6] 史宁中. 数学的基本思想 [J]. 数学通报，2011，50（1）：2.

[7][12] 朱黎生.《义务教育数学课程标准（2011 年版）》修订了什么 [J]. 数学教育学报，2012（3）：7-11.

[8] 张文贵，王光明. 略论中学数学思想、教学思想与数学现代化教学 [J]. 数学教育学报，1995，4（3）：28.

[9] 陈中峰，游建平. 关注"课标"变化，领会精神内涵——《义务教育数学课程标准（2011 年版）》的研读体会 [J]. 中国数学教育，2013（1）：2-6.

[10] 中华人民共和国教育部. 义务教育数学课程标准（2011 年版）[M]. 北京：北京师范大学出版社，2012.

[11] 史宁中. 数学的基本思想 [J]. 数学通报，2011，50（1）：2.

[13] [14] 中华人民共和国教育部. 义务教育数学课程标准（2011 年版）[M]. 北京：北京师范大学出版社，2012.

[15] 林崇德. 学生发展核心素养：面向未来应该培养怎样的人？[J]. 中国教育学刊，2016（6）：1-12.

[16] 辛涛，姜宇，王烨辉. 基于学生核心素养的课程体系建构 [J]. 北京师范大学学报（社会科学版），2014（1）：5-11.

[17] [21] 邵朝友，周文叶，崔允漷. 基于核心素养的课程标准研制：国际经验与启示 [J]. 全球教育展望，2015，44（8）：14 22.

[18] 钟启泉. 基于核心素养的课程发展：挑战与课题 [J]. 全球教育展望，2016，45（1）：3-25.

[19] 钟启泉. 读懂课堂 [M]. 上海：华东师范大学出版社，2015：205，23，21.

[20] 樊浩，成中英. 伦理研究：道德哲学卷 [M]. 南京：东南大学出版社，2007：193.

[22] [26] 姜宇，辛涛，刘霞，等. 基于核心素养的教育改革实践途径与策略 [J]. 中国教育学刊，2016（6）.

[23] [24] 左璜. 基础教育课程改革的国际趋势：走向核心素养为本 [J]. 课程·教材·教法，2016（2）：6.

[25] 杨晓英. 对小学生作业的哲学解析 [D]. 兰州：西北师范大学，2007.

中国台湾地区基础教育课程改革的探索

课程改革作为基础教育改革的核心工程，必须随着时代与社会发展的要求不断进行更新和调试，以构建适应时代发展要求和符合素质教育要求的新的基础教育课程体系。2014年2月我国台湾地区正式颁布《十二年国民基本教育课程纲要总纲（草案）》，标志着台湾地区新一轮课程改革开始。新一轮台湾地区基础教育课程改革立足于本地区实际，本着全人教育的精神，以"成就每一个孩子、适性扬才、终身学习"为愿景，以"自发、互动、共好"为理念，兼顾个别特殊需求、尊重多元文化与民族差异、关怀弱势群体，以开展生命主体为起点，通过适性教育，激发学生生命的喜悦与生活的自信，提升学生学习的渴望与创新的勇气[1]。

一、台湾地区新一轮基础教育课程改革的背景

教育的改革作为推动社会进步的重要力量，其本身会受到外部因素和内部因素的制约，并受其影响。台湾地区基础教育课程改革既有自身改革的内在需要，也有经济社会发展的驱动。正确认识台湾地区基础教育课程改革，就必须对其改革背景有一定的了解和把握。

（一）台湾地区十二年国民基本教育课程改革的外部驱动
·经济社会发展对台湾地区课程改革的客观需求

随着台湾地区社会与经济的发展，自20世纪80年代起，社会上就不断响起延长基础教育年限的呼声，但各界一直持有不同意见。20世纪90年代开始，台湾地区积极研制延长基础教育年限为12年的可行性，"台湾行政院"1990年颁布了《延长国民教育初期计划——中学毕业生自愿就学高级中等学校方案》。1999年，台湾地区还规定基础教育的年限视社会发展要求而定。[2]2004年台湾地区开始积极推动高中职小区化政策，提供中学毕业生多元选择及适性发展的高级中等教育学习环境。

·国外先进国家对我国台湾地区课程改革的启迪

《十二年国民基本教育课程纲要总纲（草案）》的制定是在参照世界各国经验和做法下进行的。21世纪以来，世界各国普遍贯彻以学生为主体的理念，纷纷调整小学课程连贯与统整，并建置中小学一贯课程体系，以强化课程的纵向连贯与横向统整。[3]新西兰教育部于2007年颁布的"新课程纲要"指出，学校教师的教学应建立在学生既有的知识与经验基础上，并考虑学生的学习需求，避免学习内容的不当重复，并协助学生进行不同领域内容的联结，以发挥学生学习的最大效益，提高学习成效。日本于2008年3月公布小学、中学学习指导要领及幼儿园教育要领，小学自2011年、初中自2012年、高中自2013年全面实施。2009年在英国下议院发布的"国定课程"建议报告书中，提出英国教育行政当局必须针对当前国定课程的目标，进行"跨架构"改革，包含幼儿教育阶段、国定课程及14～19岁学习阶段，都必须适当地融入新国定课程的内涵与架构中。芬兰近期课程纲要也重视孩子学习的支持与辅助，务求带好每一名学生，以保障孩子的学习权并实现社会正义与均等。

（二）台湾地区基本教育课程改革的自我需求

·九年基础教育面临诸多问题

台湾地区实施九年基础教育迄今已超过40年，长期以来社会各界对延长基础基本教育逐渐达成高度共识与期望，九年基础教育引起多方面的问题，如仍存在城乡差距、水平参差不齐、资源不均、升学压力过重等问题，还有少子女化带来的学生数下降的隐忧。《十二年国民基本教育课程纲要总纲（草案）》的制定有利于提升教育质量、实现社会公平正义、增进区域的竞争力及响应民众共同期待。

·九年一贯制课程改革的延续

经济社会的飞速发展，使台湾地区基础教育从过去卓越的精英教育观扩展为平等的全民教育观，并由基础教育全民化延伸至中等教育全民化。为建构中小学一贯课程体系，台湾地区于2006年10月发布"中小学一贯课程体系参考指引"，为研制中小学课程纲要提供参考，并先后于2008年完成修订"中小学九年一贯课程纲要"，并于2011年开始实施。2008年先后完成修订"普通高级中学课程纲要"和"职业学校群科课程纲要"，并于2011年开始实施。2010年完成修订"综合高级中学课程纲要"自2012年开始实施。这些政策对于《十二年国民基本教育课程纲要总纲

（草案）》的研制起到了重要的奠基作用。2013 年台湾地区开始研制"1～12 年级各教育阶段课程纲要总纲草案"，规划十二年基本教育课程实施的支持系统。2014 年 8 月开始研制十二年基本教育课程实施相关之规章、师资培育与研习、课程实验与评鉴、教科用书编审用、辅导推动、教材研发、学习网络、学习评量等支持系统方案或要点。

二、台湾地区新一轮基础教育课程改革的核心理念

教育理念是人们追求的教育理想，它是建立在教育规律基础之上的。科学的教育理念是一种'远见卓识'，它能正确地反映教育的本质和时代的特征。教育理念并不就是教育现实，实现教育理念是一个长期奋斗的过程。[4]教育理念是对"教育的应然状态"的判断，是渗透了人们对教育的价值取向或价值倾向的"好教育"观念。台湾地区的《十二年国民基本教育课程纲要总纲（草案）》以自发、互动、共好为基本理念[5]，以多元适性发展为核心，培养学生的知识、能力、态度，以期提升学生学习成效，使其具有核心素养，获得人生成功，进而促进社会的和谐与进步。

（一）自发——追求个性的课程本体观

课程成功与否的关键，是看学生的个性和创新精神在课程中有没有得到充分张扬。现代主义的最基本特征是"视主体性为基础和中心"，从哲学的角度看，人的个性是个体所拥有的一切独特性。[6]个性是每一个人基于生理基础，受社会文化影响而形成的内心精神世界，涉及主体感受的方方面面，诸如本意、观念、思维方式、价值取向、世界观等，它是最能体现和发挥人自身存在的社会价值的特有属性。智力、情感、意志等人性存在，成为他人不可替代的独立主体。新一轮台湾地区基础教育课程改革让学生主动去适应课程，而不是被动参与。强调教育的重要价值在于促进学习者主体生命之开展与完成，学生是自发主动的学习者，不只是被动地等待、承受，亦能主动地参与、创生。在"人与自己"层面，重视学生的主体性，除了培养基本知能与德行，也保持学生的学习动机与热情，进而培养进取及创新精神，让学生适性发展、了解自我、自主学习，并展现出对自己和生活的自信。

（二）互动——实践交往的课程认识观

哈贝马斯认为，由交往日常实践编织而成的相互作用之网乃是生活世

界——文化、社会和个性——得以自我再生产的媒介。[7]学生以自己的经验、方式和信念为基础来理解现实、解释现实、描绘现实、构建现实，形成了自己的个人世界，这是一个我们自己创建、自主决定的世界。交往能够帮助个人突破既定的主体框架，而开创一种可能性的世界。人是社会的人，人的根本属性之一是人的社会性，离开对社会群体的物质和精神上的归属，人就不成其为人。所谓人的社会性，是社会内在于人、形成人的过程中人性的深层体现，它是人的合作、同情、理解、关爱等诸种主体意识的整合。[8]台湾地区《十二年国民基本教育课程纲要总纲（草案）》把课程发展置于"人与他人""人与社会"层面，重视学生语言、符号、科技的沟通及思辨能力，尊重、包容与关怀多元文化差异，并与他人、团队合作，丰富自然事物的体验与身体动作的感受，进而深化生活美感的素养。人的一切活动都是社会实践活动，在社会实践活动中，由于实践具有属人性质，决定了其在一切社会活动中生成的价值都是以人为中心的，这里的人既包括个体的人，也包括"类存在"的人。

（三）共好——和谐、可持续的课程伦理观

伦理精神不仅是一定社会公共价值观和内在秩序的体现，也是一定社会的人—社会—自然系统的内在秩序协调的体现。因此，伦理关系作为一种价值关系，其核心是怎样推进人—社会—自然系统的可持续协调发展。美国教育哲学家杜威（J. Dewey）指出："只有当相继出现的经验彼此结合在一起的时候，才能存在充分完整的人格。只有建立起各种事物联结在一起的世界，才能形成完整的人格。"[9]课程改革只有贯彻自然、社会与自我有机统一的原则才可能实现整体的人的发展目标。《十二年国民基本教育课程纲要总纲（草案）》运用一种整体主义的观点，观照"人与自然"层面，强调学生学习不应只求自身的发展，而应朝向"以生命为中心"的教育，包括其自我生命、他人生命、社会生活及自然环境之间的圆满完整。课程发展，应当能计学生珍爱生命、爱护自然、珍惜资源，培养对社会文化、土地情感及全球视野，促进社会活动的主动参与、保护生态环境，以体现生命价值。个体生活在自然中，生活在社会中，与自然和社会构成一个有机的整体。

三、台湾地区新一轮基础教育课程改革"四维一体"目标

课程改革目标是指导整个课程编制的准则，也是指导教学的重要准

则。它的制定应以教育目的和培养目标为依据，并体现教育目的与培养目标的意图。《十二年国民基本教育课程纲要总纲（草案）》将课程目标定位于启发生命潜能、陶冶生活知能、促进生涯发展和涵育公民责任四个方面[10]（见图1-1），与"自发、互动、共好"的核心理念相吻合。

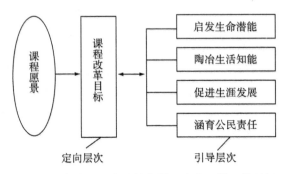

图1-1 台湾地区基础教育课程改革四维一体目标

　　台湾地区基础教育课程改革四维一体目标各有侧重，围绕一个中心——"成就每一个孩子、适性扬才、终身学习"而展开。在知识和技能层面，启发生命潜能目标强调启迪学生学习的渴望，培养好奇心、探索力、思考力、判断力与行动力，愿意以积极的态度、持续的动力进行探索与学习；从而体验学习的喜悦，增益自我价值感，进而激发更多生命的潜能，最终达到健康且均衡的全人开展。陶冶生活知能目标强调培养学生基本技能，在生活中能融会各领域所学，手脑并进地解决问题。并能适切沟通与表达，重视人际包容、团队合作、社会互动，以适应社会生活，进而勇于创新，展现科技应用与生活美学的涵养。在过程和方法层面，促进生涯发展目标强调导引学生适性发展、尽展所长，且学会如何学习，形成终身学习的意愿与能力，激发持续学习、创新进取的活力。锻炼面对生涯挑战与国际竞争的勇气与知能，以回应社会和世界的变化，进而引领社会变迁与世界潮流。在情感、态度和价值观层面，涵育公民责任目标强调培养学生民主素养、法治观念、人权理念、道德勇气和国际理解，并学会自我负责。尊重多元文化与族群差异，追求社会正义，养成地球公民、爱护自然、珍爱生命、惜取资源的关怀心与行动力。树立可持续性的生态观和文化发展观。

　　从以上四个目标分析可以看出，启发生命潜能和陶冶生活技能两个目标指向的是知识、技能的内容及其相应的行为或心智方面的要求。具体来说，就是课程改革目标中要求学习的事实、概念、原理、规律，以及在心智或行为上对它们所要达到的水平层次的要求。促进生涯发展目标指向的是学生在学习中关于获取知识的智力活动程序与采用的方式、方法、手段。让学生主动参与、体验知识技能的获得、运用，培养学生的创新意识和能力。涵育公民责任目标指向的是激发学生探讨问题的兴趣和动机，以提高学生的人文精神与核心素养。这四个目标的确立有利于改变台湾地区过去课程改革偏重知识传授的倾向，强调形成积极主动的学习态度，使学生获得基础知识与基本技能，形成正确的价值观和伦理观。引导学生学会学习、学会合作、学会生存、学会做人。

四、台湾地区新一轮基础教育课程改革"一轴五点"实现路径

课程改革目标的制定是一个国家或地区在影响课程的各因素综合作用下的结果，实现路径的合理化水平，某种程度上决定着课程改革目标的实现程度。台湾地区新一轮基础教育课程改革通过"一轴五点"，即以核心素养作为课程发展之主轴，以课程的连贯与统整、设置弹性课程、落实学生为主体的教育理念、强化五育均衡发展和系统地配套整合着力点推进既定课程目标的实现。

（一）通过核心素养发展全人教育

核心素养是课程发展的轴心。所谓核心素养是指一个人为适应现在生活及未来挑战，所应具备的知识、能力与态度，它是融合认知、技能和情意，经内化后的综合表现，不仅能帮助学生积极响应个人的及社会的生活需求，同时迎接现在与未来的挑战，包括使用知识、认知与技能的能力，以及态度、情意、价值与动机等。[11] 核心素养可以归纳为"三面九项"。三面包括自主行动、沟通互动和社会参与；九项包括身心健康与自我精进、系统思考与问题解决、规划执行与创新应变、符号运用与沟通表达、科技信息与媒体素养、艺术涵养与生活美学、道德实践与公民责任、人际关系与团队合作、多元文化与国际理解。

（二）推动课程的连贯与统整

课程统整又常被称为课程综合化、课程整合，是当今时代课程改革的趋势。课程统整指针对学生学习内容加以有效的组织与连续，打破现有学科内容的界限，让学生获得较为深入与完整的知识。《十二年国民基本教

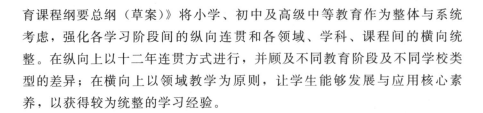

育课程纲要总纲（草案）》将小学、初中及高级中等教育作为整体与系统考虑，强化各学习阶段间的纵向连贯和各领域、学科、课程间的横向统整。在纵向上以十二年连贯方式进行，并顾及不同教育阶段及不同学校类型的差异；在横向上以领域教学为原则，让学生能够发展与应用核心素养，以获得较为统整的学习经验。

（三）提供课程弹性设计空间

台湾地区新一轮基础教育课程改革鼓励学校结合课程目标发展办学特色，在弹性学习课程及校订必选修课程的规划与设定上，给予各级学校更多的空间，并让学生获得自我实现的学习机会。各个学校可以依据各自不同特色，设计全校性和各学年弹性课程，安排学习领域选修节数，实施补救教学，进行班级辅导或学生自我学习。弹性课程可以由学生和教师共同设计，也可以由学生自行设计。

（四）落实学生为主体的教育理念

台湾地区新一轮基础教育课程改革强调学生的主体性，考虑学生的多元智能、兴趣等不同特质，作为课程发展的主要依据。如普通型高级中等学校逐步减少高级中等教育必修学分，增加选修学分，提供更具个别化与差异化之课程，满足学生个别需要，以促进学生适性学习。

（五）强化五育均衡发展

台湾地区新一轮基础教育课程改革为协助学生五育均衡发展，开展与人、与社会、与自然的互惠及共好，全人的通识教育。所谓五育是指实施德、智、体、群、美五个领域的教学，让受教育者成为均衡发展、健全的公民，成为有通识素养的公民。具有通识教育素养的公民能够自我了解，正确处理人际关系，主动进行终身学习，多元思维，认识与探索环境，追求伦理与发展民主。

（六）系统地配套整合

在系统论看来，任何系统都是一个有机的整体，系统并不是各个部分的简单组合或机械相加，各要素在孤立状态下显现不出系统整体功能所具有的特质。[12]为了新一轮基础教育课程改革目标的顺利实现，台湾地区建立了完善的配套措施，整合社会各种资源，针对政策设计、运行管理和课程实施等环节整体统筹。在具体实施过程中，充分调动政府、学校、教师、学生、家长等各相关利益主体的参与积极性，保证各主体间的行动协同与配合。

参考文献

[1] 十二年国民基本教育课程纲要总纲（草案）说明手册[EB/OL].www.fssh.khc.edu.tw/UpLoadFiles/E2AEB12pdf.

[2][3] 十二年国民基本教育实施计划[EB/OL].http://12basic.edu.tw/File/LevelFile38/.doc.

[4] 王冀生.现代大学的教育理念[J].辽宁高等教育研究，1999（1）.31.

[5] 十二年国民基本教育课程纲要总纲（草案）说明手册[EB/OL].www.fssh.khc.edu.tw/UpLoadFiles/E2AEB12pdf.

[6][12] 靳玉乐，于泽元.后现代主义课程理论[M].北京：人民教育出版社，2005：33.

[7] 章国锋.关于一个公正世界的"乌托邦"构想：解读哈贝马斯《交往行为理论》[M].济南：山东人民出版社，2001：118.

[8] 张华.经验课程论[M].上海：上海教育出版社，2000：199.

[9] 杜威.我们怎样思维·经验与教育[M].姜文闵，译.北京：人民教育出版社，1991：268.

[10] 十二年国民基本教育课程纲要总纲（草案）说明手册[EB/OL].www.fssh.khc.edu.tw/UpLoadFiles/E2AEB12pdf.

[11] 核心素养与十大基本能力比较说明[EB/OL].http://www.ntptu.org.tw/FileStorage/files/Forum/admin/1020725/.docx.

专题二

课程改革的国际比较研究

伴随教育国际化进程的加快，国际课程改革的经验交流日益密切，课程改革的国际比较研究呈现研究内容逐渐深入，研究范围逐渐扩大，研究方法更加科学化、多样化等特点。本着"国际视野，本土行动"的原则，我国众多学者通过对国外课程改革的优秀经验和发展趋势的研究，探索我国课程改革的新方向和新路径。本专题内容主要包括：日本中小学教育中的个性化学习，日本科际自由学习的样态特征与实施路径，美国文凭项目数学毕业基准框架的构建，美国高中课程标准框架的构建与启示，美国 ADP 高中核心课程标准的研制模式等。上述研究主要针对课程学习、课程评价和课程标准研制等方面，对我国课程改革理论与实践研究具有很好的启示意义。

日本中小学教育中的个性化学习

　　注重学生个性发展是日本课程改革的基本趋势。笔者拟就日本个性化学习的成功经验及当前实施中所面临的问题加以探究，以期对我国个性化学习研究有所启迪。

一、日本个性化学习的基本经验

　　个性化学习是指以学生个性差异为基础，以促进学生个性发展为目标的学习范式。多年来，日本学者致力于个性化学习的研究与实践，积累了极其有价值的经验。这可从如下三个维度加以概括。

（一）在课程设计维度上，体现"三个统合"

　　统合的思想是日本编制适应个性化学习课程的基本理念。"三个统合"包括：

1. 学科课程与个人课程统合

　　日本学者意识到学科课程统领日本学校课程，这与个性化学习的要求是不相适应的。因此，在课程设计上他们极力突破学科课程的限制，建构学科课程与个人课程统合的整合课程。首先，在现有的课程体系下，积极反映学习者的个性发展要求。日本1998年颁布的新学习指导要领明确要求，学科课程内容既要精选学生必须共同掌握的基本内容，又要根据学生的个性需要选取学习的内容，这体现了日本教育改革谋求基础学力与个性发展的二元课程精神。为此，课程设计在坚持打好学生基础的前提下，给课程内容留有更多选取的空间，使课程内容更富有弹性。就是说，在指导要领的范围内，学校开展个性化学习，享有增减学习内容、调节学习内容的顺序、增加学科外课时数等的自主权，充分表达日本克服课程学科主义的决心和践行"个性发展"的课程改革意图。这一课程理念上的彻底变革，标志着日本教育从以国家为中心向以人为中心、从统一化向个性化转变的真正开始。其次，学校不断地超越学科课程去建构适应学生个性发展的"个人课程"。[1]在课程改革中，日本开始自觉地把人的个性发展问题融合在课程中思考。一方面，日本积极开发综合实践活动课程，在环境教育、国际理解教育、信息教育、福祉教育等课程的校本开发过程中体现个性发展的原则；另一方面，站在革新主义课程观的基本理念——课程是学习的履历的视角，从课程的动态性、发展性出发，在课程实施的过程中渗透学生的主体性原则，重视教师和学生在主动参与课程设计过程中所获得的综合能力的意义，从而确立了学生和教师在课程设计和实施中的个人价值。可以说，在学生和教师主体性下的综合性课程，更带有"个人课程"的色彩。这种"个人课程"并不是学生个体生成的课程，而是学生和教师互动形成的生成性课程，如学生的跨学科的、以课题探究为核心的自由研究学习，就是师生在教合、学合等整合学习过程中生成的个人课程，学生和教师是创造"个人课程"的双主体。

2. 个性化学习与集体学习统合

加藤幸次认为，一些学者常常把个性化学习与集体教学对立起来，一提倡个性化学习就否定集体学习，这实际上是一种偏见。他在研究中发现，"集体教学既有个别指导的内容，也有学习的个性化内容，二者存在着包容性"，[2]强调个性化学习，并不否定集体学习范式。统合二者，蕴含着对集体教学概念的重建。日本学者对已往把集体教学概念狭义地理解为班级教学的片面观点进行了反思：学习集体并不等同于班集体，事实上集体学习的类型是十分复杂的，既有个体学习、小团体学习，也有班班合作学习、学年组合作学习、异学年组合作学习等。由此而言，集体学习范式应涵盖个性化学习的因素，个性化学习与集体学习范式的统合具有应然性。基于以上观念，日本在课程设计中，积极寻找个性化学习和集体学习的有机结合点，一方面积极寻求个性化学习的"组织化"，即保证必要的课程时间的安排；另一方面，在集体学习中，对课程的重点、关键性学习内容进行个别化指导的同时，强化学生学习的自主性和个性化，如给予学生更多自由支配的学习时间，让学生选择自己感兴趣的内容去做，保证学生在较为宽松的、丰富多彩的环境中学习，达到促进学生个性发展的目的。关于教师指导的个别化和学生学习的个性化统合，日本学者认为，集体教学范式，面向班集体进行统一教学和学习，难以发展学生的个性化品质。教师的个别化指导则有助于改善集体教学忽视学生个性的不足，促进学生个性的发展。因此，日本在课程设计上积极倡导教师指导个别化和学生学习个性化的统合。对教师指导的个别化和学生学习的个性化统合，应该从如下视角去理解。首先，教师指导的个别化是适应学生学力差异而进行的相关指导，教师指导的主要内容是帮助学生选取适应自己学习能力和特点的学习内容和方法，指导的目标是提高学生个性化学习效果和效率。这一点在日本新学习指导要领中是有所反映的，在规定教师处理课程内容上是有弹性的，其允许教师根据学生的学习适应性去进行指导，如含有多种实验的理科课程学习内容、与乡土联系密切的历史课程内容，教师都可以根据需要选取出来，指导学生自主地学习。其次，学习的个性化是指学生富有兴趣和富有热情地学习。日本学习指导要领指出，学生学习的个性化应在学习兴趣、学习积极性基础上展开，这充分反映了发展学生个性的原则。学生学习的个性化是一种目的性概念，学生行为的目的不仅是打牢基础，更是为了学生个性的发展和学生主体人格的培养。因此，日本在课程设计理念上，既重视教师的指导作用，尤其针对学生的学力差异性进行个别化的指导；又关注学生学习的个性化，无论学习内容还是学习方法，其选择权都尽可能地回归学生主体，为学生营造自由的、民主和谐的学习氛围，这是日本实施个性化学习的切入点。

（二）在实施维度上关注学生个体的"四种"差异

个性化学习的根本目标是让每个学生个体获得发展，个性化学习能否有效实施，关键看是否适应学生的个性差异。日本学者提出，开展个性化学习，主要应适应学生个体的四种差异。

1. 适应学生的学力差异

学力是指通过学习获得的能力。学力一般包括两个方面，即基础学力和潜能学力。学生的学力差异主要反映在基础学力上。日本学者安藤慧在考察日本学生学力现状时发现："属于下位等级的学生与其他等级的学生的学力差异是相当明显的。"[3]这表明，学生的学力差异是普遍存在的。由于学校习惯以班级为单位组织教学，教学单位是长期固定的，不仅班级间会产生学力的差异性，班级内学生之间也会产生学力差别性。日本教育改革倡导的个性化学习，其重要目标就是要改变集体教学划一性造成的学力差异，满足学生对学力发展的个性化需求。

2. 适应学生的兴趣差异

日本学者加藤幸次认为："兴趣是学习活动的全部，有了学习的兴趣就能超越一切困难去完成学习的目标。"[4]兴趣是学生学习走向成功的关键点，个性化学习实施的首要条件就是唤起学生的学习兴趣和学习的积极性。一般而言，个体的个性是以兴趣、积极性的形态表现出来的，学校教育的视点就是关注学生的兴趣。但是学生的兴趣是很不相同的，划一的集体教学范式并不能很好地依据学生的差异性兴趣去组织学生学习，学生的个性发展目标难以实现。因此，日本在实施个性化学习过程中，把唤起每个学生的学习兴趣作为课程实施的核心条件，以保证个性化学习的效能化。

3. 适应学生"学习适应性" 差异

日本学者研究发现，影响学生学习速度的因素不仅是学力、学习的必要时间，学生的学习适应性也是不容忽视的要素。学习适应性是指学生的学习方法、思维方式以及认知特点等对学习的影响水平。个性化学习范式的实施应顾及学生学习适应性问题，要把学习方法的类型和认知类型的适应性作为焦点，从而适应学生的个性去展开学习。日本学者为解决学生"学习适应性"问题，进行了多方面的实践，如开发适应学生多样化学习方法的学习资源，学习的场所向学生全面开放等，以满足学生的"学习适应性"差异要求。

4. 适应学生生活经验的差异

学生获得生活经验的方式是多元的，学校、家庭和社会都是学生生活经验的源泉。学生的学习兴趣、爱好，不是凭空产生的，而是与学生的生活环境、家庭的背景、教师的经验、价值取向密切相关。因此，开展个性化学习必须针对学生的个体生活经验展开。日本学者提出，学生的学习脱离社会实际，尤其远离自己的生活经验，加大了学生对课程学习的理解难度。因此，日本在建构个性化学习的策略时，重视丰富学生的生活经验，把学生的学习与学生的个体生活背景相结合，提高学生对学习课题的理解水平，使学生的生活经验真正成为学习的底蕴。

（三）在教师指导维度上建立健全"三项体制"

1. 完善教师"TT" 协力体制

教师"TT"协力体制也称教师复数协力体制，是指教师合作参与教学过程的应对方式。[5]建立教师"TT"协力体制的价值在于可以对学生个性化学习的状况等从多角度、多层面开展评价和指导，为学生的个性化学习提供有用的信息和资料。由于教师在教学上的分工不同，新老教师的教育教学素质存在差异性，单凭某个教师难以承担起个性化教学指导的重任，因此，开展个性化学习必然要求教师之间相互配合，取长补短，使个性化学习的效能得到提高。同时，个性化学习所需的学习资源，单凭教师个体也是无法开发的，必须通过教师合作去完成。可以说，教师"TT"协力体制是发挥教师在实施个性化学习中的指导作用的制度保证。

2. 健全学校个性化学习指导组织

日本在学校研究推进组织机构下的学习指导部设立了个性化部，定期召开研讨会，探讨个性化学习的计划、方针以及学生个性化学习开展中出现的问题、应对策略等，加强对个性化学习的理论研究，科学指导学校个性化学习的开展。日本多年的校本研究实践表明，设置个性化学习指导组织，可以从制度上规范个性化学习的实施，保证个性化学习沿着学生主体成长的轨道发展。

3. 强化 PTA 校外协力体制

PTA 校外协力体制是指学校与社会沟通，有效利用社会上的专门人才为学校育人服务的体制。日本学者认为，在个性化学习中，学生的学习活动具有多面性和复杂性，对指导者的专门知识和技能的要求很高。有时，学校教师对某些学习领域的技能和知识并不精通，如乡土文化、陶艺工序等，都需要借助社会上专门人才的力量。因此，建立学校与社会互通的 PTA 校外协力体制是相当重要的。一方面，社会上某一领域的专家可以为开展个性化学习提供合理建议和有效指导；另一方面，对社会专门人才的聘请，又会促进学校向社会开放，形成学校、社会与家庭开放式的协力模式。

二、日本个性化学习面临的主要问题

（一）"教为主体"的教育观念根深蒂固

日本学者加藤幸次开展的一项调查表明，90％的教师主张实施集体教学，主张实施集体教学基础上的个别指导和课后的个性化学习。[6]这一结果显示，个性化学习在教师的意识观念和实际教学中的认可度很低，他们普遍认为实施个性化学习没有太大的必要性。其深层原因是应试制度下的学力观。日本学者感到应试教育下的学力观是一种把记忆力作为着力点的学力，强调的是知识的理解和机械识记，考试的重点也体现在知识点考查上；相反，学生的学习能力、个性品质等教育内容难以进入课程的视野。因此，教师对站在讲台上面对全体学生进行教学坚定不移，而对实施个性化学习范式持怀疑态度，即使是略加实施，也是敷衍了事，表现出形式化的姿态。这种学力观直接导致日本教师在新课程改革中甘于保守，抵制个性化学习范式的导入，并时时表现在日常的教育教学中。由于教师对集体教学范式的反思不够，学生的主体性、创造性在教学过程中没有受到应有的重视。教师在使学生被动地完成学习任务——知识和技能的理解和掌握的背后，却是以牺牲学生的学习积极性、学习创造力为代价的。相当多的教师仅仅把教学理解为教授，把教授的过程等同于学习过程，把教师所教授的东西等同于学生学习的内容。

（二）集权观念埋没了个性

在现实中，日本的一些教师常常把个人与集体的关系，错误地理解为一种对立的关系。正如日本学者安藤慧所言："日本是集权主义国家，实施个人主义教育几乎是不可能的。"[7] 在很多日本学校，集体活动是先行的，个人的活动处于第二位，缺少个人自主发展的土壤。在漫长的岁月中，人们形成了服从集体利益的观念，却忘记了自我的存在。适应了这一观念和教育培养目标，教师自然赞同集体教学，不愿意实施个性化学习范式，因为集体教学更有利于实现预期的教学目标。也正是在划一的标准尺度下，学生的培养和塑造是模具化的，学生的主体人格、主体创新能力无法有效地形成。

（三）课程只关注共性，忽视个性

日本学者加藤幸次指出："学校只关注课程的共性，即全员学习统一的教材，探究共同的学习问题，这是与个性化学习截然相对的。"[8] 如日本一些小学，在进行合奏音乐的学习时，规定学生用竹笛、大鼓、钢琴等演奏，而不是从学生的学习兴趣出发，充分调动学生的积极性，鼓励学生自由地选用乐器参加到合奏演奏中。其他学科，像语文、数学也有如此问题。综合性学习的实施在一定程度上体现了个性化学习的内涵，对学生的个性发展是很有意义的，但是在实施过程中，依然有共性学习的嫌疑。一些学校选择共性的课题让学生学习，而不是引导学生独立地去发现问题，或从自己的兴趣出发去研究学习的课题，这种做法可能会导致个性化学习流于形式而收不到实效。

三、日本个性化学习的启示

我国《基础教育课程改革纲要（试行）》指出，教学要"促进学生在教师指导下主动地、富有个性地学习"。但从我国的现实来看，集体教学依然统领着教学实践，我们应该以日本的经验与教训为鉴，建构本土化的个性化学习范式。

（一）课程改革应从统整的视野体现学生个性发展思想

参考日本的经验，我国课程改革应通过统整课程的内容、方法、活动和环境等，为学生个性的协调发展创造条件。为此要从学生实际出发，统整各学科领域，综合各学科特点，把握学生个性发展的要求，注重学生的主体性、创造性等，为学生个性发展构建意义性课程。要彻底改变过分强化学科中心地位，而忽视学生个性发展的弊端，注重学生主动获取知识的能力、解决问题的能力以及自主探究、自我反思、求异创新等行为方式与态度的培养，使课程改革适应学生个性化发展的要求。要立足于终身学习的远景去设计课程，在统整的课程体系中关注学生的个性发展，开发与研制适应学生个性化发展的多样化课程，保证学生多样化个性的需求与发展。

（二）适应学生的个体差异性，是展开个性化学习的重要基础

参考日本的经验，我们感到适应学生个体的差异性也是我国课程实施成败与否的关键。教育实践表明，处于不同发展阶段的学生在知识、能力、兴趣、认知风格、理解水平等方面都存在着明显的差异性。离开学生个体差异去谈学生的个性发展，去谈学生自信心、成就感等丰富的品质的培养，都是难以达成的。实践中，我国教学忽视学生个体差异的问题相当严重，这也是学生个性得不到良好发展的症结所在。因此，在课程实施中，应该充分尊重学生的个体差异，鼓励学生选择适合自己的学习方式。教师要紧紧把握住学生的个体差异，从多角度、多层面研究和实施适应学生个体差异的教学策略和学习策略，从而满足学生个性发展的多样化需求。

（三）开发有效的教师指导模式，是促进学生个性发展的重要保证

日本的经验对我国的启示意义在于：①通过不同特质教师成员的合作，实现教师整体协作的合力作用。即通过校内教师的合作与互补，学校与家庭、社会人员的合作与参与，提高整体协作的指导合力，促进学生个性的发展。②每一位教师都可以根据学生的实际，最大限度地发挥自己的作用，在教学中不仅可以满足对学生个性发展的指导，而且能够促进自身个性的和谐发展，使教学充满生机和活力。③实现指导的开放性，通过校内指导与校外指导的一体化，可以改变学校传统的、闭锁的指导形态和意识，使教师更能从发展学生个性视角出发，指导学生学习。

参考文献

[1] 山口满. 现代课程研究——学校课程开发的课题和方法 [M]. 东京：日本株式会社学文社，2001：270.

[2] [3] [4] [6] [7] [8] 加藤幸次，等. 个别化、个性化教育的理论 [M]. 东京：黎明书房，1996：157，83，47，17，32，35.

[5] 佐野金吾，等. 新的评价实际：关于学科学习的评价 [M]. 东京：东洋印务，2001：87.

[原文载于《比较教育研究》2006 年第 2 期（刘学智　范立双）]

日本科际自由学习的样态特征与实施路径

重视学生个性化发展是世界课程改革的应然趋势。1998 年，日本文部省颁布的《中小学校学习指导要领（总则）》中，明确把"发展学生的个性"作为今后课程改革的指导方针，把"重视个性的原则"作为教育改革最基本的原则，强调课程实施要注重学生的兴趣和爱好，要致力于培养学生主动解决问题和探究学习的态度，培养学生自我学习、自我思考的方法和能力。要求学生通过理解、体验、感悟和探究自然、社会，形成综合实践能力和社会责任感。在实践中，日本学者从学生视角总结出了如学科自由进度学习、自由研究学习、发展课题学习等 10 余种个性化教育范式，科际自由学习便是其中的重要范式之一。

一、科际自由学习的样态特征

科际自由学习是指以学生个性发展为目标，以学生学习兴趣为轴心，从多门学科出发引领学生自主选择课题、设定课题和解决课题的个性化教育范式[1]。分析日本的科际自由学习实践，可概括出以下特征。

（一）以学生个性发展为目标

科际自由学习是针对基础学习致力于各学科夯实基础学力的目标的不足提出的。日本学者新井郁男认为："科际自由学习是针对以掌握各学科基本知识和技能为目标的'基础学习'的缺失提出来的，其核心理念是以学生个性的发展为着眼点。"[2]这说明，科际自由学习是以形成学生个性品质为目标的，它可以弥补基础课程学习的不足。作为个性化教育的重要、有效范式之一的科际自由学习，与基础性学科课程学习之间是一种相互依存、相互促进的并行性关系。学生通过学科课程学习形成共同化基础学力，而通过科际自由学习又形成了个性化品质和生活能力。一方面，通过基础课程学习，学生形成的基础学力是形成学生个性化品质和生活能力的基础，离开基础性学力这一基石，学生的个性化品质等无法形成。同时，

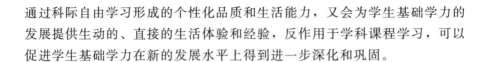

通过科际自由学习形成的个性化品质和生活能力，又会为学生基础学力的发展提供生动的、直接的生活体验和经验，反作用于学科课程学习，可以促进学生基础学力在新的发展水平上得到进一步深化和巩固。

（二）采用"无学年制"的学习组织形式

"无学年制"是从学习社会化的视角提出的，是指为有利于学生对课题的探究，而打破学年限制以展开科际自由学习的学习组织形式。其价值有两点，其一，科际自由学习以"学生的兴趣为轴心"，采用"无学年制"的学习组织形式，使得学生的学习不再受年龄差异的制约，相反，学生年龄的差异性更有利于学生相互启发和互动。其二，"获取他人的课题探究的方法和信息"也是促进学生课题探究不可欠缺的重要因素，学生在解决问题的过程中汲取他人的信息，如相关的知识和方法，是不可或缺的。因此，在科际自由学习中，应积极鼓励学生探索广泛地进行信息交流的方法。考察日本的个性化教育实践可以发现，在课题探究过程中，不管学生年龄大小，都可以相互合作、相互交流，学习的方法和探究的内容也都会相互促进，共同提升，使其个性获得更好的发展。

（三）从科际整合的视角设定学习课题

科际自由学习从科际整合的视角为学生提供了更有价值的探究性学习课题，对学生个性的生成具有重要的价值。如日本坂出中学校长认为，学生在单元中进行选择性课题学习，课题的确定和选择局限于每个学科的单元，缺乏与相关学科的联系性，这不利于学生综合素质的形成和个性的发展。为此，必须从跨学科的视角为学生设定学习的课题。2000 年，坂出中学从科际的视角出发设定的"日语中的世界，世界中的日语""为生活而创造：挑战发明"等 8 个跨学科课题就反映出这一特征。

二、科际自由学习的实施路径

（一）教师对学生课题学习的指导

1. 设定学生感兴趣的探究课题

科际自由学习要求学生以课题意识为先导，自由发现课题，并积极致力于课题的解决。但是，持有课题意识的学生并不多，因此需要进行课题的预先设定，以唤起学生的课题意识和探究兴趣。那么，怎样设定课题呢？

首先，所设定的学习课题应是主题性较强、相对宏观的课题。课题预设较为宏观，可以便于学生按照自己的兴趣，各自选取对自己有价值的信息，进而设定自己探究的课题。因此，所设定的课题要既能给学生思维、想象和探究的空间，又要富有魅力，以唤起学生的学习兴趣和好奇心。

其次，所设定的课题要定期更换，保证课题的鲜活性。教师所设定的课题不可能一劳永逸地循环利用，必须不断地完善和充实。课程的改革、社会的变化、教师的变动等都会导致科际自由学习课题的变化，只有变化才能适应学生个性发展的要求。

再次，要收集学生探究的课题成果，作为建构科际自由学习新课题的重要信息。学生在科际自由学习中沿着自己的兴趣和好奇心获得的探究成果是新鲜的、有价值的宝贵财富，合理收集和利用这些信息，既可以保证课题与学生个性学习的适应性，又能符合课题设定的经济性原则。

2. 强化学生课题学习的指导

在科际自由学习中，教师指导应贯穿科际自由学习的始终，使教师的指导富有实效性。教师的指导应侧重以下几方面。

首先是对学生选题的指导。在科际自由学习的学生选题之际，教师除要进行课题相关资料和信息的收集外，还要制定和下发课题选择指南，帮助学生了解课题的总体状况，寻求符合自己兴趣和学力实际的课题。如日本坂出中学制定的课题选择指南就规定了下列内容：对选题的总体说明；课题学习的目的等。教师既要面向全体学生进行课题选择辅导，又要对各个学习课题加以介绍，以使学生对探究的学习课题有一定的了解。对学生所希望的选题应加以尊重，使其有优先选择权。但是，学生对一些课题选择偏多或偏少时，教师应引导部分学生再选择，使课题的选择趋于正态分布。

其次是对学生课题探究的指导。在科际自由学习中，学生在探究学习课题时希望获得教师的支援。如果学生希望获得与课题相关的信息和资料，教师不应该直接提供，而是应该指引查找有价值资料的途径，尽可能让学生自己动手直接查找，进而提高学生驾驭学习资料进行课题学习的能力。

在科际自由学习中，学生在课题探究阶段可能会产生诸多困惑。面对学生亟待解决的各种问题，教师要及时进行指导。一般而言，学生探究学习课题要经历较长的过程，教师应设定个别谈话指导时间，主要通过谈话去激发学生的探究欲。

再次是对学习成果整理的指导。在科际自由学习中，为加深和扩展学生课题学习的效果，对学习成果进行整理的指导就成为必要。一方面要进行学习课题探究的中期指导。为了推进学生学习课题的探究，教师可通过中期发表会的形式，对学生的课题探究进行批评性反馈和建议性反馈。另一方面，应当进行学习课题成果的总结性指导，即通过学生学习课题总结发表的形式提出建议，指导学生把自己的评价信息与他人对自己的评价信息相比较，从中发现自己的进步与不足。最后是对课题意识的指导。在科际自由学习中，随着课题探究的逐渐深入，学习者会感到需要探究的问题很多，由此就会痴迷于自己发现的课题，并从中确立新的学习课题。此时，学生已经具有了一定的课题意识，因此教师要引导学生努力保持课题意识，为下一年度的课题探究学习做好准备。

（二）采取有效的评价策略

1. 评价学生的个体学习表现

在科际自由学习中，学生探究课题成果的价值是多方面的：（1）可以加深对学习意义的理解，提升学习者的生活意识，不断强化学习者的兴趣和积极性；（2）了解自己课题探究过程中遇到的问题、苦恼、探究的兴趣，以及需求的帮助等，为进一步学习奠定基础；（3）促进伙伴的素质的发展等。因此，积极评价学生的个体学习成果是必要的。学生基于自己的兴趣、体验选取课题，并进行研究后，对其成果表现是相当重视的。教师应该通过各种形式向学生反馈评价的信息，如开展学生的自我成果收集与总结、公开学习成果（通过开学习发表会、校园揭示板展示、校园网成果介绍等形式）、与其他学习者进行互评和交流等。如此，一方面可以促使学生反省自己的学习表现和进步状况，另一方面可以强化学生的课题意识，为下一阶段的课题学习做准备。

2. 开展"TT"教师评价

"TT"教师评价也称复数教师评价，是指教师合作参与评价过程的评价方式[1]。"TT"教师评价可以对学生课题探究的可能性、进步状况等从多角度、多层面开展评价，并为教师的个别化指导提供有用的信息和资料。同时，为学生进一步设定自我学习的课题，增强自信心和学习的积极性提供帮助。"TT"教师评价的具体环节包括：（1）教师共同把握学生所设定的课题的内容和目标，并加以评价；（2）针对学生设定的课题的类型，编制学生课题类型小组，教师指导各个问题类型小组制定自我回顾卡片，进行形成性评价；（3）开展学习记录卡片评价，教师针对学生的发言、笔记、发表的方式以及伙伴的关系等进行细微的表现性评价，由于采取的是鼓励性的个别化评价，学生在评价中会不断获得成就感和进一步学习的积极性。

（三）完善校本研究的推进体制

在实施科际自由学习过程中，不可避免地会触及各种各样的问题，如教师认可的、适应学生个性发展的课题，在学生实际探究中有时会搁浅，诸如此类的问题都迫切需要加强校本研究，完善校本研究的推进体制则是促进科际自由学习科学化的先导。因此，学校必须在制度理念上保证校本研究的深化。一些日本学校为有效开展校本研究，形成了自己独到的做法，如：成立了校本研究推进委员会，机构以研究主任为中心，由学科组和学年组代表构成研究部，通过每周研究集会等形式开展旨在完善学生个性发展策略的校本研究，使校本研究制度化。实践表明，科际自由学习只有置于校本研究的视野，才能适应发展学生个性的要求。把科际自由学习置于校本研究的计划中加以探究，应做到以下几点：（1）研究部提出研究推进的方针和计划，从科际的视野探究关于学生学习的课题提案；（2）日常学科的研究性教学向全体教师开放，征求其他学科教师的建议性意见；（3）把每学期致力于研究的学科，以报告的形式向其他学科开放，并召开讨论会，然后在各学科报告的基础上进行评价，寻找构建学生学习新课题的改善点。

三、日本科际自由学习的启示

应该说，日本科际自由学习范式，无论在理论设计层面，还是实施过程都十分有效，对于开展在跨学科领域促进学生个性发展课题的研究，具有一定的启示意义。

（一）个性化教育必须以学生学习的兴趣为基础

对于学习活动而言，学习者的学习兴趣和积极性是最关键的因素。如果学生持有学习的浓厚兴趣和积极性，就会不断地克服学习中的种种困难。日本科际自由学习的实践让我们认识到，实施个性化教育的重要心理基础就是学生的兴趣，而学习者的个性也常常以学习者的兴趣、积极性等形式表现出来。"唤起学生的学习兴趣和积极性的前提则是学生对学习内容和学习方法的自由选择。"[2]换言之，学习内容和学习方法向学习者开放后，学生的学习兴趣和积极性才能处于较高水平。因此，科际自由学习的实施必须让学生有较大的课程内容选择的自由和学习方法选择的自由，这样他们才能兴趣盎然地探究各种学习课题，进而实现自我个性发展的目标。

（二）个性化教育必须把探究学习课题作为核心环节

《基础教育课程改革纲要（试行）》指出，要"改革和建立分科课程，加强课程内容的综合性，淡化学科界限，加强课程内容与现实生活和学生经验的联系，增进各学科之间的知识和方法上的联系"。这为个性化学习的实施提供了方向。在传统的基础学习中，课程体现为文本形态，学习内容以知识为核心，学生的个性伸展不在课程目标之中。日本科际自由学习打破了基础学习过分忽视学生个性发展的缺陷，并倡导以学习者自主探究课题为实施途径。由此教师必须有效地开发和研制跨学科性的学习课题，作为学习材料供学习者去选取和探究。教师在开发跨学科个性化学习课题过程中应关注 3 个维度：（1）课题开发必须与学习者个人学力差异状况相适应，如果学习的课题不适应学生的个人学力差异，就无法成为学生促进个性发展的课程；（2）要适应学生的兴趣差异。一般而言，学生对同一课题的兴趣、关注度是有很大差异的，因此确定课题应体现学生对课题的多样性要求；（3）要适应学生生活经验的差异。对学习课题的探究效果是与学生的生活经验密切相关的，学生的生活经验是课程学习的重要基础，所以确定跨学科的个性化学习课题也必须考虑学生的生活经验因素。

（三）个性化教育要把建构教师个别指导模式视为关键点

从日本科际自由学习实践来看，促进学生个性发展是教师指导的重要目标。在个性化教育中教师应注重学习者的优长能够得以伸展。在传统学科教学中，教师难以顾及学生的个性发展，教学指导更没有从个性发展的视野对学生的学习加以关注。所以要实施个性化教育必须实现教师指导方式的转变，即由集体学习的划一指导，向适应学生个性特征的指导转变。即在个性化教育中，教师必须进行积极的个别化指导，不同学科教师之间应加强协作和交流，这是提高个性化教育质效的保证。

参考文献

[1] 新井郁男. 综合性学习的多样性的计划与实践 [M]. 东京：东洋学术出版社，1999：168-169.

[2] 加藤幸次，等. 个别化、个性化教育的理论 [M]. 东京：黎明书房，1996：86.

[原文载于《外国教育研究》2006 年第 11 期（刘学智　马云鹏）]

美国文凭项目数学毕业基准框架的构建

美国文凭项目（The American Diploma Project，简称 ADP）是由美国非营利性民间组织——成就公司（Achieve，Inc）和美国教育信托公司（The Education Trust）及托马斯·B. 福特汉姆基金会（The Thomas B. Fordham Foundation）于 2004 年合作开发的，其目标在于建构高中各科毕业基准，即 ADP 毕业基准。该基准反映了高中毕业生在升学与就业两方面所应掌握的知识与技能。实践表明，ADP 是一项成功的倡议，它确保所有的学生高中毕业后能从容应对所面临的工作和大学学习的挑战。到 2009 年，ADP 已开发出高中数学、英语等多个学科的毕业基准，ADP 毕业基准已在美国 40 个州实施和推广。

笔者拟以美国高中数学学科为切入口，对 ADP 毕业基准研究的缘起、ADP 毕业基准的建构等方面加以探讨，期望给我国研究高中各科毕业基准提供有益的启迪。

一、美国文凭项目毕业基准研究的缘起

（一）教育政策的推动：基于就业与升学建构高中毕业基准

美国是教育分权型国家，由于各州及各学区的教育委员会直接决定了辖区范围内的学校教师应该教些什么和学生应该达到什么程度，因此，对具体学校课程标准以及毕业标准的制定产生实际影响的是各州及各学区的教育委员会。[1]虽然美国各州对高中毕业的要求均有规定，但各州课程内容的差异，直接给各大学跨州招生、企业雇主跨州招工带来了困难。同时，在美国仍有许多学生和家长坚持要求学校颁发的高中毕业证理应为学生今后学习和就业做好充分的知识和能力准备。但实际上，高中毕业证远远没有达到这一基本目标。对大多数高中毕业生而言，美国的高中毕业证仅仅是一个未履行的承诺而已，学生和家长对高中毕业证的实际价值缺乏信心；高等院校和企业雇主也对高中毕业证所赋予的知识和能力内涵感到

不满意，认为高中毕业证几乎没有价值，学生不需要展示学业成绩，不需要展示应用知识的能力即可轻易获得高中毕业文凭。为改变这一现状，美国教育部制定和强化高中毕业文凭作为一种通用证明的政策。出于高中毕业生在毕业后就业与升学所欠缺的知识与技能的考量，美国在国家政策层面，开始探讨制定具有普适性的高中生毕业基准，实施教育质量问责制度，在高中毕业标准和毕业生升学就业所需要的知识与技能之间搭建沟通的桥梁。实践表明，虽然美国大多数州在过去的 10 年里一直致力于提高教学水平并对其进行了严谨的评估，但 ADP 确定的毕业标准似乎更加苛刻。例如，目前美国还没有哪个州要求所有的学生学习"代数Ⅱ"直到毕业。但是 ADP 研究表明，学生需要了解这些知识，在某些情况下，基于课程标准的知识与技能考试并不能作为国家课程测试的样本。为恢复利害相关者对高中毕业文凭价值的信心，国家有必要采取必要的政策和措施，来推动高中毕业基准的构建。

（二）实践的应答：高中普适性毕业基准的研发

美国在对各州大学生的调查显示：39％的学生认为，高中所学知识不能满足于大学期间需要掌握的基础性知识，其中各大学开设的新生补课班就在一定程度上反映了这一问题。进入大学的学生中至少有 28％的学生需要立即补习英语或数学课程。[2]在高中毕业后进入大学学习的学生中，有 53％至少要补习一门数学或英语课程。另一方面，高中毕业后直接进入职业学校的学生情况也不容乐观，有 39％的学生认为自己没有为就业做好充足的准备，与社会的期望和要求存在着较大差距。[3]而用人单位和大学教师对高中毕业生的评价进一步反映了毕业生的整体素质不达标的现状。企业雇主们认为有 45％的毕业生不具备确保其获得晋升机会的技能。同样，大学教师们认为有 42％的大学新生没有做好大学水平课程的准备。[4]上述问题的普遍存在，无疑给美国现有高中毕业文凭的价值带来巨大的挑战。因此，研究适应高中毕业生就业和升学的学科毕业基准就显得非常紧迫而重要。从美国来看，州高中毕业基准的局限日渐突出，难以适应其他州对高中生知识与能力的要求，构建跨州的具有普适性的高中毕业基准，成为美国课程学者面临的重要课题。

二、美国文凭项目高中数学毕业基准的基本框架

为重建学生与家长、企业雇主对高中毕业文凭价值的信心，从 2004

年起 ADP 就着手开发多个学科的高中毕业基准，并加以不断完善。其中2009 年完善的高中数学毕业基准，即 ADP 2009 高中数学毕业基准最具代表性。ADP 高中数学毕业基准分为四个部分，即数感和数的运算、代数、几何、统计和概率等领域。ADP 在建构数学毕业标准过程中规定，不带有星号的基准代表的内容是针对所有学生的；而由于高等教育学习的需要，某些数学毕业基准被标有重点星号（＊），这对大学中与数学密切相关的专业来说，这一内容要求是必要的。下面是构建的 ADP 高中数学毕业基准的基本框架。

（一）数感和数的运算领域的毕业基准

数感是日常工作和生活中数学运算的基础。例如：日常生活中比较商品的价钱；购买商品时估算税金；决定是买还是租一辆汽车更加划算；合理地理财以便维持日常的收支平衡；理解通货膨胀时薪水的增长；决定哪里能够节省投资，并对大众媒体和新闻报道中出现的各种变化率的概念能够有较深的理解；等等。在此领域，高中毕业生应该掌握如下几个方面的知识。

（1）流畅而准确地计算有理数，不用计算器来计算。如知道加法、减法、乘法、除法和整数、分数加法的意义；计算并运用比率、比例、利率及百分比来解决问题等。

（2）认识并会使用绝对值。如知道该点到原点的距离是其绝对值，知道两数之间的数轴的距离是它们差的绝对值。

（3）理解并解决某些问题和方程式。如了解数系需要从整数扩大到有理数（正数、负数和零）。

（4）理解计算器和计算机在解决问题时的能力及其局限。

（二）代数领域的毕业基准

代数是有规律地识别产生变化的根源，区分各种变化中的模式，并寻求多重表征（包括语言的、符号的、数值的、图像的）表达所发生的变化。数学语言能在抽象层面上为就业者提供解决现实问题的知识，如通过利率和预期营业收入来预测储蓄，知道当建筑面积增加时成本是如何增加的等。在此领域，高中毕业生应该掌握如下几个方面的知识。

（1）对代数式进行流畅而准确的基本运算。如了解整数指数和根的属性，并运用这些属性，以简化代数式的目的；（＊）了解指数式的性质和应用这些属性，以简化代数式；多项式的加法、减法和乘法；通过提取公因式来分解多项式；二次多项式的因式分解；有理数表达式的加、减、乘、除法以及简化运算；给定变量的值求多项式；（＊）推导和使用公式求通项公式以及对有限四则运算及几何级数求和，对无穷几何级数求和。

（2）了解函数的功能、表达式及属性。判别以符号或图像的形式给出的关系是不是一个函数；（＊）确定无论是用符号或图像所表示的一个函数值域；理解函数符号并在其指定的定义域上的某点求函数值；（＊）知道指数函数的反函数是对数函数，用其反函数的性质来证明对数基本性质并应用这些属性来解决问题。

（3）应用基本代数运算求解方程和不等式。求解线性方程组和含有一个变量的不等式组（包括那些涉及绝对值的线性函数）；求解涉及多个变量的方程，其变量一个依赖于另一个；求解含有两个变量的两个线性方程组（二元一次方程组）；（＊）求解含有三个变量的三个线性方程组（三元一次方程组）；求解含有一个变量的二次方程组（一元二次方程组）。

（4）用曲线表示若干含有两个变量的方程和不等式，了解阐明图像的代数性质和其几何属性间的关系，并解释这样一个图像；（＊）用曲线表示椭圆和轴平行的双曲线，并阐明其标准代数形式及其图像性质之间的关系；用曲线表示指数函数并确定其关键特性；从曲线中读取信息并下结论，确定曲线的性质，并且用该曲线反映原始问题的有用信息。

（5）通过将给定的语言信息转化成适当的数学模型从而解决问题，这些涉及方程或者方程组的情形，应用适当的数学方法来分析这些数学模型，并且以书面形式作答及使用适当的计量单位；识别并解决可以归入这样一类模型的问题——一元线性方程中只含时间、比率、距离等一元变量的问题；识别并解决可归结为一元二次方程模型的问题；识别并解决利用一元二次方程解在重力作用下的自由落体运动的问题；识别并解决利用指数函数模型计算复合利率的问题；（＊）识别并解决利用指数函数方程解但需要借助对数计算器的问题，比如指数增长和衰减问题。

（6）（＊）理解二项式定理及其与组合学、杨辉三角形、概率间的联系。

（三）几何领域的毕业基准

几何能促使毕业生理解空间结构和空间关系。例如：找出使一个超大物体通过一扇门的最优方法；决定如何设计一个房子以使其居住空间最大，所用木材成本最小；比较包含不同包装形状的产品；等等。几何测量是量化世界的基础，盖房、利用地图和测血压都需要某种形式的测量。测量可以培养学生的精密度及准确度，他们还要学会找出潜在的和实际的测量误差，并了解这些误差是怎样在计算中产生的。研究表明，几何的学习对学生就业具有很好的帮助。在此领域，高中毕业生应该掌握如下几方面知识。

（1）了解在数学逻辑结构（尤其是在几何）里不同角色的公理、定义和定理。如识别并解释定义、定理和公理的必要性并给出例子；陈述和证明几何学关键的基本定理，三角形的中位线平行于第三边并等于第三边的一半；了解除了欧几里得公式之外的几何，平行公设是不成立的。

（2）识别和应用直线和角的相关定义并用来验证欧氏几何中的定理，解决相关问题、并用尺规完成基本的几何作图；识别和应用有关平行线的性质和原埋，证明平行十同一条直线的两直线相互平行，并完成这类作图；识别和应用正交线的相关原理和性质并用它们来证明相关定理。

（3）知道相似三角形的基本定理，并用它们证明其他定理并解决问题。

（4）知道圆的基本性质并用它们来证明基本定理并解决问题。

（5）运用勾股定理和逆定理以及特殊直角三角形的性质来解决问题。

（6）使用刚性移动如反射、平移和旋转，以确定两个几何图形是否全等，并创建和分析几何设计。

（7）知道图形的相似性，并使用比例系数来求解问题。

（8）知道几何图像尺寸（长度，面积，周长，体积）依赖于单位的选择，并且所测量的尺寸只是物理对象的近似值，计算时要相对于同一基准面测量，而且图像要固定。

（9）给出二维图像时，要能想象出三维空间中的实体或曲面（如网、多视图）并且为三维实体的表面创建二维图像。

（10）利用坐标系描绘几何物体和数字代数，利用代数解决几何问题。通过斜率的概念来解释直观概念"倾斜"，依据坐标中直线上的两点来确定其斜率，并用斜率概念解释直线的平行和垂直；用一个直线方程来描述一条线；利用两点的坐标和勾股定理求两点间的距离；（＊）给定圆的圆心和半径求其方程，给定圆的方程求其半径和圆心。

（11）了解基本直角三角形并运用它来解决问题。理解直角三角形在可以用边的比率来定义正弦、余弦和正切函数上的相似性并能用这些方程解决问题；在给定一锐角和另一边长的情况下，应用正弦、余弦和正切函数求直角三角形某未知边；运用计算三角形面积的标准公式来解释面积。

（12）（*）知道三角函数是如何在实数轴上扩展成周期函数的，从这些函数中导出基本公式，并用这些函数和公式解决问题。

（四）统计和概率领域的毕业基准

研究表明，许多工作都需要工作人员有快速地分析、解释、描述数据的能力，并创造出视觉性数据——图表、图解，以便让人们可以简洁准确地做出判断，这就需要学生学习统计和概率的内容。在此领域，高中毕业生应该掌握如下几方面知识。

（1）解释和运用定量的信息。如使用适当的方法组织并显示数据（包括电子数据表）以检测模式和模式偏差；阅读并解释表格、条形图和曲线图；计算和解释概率统计，得到数据的分布。

（2）解释并评判呈现及利用信息的各种方式。评价发表在媒体上的数据报告，考察数据的来源、研究的构思以及数据分析和展示的方式；对误导使用的数据进行识别和解释；当参数是基于数据时，识别混淆了的相关关系和因果关系。

（3）解释数据的使用及统计思想，拟定推论、做出预测并证明结论。能够解释取样方法、数据收集过程中问题的表达形式，并能得出正确的结论；设计简单的实验或调查，从而收集数据来回答自己感兴趣的问题；解释随机试验和观察性研究之间的差异；形成一个配对的数据集散点图。

（4）说明和运用概率的概念来计算样本概率。解释如何量化在数量上发生概率事件的可能性；解释某事件的特定结果的相对频率如何能用来估计这种结果的概率；解释大数法则如何能应用于简单的例子；应用概率概念来计算样本概率；应用概率概念对实际情况做出明确的决策。

三、美国文凭项目数学毕业基准的启示

美国通过高中毕业文凭项目研究，构建高中数学等学科的毕业基准，为提高美国高中毕业生的质量提供了依据，这对我国研究高中毕业文凭的质量和内涵具有很好的启示意义。

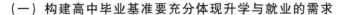

（一）构建高中毕业基准要充分体现升学与就业的需求

目前，美国高中文凭项目在州毕业基准的基础上，从升学与就业两方面需求，开发全国性的高中各学科毕业基准，以满足美国社会经济发展对高中毕业生质量的要求。ADP 数学毕业基准在研发过程中充分汇集了大量企业雇主、大学教师、教育专家、课程专家、基础教育一线教师的智慧，着眼于学生的升学与就业，经过科学、严谨、反复修订与实践而制定。由此可以看出，升学和就业要求是其构建高质量高中毕业基准的重要视域。而我国高中课程标准所体现的仍然是一种比较典型的知识中心主义课程，课程实施仍以"应试—升学"为导向，尤其是数学课程，带有浓厚的专业化倾向，过分注重知识体系本身的逻辑性与结论的一致性，忽视了数学知识本身所具有的应用价值，导致学生所学知识与就业和升学需求相偏离。这表明，我国高中毕业文凭还不能很好地反映学生升学与就业的需求，学生毕业后对升学与就业的不适应也就在所难免。借鉴美国的经验，我国在制定高中毕业标准时，应改变以往依靠专家组成员的观点制定统一标准的做法，要充分融合各个领域人士的建议与需求。如企事业单位的人事部门主管、大学教师、教育专家以及学生自身的需求，从而更好地为高中生升学与就业做好准备。

（二）构建高中毕业基准应立足于本土化

研究表明，美国是教育分权制国家，各州、各学区、各学校对高中毕业基准制定具有很大的自主权，各州都拥有本州特色的毕业基准，国家及其他组织机构制定的毕业基准只起参考作用。这在一定程度上暴露了美国高中毕业基准的不足，即难以实现跨州就业和升学的要求。ADP 毕业基准的研发，就是在充分考虑并结合各州高中毕业标准的特色的基础上，为各州学生制定的一套具有普适性的毕业基准，进而体现了美国社会经济发展对高中毕业生的知识与能力的要求。我们应充分考虑我国与美国基础教育的差异，应该结合我国实际，从本土化视野制定适应于我国教育体制的高中毕业基准。一方面，我国制定的课程标准，既应是高中课程实施的根据，也应是高中学生毕业的基准，这在一定程度上，导致我国判断高中毕业文凭质量的根据不足。究其原因，这与我国课程标准结构中缺失毕业基准是直接相关的。因此，构建本土化的高中毕业基准已成为我国课程改革中的应然选择。另一方面，我国幅员辽阔，民族众多，各地经济发展不均衡。因此，课程研究者和政策决策者应考虑各区域的特色和差异性，制定适应不同省情和区域经济发展的高中毕业基准，充分满足不同地区对高中毕业生就业与升学的需求。

参考文献

[1] 陈霞. 基于课程标准的教育改革——美国的行动与启示 [D]. 上海：华东师范大学，2004：10-21.

[2] National Center for Education Statistics. Remedial Education at Degree-Granting Postsecondary Institutions in Fall 2000 [R]. 2003：2-14.

[3] National Center for Education Statistics. Condition of Education 2001 [R]. 2001：4.

[4] National Center for Education Statistics. Condition of Education 2002 [R]. 2002：5.

[原文载于《外国教育研究》2010 年第 11 期（刘学智　曹小旭　张雷）]

美国高中课程标准框架的构建与启示

2004 年以来，受美国基于标准的教育改革的推动和提升高中毕业文凭质量的诉求，美国非营利性民间组织——成就公司（Achieve，Inc）、教育信托公司（The Education Trust）以及托马斯 B. 福特汉姆基金会（The Thomas B. Fordham Foundation）从升学和就业对学生知识与技能的要求出发，合作研发高中核心课程标准，这就是美国著名的文凭项目（The American Diploma Project，简称 ADP）。美国文凭项目研究的最大特色在于将其核心课程标准建立在实证性证据的基础之上。如此缜密而独特的课程标准研究过程与方法，拓宽了课程标准研发的新视野。其以升学和就业为导向的课程标准研究理念受到美国州长协会（National Governors Association）和美国州立学校首席官员委员会（The Council of Chief State School Officers）的青睐，并成为研发 2010 年美国《州立共同核心标准》（Common Core State Standards）的重要指导思想。

一、美国研制高中课程标准的背景

（一）基于标准的教育改革政策的推动

美国是世界上基础教育十分发达的国家，但其学生成绩下降，教育质量不高一直是美国教育无法破解的难题。20 世纪 80 年代以来，美国中小学生基础知识薄弱、学业能力水平低下等问题十分突出。例如，1988 年，由 9～13 岁学生参加的国际科学学科知识的测试中，美国学生的成绩倒数第二；而在 18～24 岁青年学生参加的国际测试中，美国学生成绩名列倒数第一，教育质量每况愈下已成为不争的事实。[1] 为改变这一现状，20 世纪 90 年代开始，美国开始探索基于标准的教育改革，努力解决基础教育质量下降问题。1991 年，老布什签发了《美国 2000 年：教育战略》（America 2000：An Education Strategy），构想了美国教育改革的六项"国家教育目标"，其中很重要的目标就是"提高学生学业成绩和公民素养。1993 年，克林顿政府又出台了《2000 年目标：美国教育法案》(*Goals 2000：Educate America Act*)，正式完成"国家教育目标"的立法程序，制定供各州自愿采用的课程标准。2001 年美国颁布了《不让一个孩子掉队法案》(NCLB)，力图通过督促各州制定自己的学业标准，促使所有学生取得数学和英语的学业成就。但是，NCLB 法案在美国实施的效果堪忧。例如，该法案要求各州制定自己的学业标准，这不仅没有达成全国统一的教育质量标准，各州反而降低了课程和考试的难度。美国中小学在数学和阅读方面的能力仍落后于其他国家。[2]因此，为促进美国基础教育改革的成功，2009 年，奥巴马制定了"力争上游"(Race to the Top)计划，设立 43.5 亿美元的"力争上游"基金，以支持教育改革。其中，最为重要的项目就是实施更加严格的大学准备和就业准备的标准与评估，为各州高中毕业生在大学及职场取得成功做好知识与技能的准备，进一步提高全美基础教育的质量。[3]

(二) 研发高中课程标准的诉求

美国 NCLB 法案颁布以来，很多不能达标的州为逃避其惩罚，纷纷降低本州的课程标准，这不但未能使情况好转反而陷入另一深渊，最直接的体现就是美国学生在各类国际竞赛中的糟糕成绩，这使得美国政府深感担忧。美国加州州立大学发现，2002 年被他们成功录取的学生中有 59％被安排补习英语或数学课程。补习课程对于毕业生及其父母来说无疑是令其惊讶且昂贵的，因为他们在高中阶段就支付了未能得到学分的课程费用。虽然大多数高中毕业生进入大学，却有不到一半的学生无法毕业。[4]尽管造成这一事实存在着多种因素，但学生在高中阶段的学业成绩差异是其中一项不可忽视的原因。另一方面，在毕业后选择就业的学生当中，大部分雇主认为他们缺乏基本的知识与技能。超过 60％的雇主对高中文凭的内涵持怀疑态度，对毕业生的语法、拼写、写作以及基本数学技能评价时，只给了"中等"或"较差"的分数。[5]一项调查表明，美国雇主们为缺乏基础专业知识与技能的员工支付了高额的补习或培训费用，对于单个州的雇主来说，每年在阅读、写作和数学方面要支付将近 4000 万美元的辅导或培训成本。[6]同时，多数工人自身也开始质疑高中所提供的准备。以上事实表明，美国高中教育已经不能满足学生的各种需求，因而采用新的视角研发高中课程标准，成为美国课程专家面临的重要课题。

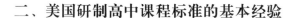

二、美国研制高中课程标准的基本经验

（一）以升学和就业为理念研发高中课程标准

美国研发高中课程标准，其目的有三：一是解决各州课程不一带来的成绩和学习水平的认证以及教育公平的问题，力求所有学生都能够获得平等的受教育机会和教育资源均等，确保所有学生获得同等的课程内容和教学材料。[7] 二是吸收各州课程标准的经验和教训，使得课程标准充分体现学生的期望，让教师、家长和公众对课程标准的要求更加清晰。三是课程标准的内容的设计力求与大学和职业需求相一致，确保学生高中毕业后顺利完成入学课程学习，或获得职业技能培训成功，为获得好的就业前景创造条件。研究表明，美国 ADP 从大学和就业要求的视角设计课程标准，充分体现了课程设计的未来应用性取向。ADP 对高中课程标准的设计，打破了美国传统的学科体系结构，既考虑了学生的职业生涯需要，也考虑了学生职业岗位的专业发展需求，形成了以大学课程学习与就业需求为导向的课程标准。

（二）课程标准内容与社会经济、社会生活紧密相关

为重建学生与家长、企业与雇主对高中毕业文凭价值的信心，从 2004 年起，ADP 就着手构建数学和英语等学科的高中课程标准。本研究以 ADP 2009 年高中数学课程标准为例，洞察其以课程标准体现其应用性特征。

ADP 高中数学课程标准共分为五个部分[8]：一是数感和数的运算标准。日常生活离不开数学，数感是日常生活中数学运算的重要基础。比如购买商品时估算税金；决定如何才能够节省投资；决定租还是买一辆汽车更加节约；理解通货膨胀时薪金的增长；明白如何理财才能保持家庭日常收支的平衡；对大众媒体中出现的高频率概念敏感而有较深的理解等。二是代数标准。数学能有规律地识别数字变化的根源，厘清各种变化中的数学模式，并寻求数学的多重表征，包括符号的、数值的、图形等所发生的变化。例如，了解当建筑面积增加时，成本是怎样增加的，通过利率和预期营业收入来预测储蓄状况，根据人口增长率去推测未来人口数量的变化。三是几何标准。几何学能帮助学生理解空间概念、空间结构和空间关系。例如，如何决定房屋设计方案，使其居住空间最大，所用材料成本最

低；比较不同包装形状的产品；寻找使一个超大物体能够通过一扇门的最佳途径等。测量是量化事物的基础。读地图、测血压、定坐标都需要某种形式的测量。测量即能培养学生的精密度、准确度，也能帮助他们学会找出测量中实际的和潜在的误差以及造成误差的原因。四是统计和概率标准。许多工作都需要工作人员具有快速分析、解释和描述数据的能力，并创造出视觉性的图表、图解，以便帮助专业人员准确地做判断；概率则可以帮助学生找出日常生活中的潜在风险，从而寻求解决的策略。五是数学推理标准。研究数据的作用在于推理，当学生学会预测、推论时，他们就会明白世界中存在诸多的不确定性。作为大学生或雇员，运用的数学知识不同于高中课堂中所教的数学，他们需要判断什么数学问题需要解决，进而采用恰当的数学知识和方法。研究表明，ADP 高中课程数学标准力求解决数学课程内容要求不够连贯（coherent）和重点不够突出（focused）的问题，力求与社会生活相联系，使呈现在公众面前的课程标准更为清晰，最终为学生升学与就业提供知识与技能的准备。

（三）以"实证方法"研制高中课程标准

2005 年美国以文凭项目为依托研发高中课程标准。ADP 与美国文凭项目网络理事、州教育官员、商界主管和中学后教育领导者携手合作，共同研发适应高中毕业后学生升入大学和就业要求的核心课程标准。ADP 花费多年的时间收集实证性证据，来编撰英语和数学方面的知识和技能。美国研制高中课程标准的方法和过程十分独特，其研发步骤可概括为六个方面：

一是确定初步的课程标准内容。ADP 研究表明，目前在那些持有高收入的专业性工作人员中至少有 84％的员工（处于金字塔最顶层）已经学习了更高深的高中数学课程等。相比之下，处于金字塔底层的工作人员中只有 30％的员工学习了高深的数学课程。研究人员还确定"四年所学的英语至少要达到相应的水平"，这成为大企业绝大多数员工必须达到的标准。[9]

二是雇主证实初步课程标准内容的必要性。美国文凭项目研究的初步工作场所期望，来自被定义在就业金字塔顶部的实际一线管理者，诸如电视媒体、医疗保健、高科技制造业、通信、能源等行业的代表均参与了访谈。这些雇主证实了初步标准内容的必要性，认识到通过学习这些课程，能够有效地促使学生继续保持学习的热情与积极性。

　　三是界定中学后的课程期望。首先，教育信托组织的工作人员将来自美国文凭项目各个伙伴州的 K－12 教育机构、两年及四年制的高校英语和数学教师召集起来，组织全体教师检查美国文凭项目伙伴州的中学毕业考试内容，如 SAT 研究能力测试、大学 ACT 入学考试等。然后通过评估这些要求学生学习的各种内容来整理编撰内容标准。在此基础上，美国文凭项目人员又访谈了来自大学的涵盖各个学科领域的高校教师代表，并要求他们详细说明学生在大学一年级以及学分制课程中取得成功所必须掌握的英语和数学的知识及技能；在各州已有的标准中查找那些"必须掌握"的英语和数学知识与技能，并根据这些内容的重要程度区分内容掌握的优先级。

　　四是统合初步的课程标准内容和中学后课程期望。美国文凭项目将从工作场所获得的初步的课程标准内容与中学后课程期望合并，形成预备课程标准草案。然后将该草案分发到高等教育教师和全国各地的雇主处，从而进一步确保这套预备课程标准草案能够代表与整合之前截然不同的"大学准备"和"工作准备"技能。

　　五是召集课程领域专家及雇主小组修订课程标准。各小组间相互磋商合作，共同探讨美国文凭项目标准内容。例如，哪些标准能充分代表高等教育要求和雇主的需求，从而使得最终确定的标准所包含的知识和技能，能够为所有学生在任何一个领域内取得成功做好充足准备。

　　六是通过雇主和高校教师收集工作任务样本与作业任务。作为课程标准草案审查与修订进程的一部分，美国文凭项目反复从雇主以及高校教师处收集工作任务样本和高校作业任务，以确保样品和标准之间的一致性。

三、美国研制高中课程标准对我国的启示

（一）高中课程标准的研制应体现升学与就业的理念

　　美国研发高中课程标准，既考虑职业岗位的专业需求，也考虑学生的职业生涯需要，充分体现了课程设计的未来应用性取向。由于研发的高中课程标准反映了课程内容要求与学生在就业竞争中取得成功所必须掌握的知识与技能之间的内在关系，因此其课程标准中职业需求与学习需求有机结合的特征非常明显。长期以来，我国受"精英教育"和"应试教育"的影响，基础教育尤其是高中教育一直致力于为上一级院校输送人才，忽视了其本应担负的劳动力培养的基础功能[10]，直接导致学生高中毕业后对

就业岗位的不适应。究其原因，这与我国课程标准的设计理念陈旧有关，即课程设计未能关注学生高中毕业后基于不同选择的现实需求，未能着眼于学生的升学与就业的要求。借鉴美国的经验，我国在制定高中课程标准时，应充分融合企业雇主、高校教师、课程专家和学生本人的建议，既增强课程内容的有效性，又很好地区分职业需求和学习需求，使学习目标与工作能力有机地结合在一起，形成从学校场景到工作场景的课程对接。

（二）课程标准的研制应强化实证性研究

我国基础教育"新课程"设计过程分为：基础教育现况调查；社会需求调查；学科课程国际比较；学科发展状况研究；教育与心理学对学科学习的启示等五部分。[11]我国"新课标"研制背景恰处于社会体制面临全面转型时期，社会职业需求量及需求种类庞大且复杂。在社会需求调查项目实施时，研究人员选择了在国内最有影响力的十几种报刊中进行。选项设计为"大数、百分数、分数、比例、图形及图表、统计、数学术语"等几个方面，统计它们出现的频率，以及它们表现在哪些领域，随后研究人员通过数量化统计得出结论。[12]这反映出我国课程标准的研制中实证性研究薄弱的问题。借鉴美国的经验，在课程设计过程中应凸显实证性研究。美国高中课程标准在设计过程中大量走访、调查企业雇主、高校教师、学生家长以及已经走向社会各领域的高中毕业生，并充分汇集各行业雇主代表、高校教师、教育专家、课程专家、教育一线教师的智慧，经过科学、严谨、反复修订而制定。我国在课程设计过程中，应改变以往重理论轻实证的研究方法，结合我国实际情况，开拓性地走出一条实证研究之路。

（三）研制高中课程标准应立足于本土化

研究表明，美国是教育分权制国家，各州对高中课程标准的制定有很大的自主权。目前，美国 50 个州就有 50 个学业标准，国家及其他组织机构制定的课程标准只起到指导作用，这在一定程度上暴露了美国高中教育标准不统一，这必然导致各州的人才培养目标不一致，规格不统一，因而制约了跨州就业和升学需求。美国高中标准的研发，就是在充分考虑各州高中课程标准的特色与经验的基础上，为各州制定出具有普适性的课程标准，进而体现美国社会经济发展对高中教育的新要求。我国实行的是教育集权制，国家制定了统一的高中课程标准。但是由于我国幅员辽阔，民族众多，各地经济发展不平衡，区域教育发展存在诸多差异，单纯依靠国家层面的课程标准，很难满足各地区高中教育的差异性需求。参考美国的经验，我国研制高中课程标准应立足本土化视野，既要体现全国对课程内容的共同性要求，也要因地制宜，鼓励地方以国家课程标准为蓝本，结合本地区经济发展状况和教育实际，制定出具有本地区特色的高中课程标准，为高中生就业和升学准备充足的知识与技能。

（四）课程标准的研制应发挥社会课程专业团体的审议作用

美国是一个抗衡性的社会，"由各种不同的压力集团所形成，每一个压力集团都了解自己的利益，珍惜自己的利益，为自己的利益而奋斗。在这个过程中，在平等的法律观照下，大家抗衡"[13]。因此，美国教育中出现的问题以及其各项教育改革，都会成为公众关注、关心甚全十顿的热点。美国高中课程改革也不例外，它也受到美国社会各种团体，特别是教育压力集团的极大影响。在这一背景下，美国高中课程标准研发，充分体现了国家、课程专业团体之间多元的审议关系。一方面，课程专业团体在课程改革中的作用受到国家政府的充分重视，课程专业团体及其研究人员也在不断地发挥其理论建构、政策建议与实践咨询等作用。另一方面，在企业运作模式下，要整合社会多种资源，教育机构共同介入，共同创建愿景，共同获得收益，进而形成良性的循环。参考美国的经验，我国应整合社会各种资源，充分发挥社会课程专业团体参与到课程标准的研制过程，充分发挥社会各方人士的作用，采纳企业管理者、高校教师、企业员工等对课程标准研制的建议，保证课程标准既能满足学生学习的需要，也能满足社会、大学和企业对人才知识与技能的要求。

参考文献

［1］钟启泉，张华. 世界课程改革趋势研究——课程改革国别研究［M］. 北京：北京师范大学出版社，2001：300.

［2］刘学东，程晋宽. 艰难的时代，艰难的选择——奥巴马政府基础教育政策的两难抉择［J］. 外国中小学教育，2010（2）：1.

［3］President Obama. U. S. Secretary of Education Duncan Announce National Competition to Advance School Reform［EB/OL］. http://www. ed. gov/news/press-releases/2009/07/07242009html.

［4］California State University. Proficiency Levels of CSU Freshmen Increase［R］. Washington，D. C.：2003.

［5］Public Agenda：Reality Check 2002 ［R］. Washington，D. C.：2002.

［6］Mackinac Center for Public Policy. The Cost of Remedial Education ［R］. Washington，D. C.：2000.

［7］曹一鸣，王立东，Paul Cobb. 美国统一州核心课程标准高中数学部分述评［J］. 数学教育学报，2010 (5)：8-9.

［8］刘学智，曹小旭，张雷. 美国文凭项目数学毕业基准的构建：经验与启示［J］. 外国教育研究. 2010 (11)：30-32.

［9］Achieve，Inc. Ready or Not：Creating a High School Diploma That Counts. The American Diploma Project ［R］. Washington，D. C.：2009.

［10］卢立涛. 全球视野下高中教育的性质、定位和功能 ［J］. 外国教育研究，2007 (4)：35.

［11］［12］吕立杰. 国家课程设计过程研究——以我国基础教育"新课程"设计为个案 ［M］. 北京：教育科学出版社，2008：139-141，144.

［13］杜维明. 从东西文化的比较看中国文化发展的前景 ［A］∥中国文化书院讲演录编委会. 中外文化比较研究 ［M］. 北京：三联书店，1988：112.

［原文载于《现代教育管理》2011 年第 7 期（刘学智　曹小旭）］

美国 ADP 高中核心课程标准的研制模式

2004 年，美国非营利性民间组织——成就公司（Achieve，Inc）、教育信托公司（The Education Trust）以及托马斯 B. 福特汉姆基金会（The Thomas B. Fordham Foundation）合作开展美国文凭项目（The American Diploma Project，简称 ADP）研究。ADP 研究的主要目标是研制高中核心课程标准。ADP 将高中核心课程标准的开发建立在实证性证据基础之上，其为升学和就业做准备的高中核心课程标准研制理念，被美国州立学校首席官员委员会（The Council of Chief State School Officers）和美国州长协会（National Governors Association）所采纳，并成为美国 2010 年《州立共同核心标准》（*Common Core State Standards*）研制的重要原则和指导思想。我国高中教育改革正处于关键期。《国家中长期教育改革和发展规划纲要（2010—2020 年）》明确提出，到 2020 年普及高中阶段教育，满足初中毕业生接受高中阶段教育需求。这预示着我国高中教育将面临由规模发展向内涵发展、质量发展的转变。[1]研究表明，课程标准是高中教育走向质量发展的根据，高中核心课程标准制定的科学与否将直接影响学生毕业时是否适应大学的课程学习和就业岗位对知识、技能的要求。因此，笔者拟对 ADP 高中核心课程标准研制模式加以探讨，期望给我国研制高中核心课程标准以有益的启示。

一、ADP 研制高中核心课程标准的缘起

（一）教育政策的推动：基于标准教育改革的深化

1983 年美国发表《国家在危机中：教育改革势在必行》以来，美国政府为提高基础教育质量，积极推行基于标准的教育改革。1991 年，美国颁布《美国 2000 年：教育战略》，致力于开发和推行全美统一的教育标准。2001 年美国颁布《不让一个孩子掉队法案》（*No Child Left Behind Act*，简称 NCLB），力图通过促使各州制定自己的课程标准，实现所有学

生成功取得数学和英语的学业成就。但是 NCLB 法案实施的效果并不理想，例如该法案要求各州制定自己的学业标准，这一政策不仅没有达到促进各州实施共同课程标准的目的，相反各州为逃避因学生学业成绩不达标而遭受惩罚，纷纷降低课程标准和考试的要求，竞相采用"宽而浅"的课程内容。可以说，美国基础教育质量并未因 NCLB 法案的实施而得到根本的改善。美国在 2006 年的 PISA 测评中，学生的数学素养和阅读素养均低于 OECD 的平均水平，[2] 这引发了美国公众对州课程标准权威性的质疑。为改变这一现状，2009 年奥巴马制定了"力争上游"（Race to the Top）计划，设立 43.5 亿美元的"力争上游"基金，以支持教育改革。[3] 其中，最为重要的项目就是实施更加严格的大学准备和就业准备的课程标准，确保所有学生在高中毕业时能为升学、就业以及今后在国际竞争中取得成功做好准备。

（二）教育实践的诉求：高中核心课程标准的研发

2000 年以来，美国高中课程标准难以适应美国大学课程学习和企业雇主对高中毕业生知识和技能要求的问题十分突出。美国教育统计中心（National Center for Education Statistics，简称 NCES）的调查结果显示，每年大约有超过 70% 的高中毕业生能够进入两年制或四年制的大学，其中至少有 53% 的学生需要补习高中英语或数学课程；虽然大部分高中生能够进入大学学习，但有近一半的学生无法毕业。[4] 麦基诺公共政策研究中心（Mackinac Center for Public Policy）一项调查数据显示，由于美国雇主每年要为缺乏数学、阅读等知识与技能的员工支付了高达 4000 万美元的高额补习或培训费用，导致超过 60% 的雇主对高中文凭的价值表示怀疑，企业雇主普遍认为高中毕业生缺乏必要的知识与技能。[5] 同时，多数工人自己也开始质疑高中教育所提供的知识和技能准备的不足。在这一背景下，提升高中课程标准的难度要求，研发为升学和就业做准备的高中核心课程标准成为美国教育领域中的热点课题。

二、ADP 高中核心课程标准研制模式的诠释

构建高中核心课程标准是 ADP 研究的主要任务。分析 ADP 高中核心课程标准的研制模式框架，大致包括如下几方面内容。

（一）ADP 研制高中核心课程标准的理念

为高中毕业后升学和就业做好充足的准备是 ADP 研发高中核心课程

标准的基本理念。ADP 研发高中核心课程标准的初衷在于确立学生成功地完成大学课程和进入职场所必须学会的知识内容以及应当掌握的相应技能。ADP 指出，高中课程标准必须跟上世界学生进入高中后阶段的步伐。为兑现这一承诺，ADP 通过网络声明致力于四项行动，其行动纲领分别为：使高中标准及评估与学生高中毕业后取得成功所需要的知识与技能保持一致；要求所有的高中毕业生完成大学和职业准备课程，以便获得一张能够确保学生在高中毕业后为各种机遇做好准备的文凭证书；建立遍及全美范围的评估系统，以此来衡量学生为大学和职业所做的准备；建立必要的问责制度，以此促进学生为升学和就业所做的准备。[6] 可见，ADP 确定以升学和就业为导向的课程标准研制理念十分明确。2005 年，ADP 通过文凭项目网络理事、州教育官员、企业主管和中学后教育领导者携手合作研发的高中数学、英语学科的课程标准都充分体现了这一研发理念。可以说，ADP 确定的高中核心课程标准不仅定义了英语和数学学科的技能和知识，也揭示了哪些知识和技能是学生们成功完成大学课程所必需的，哪些知识和技能是学生高中毕业后，成功入职和接受必要岗位培训所需要的。[7] 研究表明，ADP 从升学和就业出发研制高中核心课程标准，其本质在于实施优质的高中教育，为美国所有高中生提供适宜的课程内容，从而为学生终身学习夯实基础，为学生参与全球经济竞争做好准备。

（二）ADP 研制高中核心课程标准的目的

ADP 研制高中核心课程标准的目的主要表现在三个层面：一是实现高中核心课程标准的内容要求与大学课程和就业中所需要的知识与技能相一致，确保学生升入大学后能很好地完成大学课程学习，以及为学生就业提供良好的知识、技能准备。二是解决因为各州课程标准不统一造成高中毕业成绩互认的困难以及教育不公平的问题，力求所有高中学生受教育机会均等。三是反思各州课程标准的优缺点，力求弥补州立标准的不足，从而使高中核心课程标准更能体现学生的学习期望，使得学校、教师、家长和社会公众对课程标准的理解更加清晰。[8] 研究表明，ADP 从大学和就业要求出发研制高中核心课程标准，打破了美国传统的学科体系结构，既考虑了学生大学课程学习的需要，也考虑了学生工作岗位的专业发展需求，构建了以大学课程学习与就业需求为导向的高中核心课程标准框架。如ADP 2009 高中数学标准以及 2009 高中英语标准都充分反映了高中课程内容要求与学生在升学、就业竞争中取得成功必须掌握的知识与技能之间的内在关系。

(三) ADP 研制高中核心课程标准的过程和方法

1. 通过工作场所界定初步的课程标准内容

ADP 员工首先界定了"好工作"的标准，包括诸如薪金水平、提供福利、职业发展机会等因素。ADP 委托 ETS（"美国国家教育考试服务中心"的简称）利用美国劳工统计局以及美国教育部的国家纵向教育调查（NELS）资料，分析教育、雇佣和薪酬三者之间的关系[7]；他们按照薪金水平，把职业清单中所给出的就业人员分为三级水平。其中，金字塔顶层员工从事的是专业性工作，薪金最高，约占 25%；金字塔中层员工从事的是高技能的工作，薪金较高，约占 37%；金字塔底层员工从事的是低技能的工作，薪金较低，约占 38%。ETS 调查显示，在二十岁左右的青年人当中，目前处于金字塔最顶层、拥有高收入的专业性工作的人员，至少有 84% 的人学习过高深的数学课程；相比之下处于金字塔底层的工作人员，只有 30% 的人学习过高深的数学课程。[7]基于 ETS 研究得出的数据，ADP 通过工作场所界定了初步的课程标准内容。

2. 通过雇主验证初步课程标准内容的必要性

ADP 通过访谈高科技制造业、金融服务业、信息技术产业等行业的雇主，证实了初步课程标准内容的价值。雇主们特别强调几何等高深数学课程和阅读、写作等英语课程的价值，他们普遍认识到通过高中核心课程的学习不仅能够有效地促使学生保持旺盛的学习热情，也能促使学生掌握未来工作中必要的基础知识和技能。同时，雇主们也证实了 ETS 的研究结论，即大多数处于就业金字塔前两层的、发展最快的企业员工也必须进行更高水平的课程学习或在职培训。

3. 通过大学课程任务界定中学后的课程期望

首先，ADP 工作人员召集各伙伴州的两年及四年制的高校英语和数学教师分析 ADP 伙伴州的中学毕业考试内容、大学招生考试内容，如 SAT（研究能力测试）、ACT（大学入学考试）等。然后通过评估学生学习的重要内容，用来编撰内容标准。其次，ADP 人员检查了各伙伴州已有的高中英语和数学标准与高中课程内容评价之间的一致程度。在此基础上，ADP 人员又会见了高校各学科的教师代表，要求他们详细分析学生在大学一年级以及学分制课程学习中所需要的英语和数学的知识及技能基础，并在各州的课程标准中查找哪些是必须掌握的知识与技能，进而根据这些内容的重要程度区分核心学习内容掌握的等级。

4. 综合初步的标准内容和中学后课程期望

ADP 将从工作场所获得的初步的课程标准内容与中学后课程期望合并，形成高中核心课程标准草案。然后将该草案分发给 ADP 伙伴州高校教师和全国各地的雇主，进一步验证这套课程标准草案是否涵盖大学学习和工作岗位所要求的知识和技能。

5. 召集相关人员修订课程标准

ADP 召集伙伴州的雇主、课程内容专家以及来自全国各地的有代表性的雇主和课程内容专家组成多个专家小组，共同修订课程标准。各小组间相互磋商，共同探讨高中核心课程标准的内容，如哪些标准能代表大学课程学习和雇主的知识与技能要求等，从而确定最终的高中核心课程标准内容。

6. 收集工作任务样本与大学课程作业任务样本

作为 ADP 课程标准草案审查与修订的最后一个环节，ADP 通过从高绩效的雇主处收集工作任务样本和从高校教师处收集大学课程作业任务样本，以确保样本和核心课程标准之间的一致性。虽然这些样本只代表着学生在高校或在工作中将会面临的知识和技能要求，而不是高中生每天在课堂上必须完成的学习任务，但这仍然很好地说明了高中阶段所应掌握的知识与技能要求，以及在中学后各种工作岗位中经常应用的知识和技能要求。

三、ADP 研制高中核心课程标准的启示

ADP 以升学和就业为导向研发高中核心课程标准，反映了美国研制高中核心课程标准的特点。其由课程专家、雇主、企业员工和高校教师等共同参与课程标准研制的过程与方法，凸显了独特的实证性课程标准研发理念。具体而言，ADP 研制模式为我国研发高中核心课程标准提供了有益的启示。

（一）高中核心课程标准的研制应体现升学与就业的理念

美国研发高中课程标准，既考虑职业岗位的专业需求，又考虑学生大学课程的学习需要，充分体现了以升学与就业为导向的课程研制理念。为适应社会发展对多样化人才的需求，高中课程应在保证每个学生达到共同知识和技能基础的前提下，满足不同潜能学生对课程的不同发展需要。由

于我国高中核心课程标准过于注重学术性，未能很好地反映学生升学与就业的现实要求，因此我国高中教育改革难以跟上时代的步伐，高中学生的素质难以适应社会发展和变化。借鉴美国的经验，我国在研制高中课程标准时，应充分吸收企业雇主、企业员工、高校教师、课程专家、毕业生及家长的建议，使得研制的标准涵盖高难度的知识以及在高级技能工作中对知识的需求，为学生升学和就业准备必要的知识和技能[8]。

（二）高中核心课程标准的研制方法应凸显实证性

博比特认为，要使教育成为学生将来成人生活的必要准备，课程目标的制定必须以广泛的人类经验和现有社会职业分析为前提。ADP由雇主、企业员工、高校教师、课程专家、学生及家长参与课程标准研制的方法，与博比特实证主义课程设计理念一脉相承。我国基础教育"新课程"设计过程包括基础教育现况调查、社会需求调查、学科课程国际比较、学科发展状况研究、教育与心理学对学科学习的启示等五项研究。[9] 以数学学科的社会需求调查为例，我们主要选择在国内最有影响力的十几种报刊中进行，选项设计为"大数、百分数、分数、比例、图形及图表、统计、数学术语"等几个方面，统计它们出现的频率，以及它们表现在哪些领域，随后研究人员通过数量化统计得出结论。[9](141) 这种调查方法受到被调查者群体的覆盖范围、自身知识素养以及主观判断等多种因素影响，实证性研究较为薄弱，调查内容过于宏观。借鉴美国的经验，我国在研制高中课程标准过程中，应改变以往重理论分析轻实证证据的倾向，强化课程标准的实证性研究。

（三）高中核心课程标准研制过程应发挥多方审议的作用

ADP研制高中核心课程标准过程中，充分发挥了多方利益群体的审议作用。美国社会本质上是一个抗衡性的社会，由各种不同的压力集团所形成，每一个压力集团都了解到自己的利益，大家在平等的法律观照下抗衡。[10] 正因为如此，美国课程改革总能成为公众关注的焦点，受到社会各种教育压力集团的极大影响。在这种企业化运作模式中，美国高中核心课程标准的研制也得到社会各方利益团体和机构的关注。如2010年3月，K—12标准草案在网站上公布后，有一万余人参与了网上调查并提交了反馈意见，它为公众提供了一个投入核心课程标准研制团队当中的机会。[11] 借鉴美国的经验，我国在高中课程标准研制过程中，一方面要充分发挥课程专家集体审议功能，如邀请各学科领域有影响的专家、学者对普通高中课程标准进行审议。另一方面也要充分吸纳社会各界人士对课程标准研制的建议，如征求两院院士、文史学家、体育、艺术专业工作者对高中课程方案及课程标准的意见，同时向社会各界及教育行政人员、教研员、一线教师广泛征求意见，使得高中课程标准既能满足学生学习的需要，也能满足大学和企业对学生或毕业生的知识与技能的要求。

（四）高中核心课程标准研制的政策主体应实现多级化

美国是联邦制国家，联邦政府并不控制教育，各州拥有制定课程标准的自主权。因此，美国制定的高中核心课程标准是联邦政府、州和学区多级政策主体共同协商的产物，是多方利益群体博弈的结果。其中，联邦政府、州和地方学区都扮演着至关重要的角色。尽管如此，美国高中核心课程标准在各州的推广和实施仍然举步维艰，如得克萨斯州、阿拉斯加州等都坚决使用本州既定的课程标准。我国是由政府负责组织制定全国统一的高中课程标准，这说明我国课程标准研制的政策主体是国家。但是由于我国幅员辽阔，民族众多，各地经济发展不平衡，区域性教育发展存在诸多差异，单纯由国家层面制定课程标准，很难满足各地区对高中教育的差异性需求。因此，我国在研制高中课程标准过程中应实现研制政策主体的多级化，既要体现国家制定课程标准的权威性，也要鼓励各省、各地区以国家课程标准为蓝本，结合本地区经济发展状况和高中教育的实际，制定具有本地区特色的高中课程标准，为高中生就业和升学准备充足的知识与技能。

参考文献

[1] 申继亮. 关于我国普通高中教育发展的思考 [J]. 教育发展研究，2010（6）：44-46.

[2] OECD. PISA 2006：Science Competencies for Tomorrow's World. ［2011-04-12］. https：//www. pisa. oecd. org.

[3] President Obama. U. S. Secretary of Education Duncan Announce National Competition to Adance School Reform ［R］. http://www. ed. gov/news/pressreleases/ 2009/07/0724009html.

[4] National Center for Education Statistics. Condition of Education ［R］. Washington，D. C.：2004.

［5］Mackinac Center for Public Policy. The Cost of Remedial Education ［R］. Washington，D. C.：2000.

［6］Achieve，Inc. ADP Action Agenda ［EB/OL］. ［2011-06-30］. http：//www. achieve. org/ADP Action Agenda.

［7］Achieve，Inc. Ready or Not：Creating A High School Diploma That Counts. The American Diploma Project ［R］. Washington，D. C.：2009.

［8］Council of Chief State School Officers，National Governors Association Center for Best Practices. Common Core State Standards Initiative Standards-Setting Criteria ［R］. (2010-06-02) ［2011-07-10］. http：//corestandards. org/ the standards.

［9］吕立杰. 国家课程设计过程研究——以我国基础教育"新课程"设计为个案 ［M］. 北京：教育科学出版社，2008.

［10］杜维明. 从东西文化的比较看中国文化发展的前景 ［A］// 中国文化书院讲演录编委会. 中外文化比较研究 ［M］. 北京：三联书店，1988.

［11］Council of Chief State School Officers，National Governors Association Center for Best Practices. Reactions to the March 2010 Draft Common Core State Standards：Highlights and Themes from the Public Feedback ［R］. (2010-03-10) ［2011-06-30］. http：//www. corestandards. org/a-bout-the-standards.

［原文载于《课程·教材·教法》2012 年第 1 期（刘学智 曹小旭 毕庆三）］

专题三

课程评价改革问题研究

  课程评价是指依据一定的评价标准，通过系统地收集有关信息，采用各种定性、定量的方法，对课程的计划、实施、结果等有关问题做出价值判断并寻求改进途径的一种活动。在基础教育阶段，课程评价具有十分重要的作用，既可以诊断课程不能充分满足社会需要和学生需要的主要原因，又可以根据诊断结果对课程做出适当的调整，促进课程的良性发展。因此，基础教育中的课程评价问题成为学者广泛关注的热点问题。

  本专题内容主要包括：美国基础教育中 PARCC 评价体系的构建、研制模式，美国基础教育中 SBAC 英语评价体系的构建、SBAC 学业评价体系研制模式与启示，美国 NGAS 评价体系的实施，PISA 青少年幸福感评价体系的构建，日本基于课程标准评价范式的构建与启示，日本综合性学习评价标准的多维度构建，日本以"生存能力"为核心的课程评价改革，区域性义务教育学业质量监测制度探讨。

美国基础教育中 PARCC 评价体系的构建

　　为了深化基于标准的教育改革，改变基础教育质量低下的状况，2010年6月，美国的几个教育组织联合颁布了《州立共同核心标准》（*Common Core State Standards*，简称“核心标准”）。在这一背景下，2010年9月，美国教育部通过“力争上游评估项目”（Racc to the Top Assessment Program）向“为升学和就业做准备评价同盟”（The Partnership for Assessment of Readiness for College and Careers，简称 PARCC）组织专项拨款 1.86 亿美元，[1]以支持其研发 PARCC 评价体系。目前，参与该评价体系研发的州和地区已多达 23 个。[2]政府鼎力资助 PARCC 评价体系的研发，显示出美国实施“核心标准”，提高基础教育质量的力度和决心。

一、美国政府支持开发 PARCC 评价体系的缘起

（一）“州立共同核心标准”的推动

　　20 世纪 90 年代以来，美国掀起了“基于标准的教育改革”浪潮。2001 年颁布的《不让一个孩子掉队法案》（*No Child Left Behind Act*）提出，将对不能达到标准的学校实行严格的处罚措施。美国各州为了免受惩罚，纷纷降低州立标准以使学生成绩“达标”。在此背景下，2010 年 6 月，美国州长协会（National Governors Association）和州立学校首席官员委员会（Council of Chief State School Officers）共同颁布了《州立共同核心标准》，旨在统一美国 K−12 年级课程标准，以确保为学生升学和就业做好准备，从而提升美国教育的国际竞争力。[3]研究表明，出台“核心标准”是美国下决心改变基础教育质量低下的一项关键政策；而支持 PARCC 等组织研发新的评价体系则是美国政府支持“核心标准”的实施，全面提高基础教育质量的重大举措。

（二）基于“核心标准”的学业评价实践的诉求

　　美国教育部长邓肯（Arne Duncan）指出：“我们从教师那里听到的最

大抱怨是州的标准化考试迫使教师实施应试教学，而考试却测试不出真正重要的东西。"[4]这表明，美国现有州的评价体系存在着严重的弊端，一是州标准化考试缺乏科学性、有效性。现有的考试侧重于对基础知识的考查，缺乏对学生高级思维技能及学习能力的考查，无法检测出学生真实的知识与技能水平。二是缺乏统一的高标准的学业评价体系。由于美国各州课程标准存在一定的差异，据此开展的州标准化考试也必然缺乏全国的可比性。例如，田纳西州 2005 年州数学统考的及格率为 87％，但在全国性的数学学业成就检测中，该州的及格率仅为 21％。[5]这表明，美国基于州标准实施的学业评价现状不容乐观，构建适应"核心标准"的评价体系成为美国学业评价实践的迫切诉求。

二、美国政府支持构建的 PARCC 评价体系的框架性内容

PARCC 组织以建立高质量评价体系为宗旨，构建了如下评价体系框架。

（一）开发终结性与形成性相结合的二元评价体系结构

PARCC 评价体系的结构将由四部分组成，其中终结性评价、形成性评价各包含两部分。

1. 终结性评价部分

终结性评价的设计目标是检测学生是否在"为升学和就业做准备"，测量课程标准所要求学生掌握的所有知识与能力，并为各级教育机构及人员提供学生发展的相关数据。其内容包括以下两方面:[6]第一，基于学生行为表现的评价（Performance-based Assessment），该项评价将尽可能在学期末的时候进行，基于表现的英语语言艺术评价将重点对学生分析文本时的实际写作能力进行评价；基于表现的数学评价将重点关注学生对技能、概念的实际应用水平以及解决深层数学问题所需的策略性思维和推理能力等。第二，学年末终结性评价（End-of-year Assessment），将在学年大约剩 1/10 时间时进行，英语方面侧重对阅读的测验，数学方面则由一系列创新的机器可测项目组成。

2. 形成性评价部分

形成性评价设计的主要目标是为教师进行有效的教学调整、学生学习干预以及教师的专业发展提供及时、准确的信息。主要包括以下两部分内容:[7]第一，早期评价（Early Assessment），它将为教师教学及教师的专

业发展提供帮助，并使其适应学生发展的需要，促进学生知识和技能的学习。第二，学年中期的评价（Mid-year Assessment），它将由基于学生行为表现的评价试题和任务组成，侧重对一些以往测量中难以考核的知识与技能的评价。

（二）以核心学科为重点开发评价模块

PARCC评价体系中的核心学科，目前只有英语和数学两门课程。科学课程标准出台后，科学课程也将纳入该评价体系中。具体评价模块如下：

1. 英语学科评价模块的开发

英语学科（English Language Arts/literacy，简称"ELA"）评价模块共包括五部分，即侧重读写能力的评价（ELA－1和ELA－2）、拓展性研究/写作的评价（ELA－3）、学年末终结性评价（ELA－4）以及口语和听力的评价（ELA－5）等。其中，ELA－1、ELA－2和ELA－3属于"贯穿整个学年的评价"（Through-course Assessment）。具体内容如下：[8]

（1）ELA－1和ELA－2：侧重读写能力的评价（Focused Literacy Assessment）。侧重读写能力的评价模块由ELA－1和ELA－2两部分构成。ELA－1将在学年1/4时进行，ELA－2将在学年中期时进行。在"核心标准"中，学生所要掌握的最为基本的能力是读写能力，它是学生进行深层次写作的基础。这两部分的评价将对学生的读写能力进行考核。在考核过程中，学生将阅读一些复杂文本，然后从中寻找相关信息以得出合乎逻辑的结论，最后通过书面形式进行论证分析。其中，复杂文本的难度将随年级上升而增长。

（2）ELA－3：拓展性研究/写作的评价（Extended Research/Writing Assessment）。ELA－3将在学年3/4时开展。据调查，众多雇主及大学教师都认为，基础教育阶段培养学生拓展性研究、写作等能力对学生就业或大学课程学习的成功具有重要作用。这项评价将提供一系列资源，要求学生对其进行分析，评价这些资源的可行性和关联性，如有必要还可构建一个主题报告。此外，学生还要对目前的争论性话题进行分析，提出自己的观点并论证。

（3）ELA－4：学年末终结性的评价（End-of-year Literacy Assessment）。ELA－4将在学期还剩1/10时以考试形式进行。在具体操作上，学生须完成由计算机提供的一系列测验项目，项目的难度和数量都将随年级的上升而逐级增长。如 3～5 年级的学生须完成 45～55 个计算机测验项目，6～8 年级学生须完成 50～60 个，9～11 年级则须完成 55～65 个。在考试中，近一半的测验项目将呈现长篇文章供学生阅读、分析，另有 1/3 至 1/2 项目是短篇文章或演讲稿，剩下的则是一些词汇与语言运用方面的基本问题。最终，相关人员将根据考试结果判断学生是否达到英语标准的相应要求。

（4）ELA－5：口语和听力的评价（Speaking and Listening）。ELA－5 将在 ELA－3 项目完成之后，由教师在课堂教学中进行现场考核，结果也将在课堂中呈现。具体操作上，学生要对 ELA－3 中的文章发表自己的认识和见解，并提出论据论证自己的观点，同时要回答其他同学的提问。这些都将以现场口试形式进行。听说能力测验的结果将为相关的教学决策提供依据。

2. 数学学科评价模块的开发

数学学科（Mathematics，简称"Math"）的评价模块共包括三个部分，即侧重于基本主题的评价（Math－1 和 Math－2）、拓展性数学评价（Math－3）、学年末终结性评价（Math－4），其中 Math－1，Math－2 和 Math－3 属于"贯穿整个学年的评价"。具体内容如下：[9]

（1）Math－1 和 Math－2：侧重于基本主题的评价（Focused Assessments of Essential Topics）。Math－1 将在学年 1/4 时进行，Math－2 将在学年中期进行。在这两部分评价中，首先要对课程标准的内容进行整合，找出重点，确定数学学科中的基本主题。每次评价将涉及 1～2 个主题，每个主题大约有两个简单的自拟答案测验和一个拓展性的自拟答案测验。

（2）Math－3：拓展性数学评价（Extended Mathematics Assessments）。Math－3 将在学年 3/4 时开展。这部分的评价将提供一个拓展性表现任务。在这个任务中，学生要运用自己对关键性数学概念的理解，寻找办法解决给定的问题。

（3）学年末终结性评价（End-of-year Mathematics Assessments）。Math－4 将在学期还剩 1/10 时进行。在 Math－4 中，学生要完成多个由计算机进行测验的项目，项目的难度和数量都将随年级的上升而逐级增长。如 3～5 年级的学生须完成 40～45 个计算机测验项目，6～8 年级学生须完成 45～50 个，9～11 年级则须完成 50～55 个。

（三）系统性研发形成性评价工具（Formative Tools）

PARCC 研发形成性评价工具的主要目标在于帮助教师收集课堂教学中"最佳教学时机"（teachable moments）的学生学习信息，进而改进教学。[10] 形成性评价工具的开发，大致包括如下几部分内容：

1. 开发资源共享中心（The Partnership Resource Center，简称 PRC）

PRC 是一个在线的电子资源库，将为教师教学与评价提供两方面的支持：一是提供课程框架模型，帮助教师进行教学设计以及新课标的深层理解；二是提供一些作业与任务，供教师进行形成性评价使用。为科学开发这些工具，一方面 PARCC 将提供一个平台，供各州合作开发课程框架模型以及教学计划范本；另一方面也将利用现有试题库进行作业与任务的开发。目前，马萨诸塞州已从其综合评估系统中拿出 5000 个评价试题作为共享资源使用。[11]

2. 开发复杂文本诊断工具（Text Complexity Diagnostic Tool）

阅读能力是美国英语教学中一贯重视的目标。为满足"核心标准"对复杂文本的需求，PARCC 将开发一个计算机适应性工具。该工具将帮助确定学生最近发展区，检测学生文本阅读的现有水平并提供适应其现有水平的相关文本。该工具在学年初时将为教师提供教学指导，并在学年中帮助教师进行满足学生需求的教学调整。PARCC 鼓励教师在学年初时对学生阅读复杂文本的能力进行一次形成性评价，并根据评价结果为学生制定一个详细的、切实可行的发展计划。

3. 提供 K－2 年级选择性评价项目（Options for Assessment K－2）

为帮助各州根据"核心标准"要求检测学生的知识和技能，PARCC 将提供 K－2 年级的相关行为表现任务。PARCC 将根据"美国幼儿教育协会"（The National Association for the Education of Young Children）相关标准开发适应即将升入 3 年级学生的评价项目，来检测其为继续学习做准备的情况。这部分资源将纳入 PARCC 评价体系之中，并将其单独列出。

三、美国政府支持构建 PARCC 评价体系的启示

美国政府支持 PARCC 等组织构建新的评价体系给我们的启示在于：

（一）评价体系的构建应立足核心课程标准

显然，美国基于州标准的评价体系已经阻碍了美国推行核心课程的教

育战略。PARCC 评价体系作为美国政府重点支持的研究项目，其宗旨就在于彻底打破基于州标准的评价模式，建立与"核心标准"相一致的新的评价体系。新课程改革以来，我国颁布了多个学科的课程标准，并以此为依据开展学生学业质量评价。但是，目前我国课程评价体系与课程标准的匹配度并不够好，尤其是基于核心课程标准的评价体系的研究欠缺，如数学、语文等核心课程的学业成就评价还存在偏离国家课程标准等问题，这在一定程度上制约着学生学业成绩的有效评价。借鉴美国的经验，我国应基于国家核心课程标准，研发新的评价体系，从而使我国课程评价体系不断完善。

（二）评价体系的构建应秉持"为升学与就业做准备"的理念

据研究，美国相当一部分高中毕业生尚未具备升学与就业所需要的学业技能和非学业技能。2012 年，美国一家人力资源公司对 430 名人力资源主管进行调查发现，72% 的主管认为最近聘用的高中毕业生在基本的英语写作技能方面存在缺陷，81% 的主管认为高中毕业生在使用英语写作，例如备忘录、信件和技术报告等方面的能力欠缺。[13] 为改变美国基础教育难以为学生的升学和就业准备充足的知识与技能的现状，不断提升基础教育质量，美国在"核心标准"中明确提出"为升学与就业做准备"的理念。适应"核心标准"的这一要求，PARCC 将建立使所有学生能"为升学及就业做准备"的通道，作为重要的组织目标。目前，我国课程标准中确定了多项学生必须掌握的知识与技能，其中绝大多数知识与技能是学生升学和就业所不可或缺的。然而，在实践中这些与学生升学和就业密切相关的知识与技能并没有得到理想的评价，这在一定程度上背离了以评价促进学生发展的方向。借鉴美国的经验，我国应该在评价体系中加大对学生升学和就业方面知识与技能的评价，推动基础教育为升学和就业做好充足的知识与技能准备，不断提升基础教育质量。

（三）评价体系的构建应体现终结性评价与形成性评价的有机结合

在基于州标准的评价体系框架下，美国各州和学校通常以终结性评价为主，且大多数学校都将终结性评价放在学期末进行。研究表明，终结性评价无法为教师提供学生学习的动态信息，因而也就无法有针对性地调整和改进教师的教学活动。为弥补终结性评价的不足，PARCC 评价体系在学年末实施终结性评价的同时，通过"贯穿整个学年"的学习过程的评价，强化形成性评价，为教师全面调整教学活动及实施差异性教学提供及时有效的学习状况信息，这在很大限度上会引导各学校实施形成性评价，关注学生形成性学习目标的实现。借鉴美国的经验，我国建构评价体系应在评价方式上着力进行改革，改变单纯重视学习结果的终结性评价的现状，促进终结性评价和形成性评价的有机结合。

参考文献

[1] Joseph Conaty. PARCC Award Letter [EB/OL]. (2010-09-28) [2012-10-09]. http://www. ed. gov/programs/ raeetothetop assessment/Paree award letter.

[2] [6] [7] The Partnership for Assessment of Readiness for College and Carecra. PARCC Overview PPT [EB/OL]. (2011-09-22) [2012-10-10]. http://www. Pareeonline. org/sites/parcc/files/PARCC _ Overview _ November2011. pptx.

[3] 周琴，杨登苗. 为升学和就业做准备：美国"共同核心州立标准"述评 [J]. 比较教育研究，2010 (12)：13-17.

[4] 李茂. 美国中小学迎来考试 2.0 时代 [N]. 中国教师报，2010-10-13 (4).

[5] 李茂. 美国首部全国统一课程标准草案出炉——为上大学和就业做准备 [N]. 中国教师报，2010-03-17 (4).

[8] [9] [11] The Partnership for Assessment of Readiness for College and Careers. PARCC Application for the Race to the Top Comprehensive Assessment Systems Competition [R]. 2010：46-48，51-54，56-59.

[10] Shavelson, R. J. , et al. On the Impact of Curriculum-Embedded Formative Assessment on Learning：A Collaboration between Curriculum and Assessment Developers，Applied Measurement in Education [R]. 2008：295-310.

[12] 王晓阳. 美国高中教育现状、改革趋势及对我们的启示 [J]. 基础教育参考，2008 (6)：27-32.

[原文载于《比较教育研究》2013 年第 10 期 (刘学智　栾慧敏　乞佳)]

美国基础教育中 PARCC 评价体系的研制模式

为提升基础教育质量，美国政府 2010 年颁布了具有全国统一性质的《共同州立核心标准》（*Common Core State Standards*，简称"核心标准"）。[1] 为适应该"核心标准"对学业评价实践的新要求，2010 年 9 月，美国政府通过"力争上游"（Race to the Top）计划，拨款 3.5 亿美元支持两大组织研发评价体系，[2] "为升学与就业做准备评价联盟"（The Partnership for Assessment of Readiness for College and Careers，简称 PARCC）是其中之一。2015 年，PARCC 评价体系已在美国开始正式实施。目前，我国正步入基础教育课程评价改革的关键期。2013 年 6 月，《教育部关于推进中小学教育质量综合评价改革的意见》指出，我国基本建立体现素质教育要求、以学生发展为核心、科学多元的中小学教育质量评价制度。[3] 2014 年 9 月，我国颁布的《国务院关于深化考试招生制度改革的实施意见》指出，到 2020 年我国基本建立中国特色现代教育考试招生制度，形成分类考试、综合评价、多元录取的考试招生模式，健全促进公平、科学选才、监督有力的体制机制，构建衔接沟通各级各类教育、认可多种学习成果的终身学习"立交桥"。[4] 适应中、高考制度改单和基础教育质量监测的需要，构建科学的学业评价体系，成为中国基础教育改革与发展的现实诉求。因此，探讨美国基础教育中 PARCC 评价体系的研制过程与方法，对我国构建新型的学业评价体系具有很好的启迪意义。

一、PARCC 评价体系研制的缘起与内容框架

（一）PARCC 评价体系研制的缘起

为提高基础教育质量，改变中小学生基础知识薄弱、学业水平低下的状况，美国于 20 世纪 80 年代末掀起了大规模的教育"基于标准的教育改革"（Standard-based Education Reform）运动。2001 年，美国颁布了《不让一个孩子掉队法案》（*No Child Left Behind Act*，简称 NCLB），提

出将对不能达到标准的学校实行严格的处罚措施。然而，美国各州为免受NCLB 法案惩罚，纷纷降低州标准以使学生成绩"达标"。美国政府为改变各州基础教育质量参差不齐、学术标准不统一的现状，2010 年，美国州长协会（National Governors Association）和州立学校首席官员委员会（Council of Chief State School Officers）共同颁布了"核心标准"，旨在统一美国 K—12 年级课程标准，以确保学生为升学和就业做好准备，从而提升美国的国际竞争力。[5]美国各州现有的课程标准内容要求与"核心标准"的内容要求存在较大差异，导致州的评价体系难以适应"核心标准"的要求。因此，基于"核心标准"构建新的评价体系成为美国基础教育领域的重大需求。

（二）PARCC 评价体系的框架性内容

2010 年，PARCC 组织针对"核心标准"中数学、英语和科学等核心学科构建评价体系。目前，数学、英语两个学科的评价体系的研发工作已经完成，并在美国的 14 个州和哥伦比亚特区正式实施。PARCC 评价体系的主体框架包括三部分内容。[6]一是二元性评价体系结构。PARCC 评价体系结构是二元性结构，即由用于各州问责的终结性评价以及成员州可选择性实行的形成性评价两大部分构成。其中，终结性评价包括基于表现的评价以及学年末的终结性评价；形成性评价包括诊断性评价、年中评价以及英语学科的听与说的评价。PARCC 评价体系的这种二元结构不仅为教育管理者进行问责及其他教育决策提供了有效依据，也为教师改进教学提供了及时的信息，两者互为补充。二是英语和数学两大核心学科的评价模块。PARCC 评价体系的学科模块主要包括英语和数学两大学科的评价模块。英语学科的评价模块包括侧重读写能力的评价、拓展性研究/写作的评价、学年末终结性评价和口语及听力的评价等；数学学科的评价模块包括侧重于数学基本主题的评价、拓展性数学评价、学年末终结性评价等。三是以教师专业发展和学生成长为指向的形成性评价工具。PARCC 评价体系的资源库包括由在线资源共享中心、复杂文本诊断工具、K—2 年级选择性评价项目构成的形成性评价工具。其中，资源共享中心是一个帮助教师进行教学设计和教学评价的在线电子数据库；复杂文本诊断工具是用于诊断学生英语文本阅读能力并根据诊断结果提供相关阅读文本的工具；K—2 年级选择性评价项目是通过提供适应学生发展特点的测量工具，如观察法、核查清单、课堂活动等，帮助各州测量低年级（幼儿园至 2 年级）学生的知识和技能的形成性工具。

二、PARCC 评价体系的研制模式

构建 PARCC 评价体系是 PARCC 组织的主要任务。参与 PARCC 的各州教育领导人所持有的共同信念是：运用各州的共同力量使学生高中毕业时为升入大学和就业做好准备。为实现促进学生"为大学与就业做准备"的愿景，PARCC 将建立一个高质量的评价体系，帮助教育者和父母及时了解学生在"为大学学习与就业做准备"方面的进展。PARCC 所建立的评价体系将主要促进以下三方面目标的实现：[7]一是首次为全国的中小学教学质量检测设置一个统一的高标准，改变美国现有州标准化考试无法测出真正重要东西的现状；二是向教师提供学生学习进展的动态信息，指导教师进行教学改进，为教师的课堂教学提供支持；三是基于新的评价体系，改变 NCLB 法案以来以惩罚为主的责任制体系，建立各州自主决定的责任制体系，促进教育问责制的实行。

(一) 建立共同合作的联盟式研制组织

评价体系研制是一项牵涉诸多利益群体的复杂系统工程，需要多方主体的共同参与才能有效完成。PARCC 建立多方共同合作的组织机制，研制评价体系：第一，州是评价体系研制的最重要主体。来自 PARCC 成员州的教育机构员工、校长、教师、课程主管和其他教育者、专家是 PARCC 组织的主要成员，负责 PARCC 组织的各项工作。例如，PARCC 组织的领导机构——理事会 (Governing Board)，由各成员州的教育官员或其委派人共同组成，对 PARCC 的主要规章制度、财政、组织设计和运作等行使最终决策权。第二，美国联邦政府是 PARCC 评价体系研制工作的发起者，并在"力争上游评估项目"之下为 PARCC 提供专项拨款以研制和实施评价体系。第三，"美国教育考试服务中心"(Educational Testing Service)、"进步测量"(Measured Progress) 和"麦格劳·希尔教育测评中心"(CTB/McGraw Hill) 三个老牌考试服务承包商共同合作，负责试题开发与编制的初期具体工作。第四，PARCC 选择 Achieve 公司担任组织的项目管理合伙人，负责协调和管理理事会、领导团队、PARCC 各委员会以及财政机构之间的行为与活动，并监管 PARCC 试题承包商的工作。这种多方合作的组织结构和研发机制，不仅使 PARCC 评价体系在研制中获得政策和技术层面的支持，保证评价体系开发的品质；还帮助所研发的评价体系获得参与者的认同，减小评价体系实施的阻力。

（二）以"证据中心"和"通用设计"为研制方法

PARCC 使用"证据中心设计"（Evidence-Centered Design，简称 ECD）和"通用设计"（Universal Design）为方法论基础，研制评价体系。

1．"证据中心设计"　方法

"证据中心"方法主要应用于评价领域，由美国梅斯雷弗（Mislevy, R. J.）等人于 20 世纪 90 年代提出。梅斯雷弗认为："评价本质上关注的是对学生的知识、技能和成就做出一定的推理，而这种推理需要关于学生能力的证据作为支持，即期望从学生所说、所做或所提供的具体事情上来推论出他们知道什么和能做什么；从而评价可以看成'基于证据进行推理'的过程"。[8] 简单地说，评价主要涉及三个问题：应该评价什么知识、技能或其他属性；什么行为与表现能够证明学生掌握了这些知识与技能；什么任务或情境能引出这些行为与表现。PARCC 评价体系的设计思路体现了"证据中心"的设计方法。首先，PARCC 明确了想要对学生做出什么样的推断，即希望学生在为升学和职业做准备方面达到怎样的程度，具体表现为各年级学生应掌握的学科要求。其次，PARCC 在《PARCC 蓝图和测验说明书》（*PARCC Blueprints and Test Specifications*）中设计了"证据列表"，具体描述了学生应有怎样的表现才能证明他掌握了学科要求。最后，PARCC 设计了多种试题和任务类型以收集证据。

2．"通用设计"　方法

"通用设计"一词起源于建筑领域，指"产品和环境的设计，最大可能地使所有人可用，且无须改造或专业设计"。[9] 在教育领域，通用设计方法以往主要应用于课程教学方面，在评价领域则较少受到关注。然而，近些年，在评价领域通用设计方法日益受到人们的关注。美国的《残疾人教育法》（*Individuals with Disabilities Education Act*）特别规定："如果可行的话，州和地区的教育机构应当在研制和实施所有评价时使用通用设计的方法。"[10] 在评价领域，通用设计更多体现的是一种理念或哲学，是指评价要尽可能全面地为所有被测评者服务，并且在评价设计之初就应考虑所有因素，而非设计完成之后再修改，做到为所有学生提供公平展示自身所学的机会。因此，PARCC 所研制的评价体系在设计之初，既考虑了普通学生的需要，也考虑了特殊学生的需要，从而实现真正的包容性。例如，PARCC 为所有学生提供视觉效果清晰、简洁易读的试题或任务材料文本；将试卷翻译成英语以外的多种语言；实施简单、清楚的评价程序。[11]此外，遵循通用设计的原则，PARCC 成立了"偏见和敏感性委员会"（Bias and Sensitivity Committee），对试题进行文化审查，以保证所研制的试题无种族及文化的偏见。

（三）遵循标准化的研制程序

评价体系研制是一项极其复杂的专业工作，应按照科学化、规范化的流程进行，以保证研制工作的有序开展。PARCC 评价体系研制的第一步是解析"核心标准"，然后在"核心标准"的基础上构建整个评价体系。最后，PARCC 对评价体系进行实地测验与效果评估以改进、完善所设计的评价体系。

1. 基于"核心标准" 设计评价体系

（1）解析"核心标准"。"核心标准"是评价体系研制的起点。为了确保所测验试题与标准相一致，PARCC 邀请撰写"核心标准"的领导成员、州的学科内容专家以及其他方面的专家和教师共同参与标准的解析。在解析标准的过程中，有关专家要决定"什么内容是最重要的"，并且对课程标准的有关要求、特点进行分析，为编制与标准相一致的评价试题提供基础。2012 年 8 月、11 月，PARCC 分别颁布了英语、数学学科评价的《示范性内容框架》（*Model Content Frameworks*）的最终稿，对数学、英语学科的"核心标准"进行了详细的分析，既为"核心标准"的实施给予了支持，也为 PARCC 下一步研制试题编制细目表与测验蓝图提供了指导。

（2）设计测验蓝本。2011 年春，PARCC 设计了初始蓝图。其中，得克萨斯大学的达纳中心研制了数学学科的基本草案材料，而匹兹堡大学的学习研究院则研制了英语学科的草案。然后，Achieve 公司、学生成就合作伙伴联盟（Student Achievement Partners）、美国教育考试服务中心、培生公司（Pearson）以及 PARCC 成员州的学科和评价专家针对草案内容进行共同讨论，并进一步修订完善材料。[12]PARCC 测验蓝本由一系列描述评价的内容和结构的文件组成。这些文件界定了各评价部分任务和试题的总数，所要测量的标准，试题类型以及分值分布情况，为下一步的试题编写与测验研制提供指导。

（3）草拟测验试题。PARCC 试题编制的具体工作主要由美国教育考试服务中心、进步测量和麦克劳希尔教育测评中心三个考试机构共同合作负责。[13]PARCC 将一部分测验试题交由考试服务承包商进行创新开发，另一部分则从考试服务承包商的题库和成员州已有试题库中搜寻获得。PARCC 编制测验试题的过程大致如下：[14]首先，考试服务承包商共同制定并审查一系列指导试题编制的手册与规范性文件，以指导之后的试题编制工作，如《偏见和敏感性指导手册》（*Bias and Sensitivity Guidelines*）、《试题研制计划》（*Item Development Plans*）等。其次，招募并培训试题编写者。试题编写者不仅包括考试服务承包商机构内部的专家，还包括从机构外部招募的相关专家。这些人员将共同组成 PARCC 试题编写团队，接受"核心标准"以及 PARCC 评价设计等方面的培训。只有接受完这些培训的人才有资格编写试题。然后，收集优质、丰富的文章进行试题编写。在整个研制过程中，所有的试题都要与"核心标准"以及《示范性内容框架》相一致，并符合测验蓝本、测验试题说明书等文件的要求。

（4）测验试题的多重审查。在试题编写完成以后，来自 PARCC 各成员州的专家、地方教育者、高等教育教师和社团成员对评价体系中的每一道试题和每一篇文章都要进行严格的审查。PARCC 测验试题的审查主要包括以下四个方面：[15]一是审查测验试题与核心标准的一致性，主要是确保评价所测量的是"核心标准"要求掌握的内容。PARCC 组织委任成员州课程内容专家组成专家审查小组，分析每个试题与它计划测量的标准之间的一致性，检查评价的整体平衡性。二是审查试题内容的正确性，即试题内容是否正确无误。三是审查试题的易使用性、公平性和敏感性。该审查的主要目的是确保试题和任务对所有学生（包括残疾学生与英语语言学习者）来说是公平的，不存在偏向某一特殊群体的现象。四是审查测验试题是否具有"发展适宜性"（Developmentally Appropriate），即试题的语言和内容是否适合所评价的学生的年龄特征。

2. PARCC 评价体系的实地测验与效果评估

（1）评价体系的实地测验。在 2014 年 3 月底到 6 月初之间，PARCC 的 14 个成员州和哥伦比亚地区约 16000 所学校参加了评价体系的实地测验。[16]PARCC 评价体系实地测验的最主要目的是检验 PARCC 评价体系的质量，并根据测验结果对评价体系做出必要的修改与调整。在实地测验中，学生参加的测验并非完整的 PARCC 评价测验，绝大多数学生参加的是 PARCC 测验的四分之一部分。PARCC 实地测验的时间与正式实施的时间一致——在学年中学科教学进行了约 1/4、1/2、3/4 以及 9/10 时进行。[17]PARCC 实地测验的任务主要包括：检查测验试题和任务的质量；检查评估培训材料和实施程序；检查基于计算机的发送平台；根据实地测验的经验进行各种主题的研究，包括指导第一轮正式测验结果的报告。测验结束以后，PARCC对参加测验的学生的作答情况进行统计分析，并根据分析结果对试题做出进一步的审查与修改。根据第一轮实地测验数据的统计结果，大部分测验试题都通过了专家的审查，其中获得认可的数学试题大约有89%，英语试题约有78%。[18]通过数据审查发现存在问题的试题有两种处理方式：一是修订，PARCC将对这些试题进行内容或形式的修改，然后由PARCC试题审查委员会进行审查，并参与实地测验。只有那些通过审查和实地测验的试题，才能出现在正式实施的PARCC评价体系中。二是删除，PARCC教育者通过审查实地测验数据，确定一小部分不适合修改的试题，并将它从试题研制过程中删除。总的来说，通过实地测验，PARCC组织能够为学校和地区实施PARCC评价体系提供所需要的支持，并对测验试题题进行必要的改进，从而确保能够建立高品质的评价体系。

（2）评价体系的效果评估。PARCC评价体系包括各种类型的评价与资源，从本质上来说可以定义为"项目"。[19]项目评估是一个项目得以长期有效实行的重要保障。PARCC为监控项目的运作情况，了解组织在实现项目目标方面的进展，在评价体系研制和实施的多个阶段收集信息，展开项目评估。具体来说，PARCC项目评估的主要目的是确定PARCC项目是否达成了预期所设定的目标；评估内容包括"评估项目是如何实施的""评估项目的成果或影响"两个方面；评估的时间并非确定的单一时间点，而是贯穿在评价体系设计、实施和研制的整个过程中。[20]PARCC每年向教育部"力争上游"项目提交年度报告，汇报评价体系研制和实施的进展，总结经验教训，并在此基础上修订、调整评价体系。例如，2012年，PARCC向教育部提交的"年度报告"中指出：通过调查研究，多个州反馈多个总结性的贯穿课程的评价可能会太过频繁地干扰课堂教学，影响课程的范围和顺序，PARCC计划将原本的四个总结性评价部分变更为两个，另两个评价部分的成绩不用于总结性评价计分中。教育部审查通过了这一修改申请。随后，PARCC调整了评价体系设计，现行评价只包括两个总结性评价部分。PARCC的这种及时性的项目评估为PARCC决策者能够做出正确、合适的决策提供了保障，也为评价体系的执行和实施奠定了基础。

三、PARCC评价体系研制模式的基本特点

通过对美国PARCC评价体系的研制目的、组织结构、研制方法与步

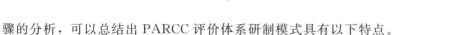

骤的分析，可以总结出 PARCC 评价体系研制模式具有以下特点。

（一）建立了"联邦—州—专业机构"共同合作的支持联盟机制

20 世纪 80 年代，萨巴蒂尔（Sabatier）和简金斯－史密斯（Jenkins－Smith）等学者提出了支持联盟框架，指出支持联盟是共享一个特定的信仰系统，且长时间内对一项协调行动毫无争议的政策行动者群体或政策共同体。[21] 从这一意义上说，PARCC 各参与主体共同构成了支持联盟。2010 年，美国政府颁发的《改革蓝图——对〈初等与中等教育法〉的重新授权》（A Blueprint for Reform：The Reauthorization of the Elementary and Secondary Education Act）中明确指出教育改革的目标是"无论学生的家庭收入、种族、民族、语言背景如何或是否残疾，从高中毕业的每个学生都能为大学与就业做好准备"。[22] 为了促进学生为升学与就业做准备，提高国家基础教育质量，联邦政府需要建立高质量的学业评价体系。美国各州虽然大多都有基于州标准的评价体系，但随着"核心标准"的颁布与实施，各州开始迫切需求一套与"核心标准"相一致的高质量评价体系，在专业考试机构方面，帮助州、地区和学校建立专业评价体系一直是这类考试机构的经营范围。因此，虽然联邦、州、专业考试机构在教育方面均有自己独特的信仰系统，但是"共同研制高质量的评价系统"这一"政策核心信仰"让它们组成联盟，进行长期深度的合作。在美国以往州的评价体系构建中，一般采用的是"州—专业机构"的组织机制，联邦受州和地方控制教育传统的限制，并不参与州评价事宜。但在 PARCC 评价体系研制过程中，美国联邦政府不仅是评价体系研制工作的资金提供者，也是评价体系研制的发起者和监控者。可以说，PARCC 建立的"联邦—州—专业机构"共同合作的联盟机制在美国评价体系研制历史上具有独特意义。

（二）凸显了公平与证据相结合的设计原则

PARCC 在评价体系研制方法与过程中，凸显了公平与证据相结合的设计原则。一方面，PARCC 评价体系在美国的多个州实施，且总结性评价部分的结果将用于州和地区的比较与问责，因而评价过程与结果的公平性显得尤为重要。为保证评价的公平性，PARCC 在评价体系设计和研制过程中，充分考虑了各类学生群体的多种需求，将尊重学生、促进学生发展的通用设计方法贯穿始终。譬如，将试题材料制成音频文件提供给有视觉障碍的学生，避免涉及具有文化偏见的测验内容。另一方面，PARCC 评价通过系统收集学生学习的信息，对学生的学习水平和成效做出评判。

PARCC 在评价体系研制过程中采用"以证据为中心"的设计方法，秉持解读"核心标准"、明确评价内容、编制评价试题的设计思路，研制多种类型的试题和任务以收集学生学习的相关证据。PARCC 应用通用设计的方法考虑了弱势群体和文化多元的需要，保证了评价体系的公平性；采用"证据中心"的设计方法强调学生学习证据的重要性，收集不同种类的学生学习数据，提高了 PARCC 评价的信度与效度。

（三）基于"核心标准"确定科学的研制程序

PARCC 评价体系作为美国政府重点支持的研究项目，其宗旨在于彻底打破原有的基于州标准的评价模式，建立与"核心标准"相一致的新的评价体系。因此，PARCC 评价体系开发将解析"核心标准"作为试题研制的首要工作，邀请核心州标准的撰写者、各方专家和教师共同解析标准，为编制与核心标准相一致的评价试题提供基础。以"核心标准"为依据，PARCC 采用科学化研制程序开展研制工作。这种"科学化"主要体现在按照标准化的程序研制评价体系，其评价工具研制的核心步骤包括解析"核心标准"、设计测验蓝本、草拟测验试题、测验试题的多重审查，以及评价体系的实验与效果评估等。PARCC 采用科学化的研制程序不仅确保了研制工作的有序进行，也保证了所研制评价体系与"核心标准"之间的一致性。

参考文献

[1] Common Core State Standards Initiative. In the States [EB/OL]. [2013-10-02]. http：/www. Corestandards. org/in-the-states.

[2] U. S. Department of Education. U. S. Secretary of Education Arne Duncan Press Conference Call on Student Assessment Grants [EB/OL]. (2010-09) [2014-10-10]. http://www. ed. gov/news/av/audio/2010/09/09022010. doc.

[3] 中华人民共和国教育部. 教育部关于推进中小学教育质量综合评价改革的意见 [EB/OL]. (2013-06-03) [2014-10-10]. http://www. moe. edu. cn/publicfiles/business/htmlfiles/moe/s7054/201306/153185. html.

[4] 国务院. 国务院关于深化考试招生制度改革的实施意见 [EB/OL]. (2014-09-03) [2014-10-10]. http://www. moe. edu. cn/public files/business/htmlfiles/moe.

[5] 周琴，杨登苗. 为升学和就业做准备：美国"共同核心州立标准"述评 [J]. 比较教育研究，2010（12）：13-17.

[6] 刘学智，栾慧敏，乞佳. 美国政府提高基础教育质量的最新举措——PARCC

评价体系的构建与启示［J］. 比较教育研究，2013，（10）：80-84.

　　［7］PARCC. By laws of partnership for assessment of readiness for college and careers［EB/OL］.（2012-04-12）［2014-08-30］. http：//www. parcconline. org/sites/parcc/files/PARCC Bylaws _ Approvedasamended-by GB _ 4-12-12. pdf.

　　［8］冯翠典.“以证据为中心”的教育评价设计模式简介［J］. 上海教育科研，2012（8）：12-16.

　　［9］［10］Kearns J.，Lewis P.，Hall T.，& Kleinert，H.. Universal Design of Alternate Assessment on Alternate Achievement Standards：Concepts，Issues and Strategies［R］. Lexington，KY：University of Kentucky，National Alternate Assessment Center，2007：2.

　　［11］PARCC. PARCC Accessibility Features and Accommodations Manual［EB/OL］.（2014 11）［2014-01-10］. http：//www. parcconline. org/parcc-accessibility-features-and-accommodations-manual.

　　［12］PARCC. PARCC Assessment Blueprints and Test Specifications Frequently Asked Questions［EB/OL］.（2013-04）［2014-10-01］. http：//ca539dfd5 5b36c55e922-fd4c048d1c793e15a271954b34a49d25r49cf1rackcdn. com/PARCC％ 20Blueprints％ 20and％ 20Test ％20Specifications％20FAQ _ 043013 _ 0. pdf.

　　［13］［14］Educational Testing Service. PARCC Item Development［EB/OL］.（2012-02-17）　［2014-08-20］. http：//www. parcconline. org/sites/parcc/files/Redacted％20Proposal％20for％20PARCC％20ITN％202012-31％20ETS. pdf.

　　［15］［16］［17］［18］PARCC. PARCC Field Test：Lessons Learned［EB/OL］.（2014-11-10）［2015-06-05］. http：//www. parcconline. org/sites/parcc/files/field-test-lessons-learned-final _ 0. pdf.

　　［19］［20］Dr. Arthur Thacker，Ms. Emily Dickinson，Dr. Sunny Becker. PARCC Program Evaluation Studies［EB/OL］.（2014-04-25）　［2015-06-07］. http：//parcconline. org/sites/parcc/files/PARCC％ 20Program％ 20Evaluation％ 20Memo _ final. pdf.

　　［21］［美］保罗 A. 萨巴蒂尔. 政策过程理论［M］. 彭宗超，钟开斌，等译. 北京：三联书店，2004：190.

　　［22］United States Department of Education. A Blueprint For Reform：The Reauthorization of the Elementary and Secondary Education Act［EB/OL］.（2010-03-06）［2015-06-05］. http：//www. ed. gov/policy/elsec/leg/blueprint/blueprint. pdf.

　　［原文载于《外国教育研究》2016 年第 2 期（栾慧敏　刘学智）］

美国基础教育中 SBAC 英语评价体系的构建

为深化基于标准的教育改革，全面提高基础教育质量，2010 年 6 月美国颁布了具有全国统一性质的《共同核心州立标准》（*Common Core State Standards*，以下简称"核心标准"）。该标准包括《共同核心州立数学标准》（*Common Core State Standards for Mathematics*）和《共同核心州立英语语言艺术与历史/社会、科学和技术学科标准》（*Common Core State Standards for English language arts &literary in history/social studies science and technical subjects*，以下简称"核心英语标准"）两部分。2010 年 9 月，美国政府通过"力争上游计划"（Race to the Top Program）拨款 1.75 亿美元专项资金开发了 SBAC 评价体系。其中，基于"核心英语标准"的评价体系是 SBAC 评价体系的重要组成部分。

一、美国研发 SBAC 英语评价体系的背景

20 世纪 90 年代以来，美国为提高基础教育质量，增强其在国际上的竞争能力，致力于"基于标准的教育改革"（Standard-based Education Reform）。1991 年布什总统签发了《美国 2000 年教育战略》（*American 2000：An Education Strategy*），这份文件在一定程度上体现了国家统一学校课程标准和建立统一考试制度的意图。[1]2001 年美国政府颁布了《不让一个孩子掉队法案》（简称 NCLB），但是该法案在实施过程中效果并不理想，各州为逃避教育质量不良的惩罚，纷纷降低标准，造成了美国基础教育质量难以提高的困扰。就英语学科而言，最直接的体现就是美国学生在各类国际竞赛中的糟糕成绩。美国加州州立大学发现，2002 年被他们成功录取的学生中有 59％被安排补习英语课程，超过 60％的雇主在对毕业生的英语语法、拼写、写作进行评价时，只给了"中等"或"较差"的分数。[2]为改变这一现状，2010 年 6 月美国政府颁布的具有全国统一性质的"核心标准"框架中，把"核心英语标准"作为重要的内容。"核心英语标准"的出台，必然要求构建与其相适应的新的评价体系。

美国原有的州英语学科标准评价体系本身存在许多弊端，主要表现在：一是各州现有的英语学科评价体系大都是按照 2002 年实施的《不让一个孩子掉队法案》里所规定进行的标准化考试，该评价体系更关注的是学生的英语考试成绩是否合格，而非学生在英语方面取得的学业进步。二是美国各州现行的英语统考未能全面地评价学生的所知与所能，英语考试内容并不全面且对学生听说读写的能力不能进行很好的评价，而考试成绩要在数月后才得知，考试和评价对于教学已经失去了意义。[3]三是基于州英语课程标准的评价不能满足广大英语学习者和残疾学生的需要。因此，改革州英语学科标准评价体系，构建基于英语核心标准的新的评价体系成为美国学业评价实践的现实诉求。

二、美国 SBAC 英语评价体系的特点

美国研发的 SBAC 英语评价体系，旨在改变中小学生英语素养低下的现状，促进学校英语教育质量的提高。具体而言，SBAC 英语学科评价体系体现出如下特点：

（一）适应时代要求，确立"为升学与就业做准备"的英语评价目标

SBAC 英语评价体系的评价目标是基于核心英语标准，适应时代发展对人才的需要而确立"为升学与就业做准备"的学业成长目标。主要评价 3～8 年级学生在英语阅读、写作、听说技能和研究方面的学业成长表现，即评价不同年级学生应该掌握的预期英语知识、技能和学业成长过程[4]，来促进"为升学与就业做准备"课程目标的实现。SBAC 英语评价体系既有利于教师根据学生英语学业成长水平及时调整和改进教学，帮助学生根据自身的学业成长状况及时调整学习内容和进度，又便于家长及时了解学生的学业成长情况，使高等教育机构和职场代表根据学生学业成长的实际情况准确了解学生所掌握到的知识、技能的类型和学业成长过程。

（二）确定语用能力与探究能力相结合的英语评价内容

SBAC 英语评价体系在评价内容上重视将包括阅读、写作、听说技能等方面的语用能力和探究能力（inquiry）的评价相结合。其具体表现在：在英语阅读方面，SBAC 英语评价体系重视对学生关键信息定位、总结中心思想、批判思维、推理能力以及书面语言的理解能力等的评价，这样可以通过评价促进学生阅读能力的形成。在英语写作方面，SBAC 评价体系

将通过长短相结合的写作评价题目来对学生所具有的修辞技能和写作能力进行评价[5]，有利于学生在升入大学时能够写好论文或工作时写好各种应用文。在英语听说技能方面，SBAC 英语评价体系重视通过利用音频、视频等媒介给不同年级水平的学生提供更多进行沟通交流的机会，重视对学生的表达能力进行评价，以便使学生有效地运用听说技能，为学生呈现更多、更贴近实际生活的表现性任务。在英语探究方面，SBAC 英语评价体系重视为学生呈现探究任务，所有的探究任务重点评价学生是否具有收集和筛选鉴别资料的能力、综合信息与观点的能力、应用资料并口头表述相关研究的能力等。学生要想顺利进行探究任务，必须要有良好的听、说、读、写等最基本的语言使用能力，这是进行探究活动的前提条件。SBAC 英语评价体系设计的探究任务给学生提供了整合听说读写等语用能力的机会，并为语用能力评价提供了依据。

（三）重视对弱势英语学习群体的评价

1. 关注母语非英语学习者的发展

SBAC 英语评价体系关注母语非英语学习者的发展具体表现在：第一，SBAC 评价体系为英语学习者开发了可替代评价（alternate assessment）。在不改变相同年级水平评价标准的前提下利用多种展示、表达手段和多种方式，排除一些习语、文化等外部因素的干扰，准确测试出英语学习者真正已掌握到的英语知识和技能。第二，SBAC 评价体系为英语学习者开发了 CAT 评价（Computer Adaptive Test），即计算机根据不同学生对问题的回答，自动调整评价题目难易程度的总结性或临时性评价。若这个学生前一道题目回答正确，那么下一道题目将会更富有挑战性，若前一道题目回答错误，下一道题目则会简单一些。这种评价能够为每一个学生量身定制评价题目，能够迅速地识别学生是否掌握该知识和技能，具有很好的灵活性，有利于满足不同学生的需要。第三，SBAC 评价体系为英语学习者提供在线拼写检查（online spell check）、词汇表（glossary）或字典（dictionary）等辅助工具，这样有助于解决英语学习者因不熟悉词汇而不能客观回答测试题目。第四，SBAC 英语评价体系为英语学习者提供更多的展示他们听说技能的机会，如表现性任务的评价题目，有利于英语学习者锻炼自己的听说技能。第五，SBAC 英语评价体系为教师提供形成性评价工具，有益于英语学习者更好地参与合作、调查活动并通过研究任务提高自己的综合英语能力。

2. 关注残障学生的发展

SBAC 英语评价体系关注残疾学生的发展主要表现在：第一，SBAC 英语评价体系允许残障学生（除了那些有显著认知障碍的学生）使用盲文、屏幕阅读器技术或辅助设备来进行阅读。[6]这样就解决了无法很好地对一些残障学生进行阅读评价的问题。第二，SBAC 英语评价体系在写作评价部分允许残障学生使用计算机或语音文字转换技术（speech to text technology）等来展示相关的写作技能，使他们也能像其他普通学生一样平等地参与到评价当中。第三，SBAC 英语评价体系允许残障学生使用手语（sign language）来进行评价。这样就拓宽了评价方式，便于对残障学生进行公平、准确的评价。第四，SBAC 英语评价体系为一些自闭症患者、情绪或行为障碍者开发了替代合作活动的方法，对其进行评价，使评价更客观、公正地反映弱势群体的英语学习状况和水平。

（四）设计和编制多样化的英语评价项目

美国 SBAC 英语评价体系设计和编制了许多多样化的评价项目，主要包括选择反应型试题（Selected-response items）、结构反应型试题（Constructed-response items）、拓展反应型试题（Extended-response items）、表现性任务（Performance tasks）、技术应用型试题（Technology-enabled items）和技术提升型试题（Technology-enhanced items）等评价项目，以便使评价更能够满足不同英语学习者的需要。[7]选择反应型试题主要通过单项选择（Single Response）和多项选择（Multiple Correct Options）两种题型的设置来评价学生从所学文本中搜集证据、知识的洞察能力。3～5年级选择反应型试题的题目多以单项选择为主，6～11年级选择反应型试题的题目多以多项选择为主，并随着学生年龄的增长来增大试题的难易程度，如此可以利于学生高阶思维能力的形成和培养。结构反应型试题和拓展反应型试题都是用来评价学生使用高阶思维技能去思考和推理的能力，拓展反应型试题是结构反应型试题的一种延伸，其在难度上有所增加。无论是高阶思维技能还是推理能力都是学生形成逻辑能力的基本前提，对学生今后的升学和就业准备至关重要。表现性任务主要是用来评价学生拼写和使用高阶思维技能去深入分析思考、推理和寻找证据支持的能力，这是学生为升学和就业做准备必不可少的能力要求。[8]由此可见，SBAC 英语评价体系评价项目的设计很好地利用了现代技术手段编制了多样化的题型，有利于评价不同层次学生的学业水平。

三、美国 SBAC 英语评价体系对我国的启示

(一) 构建英语学业评价体系应体现学生升学与就业的需要

美国构建 SBAC 英语评价体系充分考虑学生升学与就业的需要，制定符合"核心英语标准"的评价目标，以确保所有美国学生在高中毕业时能为上大学和就业做好充分的准备。例如，美国"核心英语标准"中的写作部分尤其重视学生就实质性的主题和问题撰写合理的论证性文本的能力，因为这个能力是为上大学和就业做准备的关键。英语与教育专家格拉德·格拉夫认为，"论证素养"是教养的基础。大学教育很大限度上是一个"论证的文化"培养。与此同时，学生在职场竞争中能否对多个观点的长处与短处进行评估，需要的不仅是浅显的知识，学生更需要较强的论证能力，需要深入批判地评估他们自己思维的合理性。基于"核心英语标准"的规定和学生升学与就业的需要，SBAC 英语评价体系在评价论证性写作依据方面所占的比例由 3～5 年级的 30％上升为 6～8 年级的 35％，再到高中阶段的 40％。由于英语语言能力需要通过长期的渐进性学习才能获得，SBAC 英语评价体系将学生升学与就业的需要贯穿于整个教育过程中，并通过有效的英语评价促进学生更好地进行学习以培养适应时代发展的人才。"美国的竞争力取决于一个能够为年轻人做好上大学和就业准备的教育制度。当美国学生掌握了当今职场所需的技能和知识，我们就处于在全球经济中制胜的有利位置。"[9]然而，我国的英语评价仍十分关注学生对英语语言知识技能的掌握程度，以提高学生的课业成绩为其评价目标[10]。自 2010 年新课改实施以来，虽然我国的英语评价在评价目标上有了很大的改观和进步，开始改变课程评价过分强调甄别与选拔的功能，发挥评价促进学生发展、教师提高和改进教学实践的功能。但是，无论是我国的英语课程标准还是英语评价体系，始终没有明确地将学生的升学与就业需要纳入进去，不利于学生在继续升学和就业上的顺利过渡。

(二) 构建英语评价体系应凸显语用能力评价与探究能力评价的有机结合

SBAC 英语评价体系非常重视评价英语听说读写等语言使用能力与评价英语探究能力的结合，在英语学习过程中通过给不同年级的学生设置贴近学生英语实际生活的表现性任务，以评价学生表现性任务的完成情况来培养学生听说读写等语言使用能力和自主探究能力。毋庸置疑，培养学生

良好的语用能力，既是学生英语素养的重要组成部分，又是学生为将来升学和就业做好准备的重要基础。而且，培养学生的英语探究能力，实现自主学习是学生英语综合能力的重要组成部分。探究是一个过程性学习活动，学生在这个学习过程中需要了解如何找到探究问题、如何过滤信息、如何处理相关学习资料并充分运用批判性思维筛选有用的信息以寻找问题的答案。经过一系列探究过程，学生的英语综合素养无疑会得到提升。我国英语评价体系虽然也重视对学生听说读写等语言使用能力的评价，却缺乏对学生探究能力的评价，这对于学生英语综合能力的培养是很不利的，容易造成评价导向的片面性。随着新一轮课程改革要求从根本上改变学生的学习方式，由传统的被动式接受向自主学习、合作学习、探究学习等方式转变，学生将成为学习的主人。但是，在英语评价体系方面却没有很好地反映出我国是如何将英语语用能力评价和探究能力评价结合在一起，评价方式的局限性不利于学习方式的有效转变，更不利于学生英语综合素养的提升。借鉴美国经验，我国在构建英语评价体系时应将英语语用能力与英语探究能力相结合，全面提升高学生的英语综合素养。

（三）构建英语评价体系应重视弱势学习群体的诉求

SBAC 英语评价体系将所有的母语非英语学习者和残障学生等弱势学习群体纳入其中，只有 1% 有严重认知障碍的学生除外，这最大限度地保障了教育公平的实现。SBAC 英语评价体系在对残障学生进行评价时，更注重针对残障学生不同的需要提供更多替代合作的评价。SBAC 英语评价体系不仅适应了英语母语学生的发展需要，也适应了母语非英语学习者和残疾学生等弱势群体的发展诉求，满足了不同学生英语学习的需要，避免弱势群体因其语言障碍或身体障碍而无法对其做出准确的评价，最大限度地实现了教育公平。然而，我国现有的英语评价体系只适用于绝大多数普通学生，无论是在评价方式上还是在评价手段上都未能很好地兼顾少数民族和残障学生等弱势群体的发展诉求，没有很好地体现出教育公平原则。借鉴美国经验，我国研究英语评价体系不仅要关注占绝大多数的普通学生发展需要，还应兼顾少数民族学生和残疾学生等群体的发展诉求。

（四）构建英语评价体系应设计和编制多样化的评价项目

SBAC 英语评价体系设计和编制了多样化的英语评价项目，以多样化的评价题型来考查学生的英语综合能力。选择反应型试题能够准确地评价出学生对于英语基础知识的理解、掌握情况，却不能很好地考查诸如创造性思维这样的高级思维能力，并且难以收集学生思维过程方面的信息。这就要通过结构反应型试题、拓展反应型试题、计算机自适应试题和表现性任务来对学生的逻辑推理能力和高阶思维技能进行评价。邓肯认为，高级思维技能"对于赢得 21 世纪全球经济竞争，以及对于未来美国的繁荣关系重大"。今天的学生，要为进入大学和就业做好准备，必须具备分析和解决复杂问题的能力，清晰沟通的能力，以及信息综合、知识运用和将所学迁移到其他情境中的能力。[11]此外，利用现代技术开发的技术应用型试题和技术辅助型试题还能更好地利用最新技术，为学生提供真实、复杂的执行任务以考查批判性思维技能与进行复杂学习的能力。由此看来，SBAC 英语评价体系能很好地运用不同题型的优势全面、综合测量学生的英语学习水平，满足不同学生的学习需要。我国的英语评价题型虽然也在尽力转变、完善以期能全面测试出学生的英语综合素养，但技术提升型试题的应用尚未起步，对高阶思维的考查还存在很多困难。借鉴美国经验，我国在构建英语评价体系时应设计和编制多样化的题型，尤其是技术提升型试题的应用，充分发挥以评价促进学习的功能，从而全面提升学生的英语综合素养。

注释：SBAC 是美国"智能平衡评价联盟"（Smarter Balanced Assessment Consortium）的简称，它是由华盛顿州主导、多州参与的合作组织，其主要工作目标是开发基于《共同核心州立标准》的评价体系。目前，该评价项目的研发涉及美国 31 个州和地区。

参考文献

[1] 刘亮. 美国基础教育改革的课程标准述评［J］. 基础教育参考，2004（11）：27-30.

[2] 刘学智，曹小旭. 美国高中课程标准的建构：经验与启示［J］. 现代教育管理，2011（7）：113-116.

[3]［11］李茂. 美国中小学迎来考试 2.0 时代［N］. 中国教师报，2010-10-13（4）.

[4]［5］［6］Smarter Balanced Assessment Consortium. Content Specification for the Summative Assessment of the Common Core State Standards for English Language Arts and Literacy in History/Social Studies，Science，and Technical Subjects［EB/OL］.［2013-3-12］. http：www. smarterbalanced. org.

〔7〕Introduction to Smarter Balanced Item and Performance Task Development 〔EB/OL〕. http：//www. smarterbalanced. org/?s＝＋Introduction＋to＋Smarter＋Balanced＋Item＋and＋Performance＋Task＋Development/2013-3-17.

〔8〕Smarter Balanced Assessment Consortium. English Language Arts Item and Task Specifications.　〔EB/OL〕. http：//www. smarterbalanced. org/?s＝English＋Language＋Arts＋Item＋and＋Task＋Specifications/2013-3-20.

〔9〕李茂. 美国统一课程标准定稿〔N〕. 中国教师报，2010-6-9（A04）.

〔10〕杨涛. 发展性评价：学生评价的理性选择〔J〕. 南阳师范学院学报（社会科学版），2009（8）：90-94.

〔原文载于《现代教育管理》2013 年第 10 期（卢丹　乞佳　刘学智）〕

美国基础教育中 SBAC 学业评价体系
研制模式与启示

智能平衡评价联盟（Smarter Balanced Assessment Consortium，简称 SBAC）是由华盛顿州主导、多州参与的合作组织。为深化基于标准的教育改革，全面提高基础教育质量，2010 年 6 月，美国颁布《共同核心州立标准》（*Common Core State Standards*，简称 CCSS）。为适应这一新的教育政策，2010 年 9 月，SBAC 在美国教育部"力争上游计划"（Race to the Top Program）175 亿美元专项资金的资助下，[1]开发基于《核心标准》的评价体系方案，简称 SBAC 评价体系，这是美国适应 CCSS 研制的重要的评价体系之一。SBAC 评价体系在研制过程中，很好地反思了基于州课程标准（简称"州标准"）评价体系的现状和弊端，充分体现 CCSS 为"升学和就业做准备"的课程理念，把总结性评价、临时性评价与形成性评价有机地结合起来，并充分整合现代信息技术资源于评价体系之中，从而在设计层面上保证基于 CCSS 的学业评价的质量和水平。

一、研制 SBAC 学业评价体系的背景

（一）"共同核心州立标准"的出台

20 世纪 90 年代以来，美国兴起了基于标准的教育改革运动。2001 年美国颁布了《不让一个孩子掉队法案》（*No Child Left Behind Act*），全面推动美国基于标准的教育改革。该法案对不能达到州标准的学校实行了严厉的问责。为此，很多不能达标的州为逃避其惩罚，纷纷降低本州的课程标准，显然联邦政策不但未能使情况好转反而陷入另一深渊，最直接的体现就是美国学生在各类国际竞赛中的糟糕成绩，使得美国政府深感担忧。[2]据调查显示，雇主们认为有 45％的毕业生不具备确保其获得晋升机会的技能。同样，大学教师们认为有 42％的大学新生没有做好大学水平课程学习的准备。[3]为改变教育质量低下的现状，2010 年 6 月美国颁布了 CCSS，旨在提高美国 K－12 年级数学、英语等核心学科的课程学术标准

的要求，规定学生"升学和就业做好准备"必要的知识和技能，从而提升美国的国际竞争力。[4]这表明，构建与 CCSS 相适应的学业评价体系成为美国基础教育领域的重要课题。

（二）基于州标准的评价体系改革的诉求

从 20 世纪 80 年代以来，美国中小学的课程标准皆由本州自行设定，其水准参差不齐。由于各州标准差异巨大，依据课程标准的标准化考试在各州之间也没有可比性。此外，基于州标准的评价体系存在诸多弊端。例如，各州之前的考试系统中所使用的填空题、多项选择题、简单判断题等只能测试学生最低水平的能力，考试中没有写作、阅读和操作等测试内容，这种测试既不能评价出学生的高级思维能力和学生对问题的分析、推理与解决能力，又不能很好地评价出学生获取并利用信息的技能。总的来说，这种评价体系最大的弊端在于，评价目的仅仅是考查学生是否学了，而非对学生在学习过程中的思维能力和深层次的学习能力进行评价，对学生的学业进步情况也未能及时跟踪和反馈。这表明，美国原有评价体系难以适应"为升学和就业做准备"的"共同核心州立标准"。为此改革美国基于州标准的学业评价现状，研制适应 CCSS 的评价体系成为美国学业评价实践的迫切需要。

二、SBAC 学业评价体系的研制模式

（一）确定以"为升学和就业做准备"的研制理念

美国《2006 年教育状况》指出，美国高中生与他们的亚洲及一些欧洲国家的同伴相比，尽管在阅读上的成绩还算理想，但在数学与科学测评中继续处于劣势。这一研究报告的结论证实了美国高中生缺乏就业或继续深造所必需的素养。[5]为改变美国基础教育难以为学生升学和就业所需的知识与技能做好准备的状况，美国"共同核心州立标准"中明确提出"为升学和就业做准备"的理念。SBAC 为了适应 CCSS 的实施需要，在其开发的过程中，将"为升学和就业做准备"的理念贯穿始终，即 SBAC 将学业评价体系研制的理念定位为评价应持续地改进教学和学习，从而促进学生的学业进步，以便使所有学生在高中毕业时能为顺利升入大学或者成功就业做好充分的准备。

（二）SBAC 学业评价体系研制的基本程序

SBAC 的开发过程关注每一个评价体系组成部分效用最大化，并由评估设计工作小组负责，确保开发过程中的每个步骤都是透明、有效和公平的。SBAC 的研发过程由协会的技术咨询委员会（Consortium's Technical Advisory Committee，简称 TAC）进行指导，研究和评价工作小组将监控这些步骤并为评价设计工作小组和指导委员会在技术开发和需要改进的方面提供持续的反馈。[6]

1. 构建基本评价框架、题库和评价项目模板

首先，SBAC 要对"共同核心州立标准"进行研究并依据 CCSS 确定评价内容，即各年级的学生在他们现有认知水平需求下应该学习哪些知识，以及如何在评价的过程中运用知识。例如，根据 CCSS 中数学的课程标准要求，7 年级学生要学习比例关系、有理数运算、求解线性方程组等，[7] 8 年级的学生被要求使用勾股定理去确定坐标系中两点的距离，并分析多边形。[8] 评价必须能详细说明学生通过这些知识学习后所应具备的在升学和就业准备方面的能力。其次，SBAC 将系统开发计算机自适应评价项目和表现性任务，共同为评价各年级的学生在升学和就业准备方面的认知要求和实践能力提供依据。在此期间，SBAC 将假设一个隐式的学习进程，即对在一个课程领域里学习通常是怎样展开的进行实证性描述。再次，SBAC 要在构建基本评价框架时依据 CCSS 开发学习预期，并依据各年级的认知要求将不同的计算机自适应评价项目和表现性任务进行组合，形成题库。最后，SBAC 将构建不同种类的评价项目模板，它们分别是表现性任务设计模板（Performance event design templates），以及可重复使用的项目设计模板（Reusable event design templates）。表现性任务设计模板的使用可以更好地测量学生对不同类型的知识和技能的掌握程度。可重复使用的项目设计模板可以生成多种选择，包括选择反应型试题、结构反应型试题和技术提升型试题三种题型。设计这些模板是为了衡量学生对诸如概念、程序或策略知识等特定类型以及对诸如解决问题的能力、推理能力或论证能力等技能的理解程度。此外，教师还可以利用灵活的评价项目模板来生成丰富的课堂作业以及在课堂上对学生进行形成性评价。[9]

2. 设计多元化评价模型

（1）总结性评价模型（Summative Assessment Model）。总结性评价旨在为学生提供他们在为升学与就业做准备方面所取得进展的信息，用于

支持高风险的学生、学校、教师、校长的问责制决策，在学年的第 12 周实行（也可选择在学年初进行）。首先，基于 CCSS，SBAC 将要开发英语和数学认知模式，该模式将详细说明内容组成部分和反映出学生需要实现升学和就业准备的学习序列之间的相互关系。在评价英语学习者和残疾学生方面，这些模式的实施将需要与高等教育研究院、职场代表、认知科学家、任课教师、专家们密切合作。其次，英语和数学方面的学科专家通过对 CCSS 的研究之后，对 CCSS 中所要求的知识、技能和认知过程有了深度的理解，这就为制定 3~8 年级和高中生在升学和就业准备中的具体标准提供了依据。再次，SBAC 在研究 CCSS 中的内容要求后，将开发一个用于详细说明项目类型的评价框架，以此为测量学生成就提供必要的依据。[10]再其次，就是开发计算机自适应评价项目和表现性任务，计算机自适应评价的每个科目大约有 40~65 道题目，包括选择反应型试题、结构反应型试题和技术提升型试题三种题型。在 SBAC 评价体系内，学生每年将完成一定数目的表现性任务，包括一个阅读、一个写作和两个数学任务。最后，SBAC 将要开发替代项目、题库和评分指标框架并规定出在总结性评价中需要建立的项目的数量和类型，即项目说明书。

（2）临时性评价模型（Interim Assessment Model）

临时性评价是在学年中进行的规模和实施周期介于总结性评价与形成性评价之间的一种评价类型，通常在学校或地区一级实施。它旨在对总结性评价目标进度进行测量以及辅以识别学生的学习差距，指导教学并为课堂教学和学校、学区的决策提供信息。认知发展理论是 SBAC 临时性评价的理论基础，临时性评价是在学生所取得的每一个学习进展的现有理解水平之上进行开发的。学习进程是指学习是如何在一个课程领域或知识、技能领域里进行展开所做的实证性描述。在临时性评价的开发过程中，第一步是根据 CCSS 详述学习进程，SBAC 开发了一组项目去衡量学习进程，深化了 CCSS 中每一个内容集（content cluster）的内容覆盖范围。SBAC 学业评价系统中的临时性评价是可选择的，由州和地方自行决定施测次数和何时施测。学生成绩与年末自适应评估使用相同的分数量表（scale）。临时性评价有两种模式：一种模式反映年末自适应评价的测验时长和范围，报告的量表分数可用于计算学业成绩或成绩进步；另一种模式是在更深的层次上考查一套由若干条标准归并而成的标准集（standards cluster）。归并标准的依据是学习进程。[11]伴随着总结性评价，SBAC 将开发一个评价框架、题库和项目说明去指导临时性评价题库的开发，各州根据自己的需要组成考卷。

（3）形成性评价模型（Formative Assessment Model）

SBAC 形成性评价的目标是帮助管理者和教师有效地使用总结性评价和临时性评价的数据，并培养他们在教学过程中收集证据以诊断学生学习需要的能力。首先，基于 CCSS，SBAC 在 2013 年 1 月为数字图书馆的实施开发出一个技术解决方案，这个数字图书馆是利用互联网在线设计出来的，一站式网站提供了大量可供选择的改进课堂教学实践的形成性工具和资源，数字图书馆是智能平衡 IT 系统技术解决方案的一部分。其次，由国家顾问专家小组、各州领导团队和各州网络教育工作者一起为数字图书馆资源开发智能平衡质量标准策略。各州领导团队和各州网络教育工作者在整个数字图书馆资源的开发过程当中执行反馈周期的程序，包括在资源上传后的持续改进，以便教师根据评价数据调整教学，学生根据反馈信息改进学习。接下来，由各州网络教育工作者推荐在评价读写能力和补充评价资源方面的专业学习资料，各州领导团队将为教师提供为期两天的专业学习和面对面的区域培训，为教师提供教学工具和资源，例如视频讲座、模板、策略和技术、基于 CCSS 的实例。再次，由各州网络教育工作者推荐各学科横跨 K－12 年级的智能平衡范例教学模板及补充教学资源。最后，SBAC 将为所有使用者在解读智能平衡临时性和总结性评价报告方面提供培训材料。[12]

3. 建立评价项目资源库

首先，SBAC 将要通过搜集各州现有的评价项目和表现性任务来建立总结性和临时性评价题库。为了使评价项目具有广泛的跨州参与的技术性、恰当性和一致性，所有分配的项目将受到一个集中的审查。集中审查的好处在于有助于建立一个共同的联盟标准，澄清对测试项目的期望值，也有助于确保一致的应用程序和统一的质量标准。其次，SBAC 将要确定在题库中的项目分布并建立项目开发的目标。由 SBAC 提出召集区域项目开发会议，参会人员包括在评价英语学习者（ELs）和残疾人（SWDs）方面的任课教师、高等教育机构和职场代表、学科专家、测量专家和相关专业人士，以此支持各州开发自己的项目题库。在这些区域研讨会的项目草案确立之后，各州将负责确定和编辑项目。

SBAC 提议在项目类型开发方面应该由经验丰富的州（如密苏里州、俄亥俄州等）主导设计。这些州最好定位于推进发展而进行的研究并进行监督以支持其他各州的开发工作。SBAC 开发的题型包括选择反应型项目

（Selected-response items）、技术提升型项目（Technology-enhanced items）、结构反应型项目（Constructed-response items）、表现性任务（Performance events）和口头回答（Verbal responses）等。

4.建立技术支持的评价报告系统

SBAC致力于开发一个灵活的评价报告系统，它既包括标准化的报告，也包括定制化的报告，方便各个成员州能以最好的方式满足他们的需求。SBAC开发的评价报告系统通过使用一个可相互操作的电子平台、一套促进教学的跨州综合性在线资源和分数报告系统，SBAC可以在线发表评价结果和开发出针对个别学生、学生群体、课堂、学校、学区和州的在追踪和分析学生，在为升学和就业准备方面的具有成本效益的、及时的、有用的标准化和定制报告。网络在线报告和跟踪系统能够使高等教育机构和职场代表等利益相关者获得学生在升学和就业准备方面的关键信息以及各年级水平的学生在知识储备和能力上的具体的优势和劣势。这样既有利于学生在学习过程中关注自己所取得的学习成就和进步，从而顺利地升学和就业，又有利于高等教育机构和职场代表依据评价结果报告平台筛选出能够胜任的学生和员工。

三、启　示

（一）评价体系开发应秉持"为升学和就业做准备"的理念

"为升学和就业做准备"的理念是指让所有学生在高中毕业时都能为升学或就业以及今后在国际竞争中取得成功做好准备。这一理念的意义在于两点：第一，规定了评价应为全体学生服务，包括母语非英语的学习者和残疾学生等特殊群体，以保证所有学生在高中毕业时都能为升学或就业做好准备。第二，强调了评价应将重点放在"为升学和就业做准备"所需要的实践知识和技能，以确保高等教育的成功和满足就业市场对人才的需求。SBAC评价体系开发计算机自适应评价，使计算机根据对考生能力水平的估计为考生选择试题，这样就满足了不同学习者的学习需要。此外，SBAC评价体系更关注对学生的高级思维技能以及信息素养的评价，高等教育机构和职场代表可以通过在线电子平台记录的学生学习进展的评价结果报告，判断出该生是否能够顺利升学或就业。我国的评价体系开发尚未体现这一理念。我国的评价理念在实践的过程中仍以应试的观念为主流、以分数和升学率为尺度来评价学校教育，更无法让学生在高中毕业时完全习得"为升学和就业做准备"的知识与技能，这在一定程度上影响了以评价促进学生学业进步为目标的实现。因此，以美国为鉴，我国应主动转变评价体系开发的理念，在评价体系的开发过程中注重使评价促进学生掌握升学和当今职场所需的知识和技能，从而提高学生的竞争力，推动基础教育以升学和就业为理念开展学业质量评价。

（二）评价体系开发应将形成性评价贯穿始终

形成性评价是指对学生学习情况的评价在教学活动的过程当中进行，为教师和学生提供反馈，并且在评价中收集的信息真正用于调整教学以满足学生的需求和提高教学质量的评价。[13] 形成性评价有利于师生教与学的互动，一方面，教师可以通过形成性评价结果来了解学生的学习进展与薄弱环节，从而及时地调整教学，满足不同学生的学习需要；另一方面，学生可以通过形成性评价的反馈来了解自己的学习进展，并确立努力的方向，从而提高自己的学习能力。SBAC 评价体系的开发将形成性评价贯穿始终，并依据学生在评价过程中的计算机自适应项目和表现性任务予以评价，让学生能够客观真实地了解自己的学习情况，便于他们能够及时地调整提高，从而实现以学生在升学和就业准备方面所取得的学业进步和发展为核心的评价功能。我国的评价体系往往过于关注评价结果，而忽视被评价者在各个时期所取得的进步状况和努力程度，没有实现真正意义上的形成性评价。因此，我国在开发与课程标准相一致的评价体系时应注意把形成性评价贯穿始终，以评价促进学生学业进步。

（三）评价体系的开发应以计算机技术为支撑

以计算机和网络为标志的信息技术极大地提高了教育评价的质量和效率。SBAC 学业评价体系通过使用一个在线电子平台直接向教育者和利益相关者展示学生在升学和就业准备方面的学习成就，提供学生对所学内容理解的证据，而不是用简单的数字来表示学习结果。这种方式能够反映出学生在整个学习过程中个人发展的整体状况，这既有利于学生在学习过程中关注自己所取得的学习成就和进步，从而顺利地为升学和就业做准备；又有利于高等教育机构和职场代表依据评价结果报告平台，筛选出能够胜任的学生和员工。SBAC 不仅通过计算机网络为教育信息的传递和交流提供了便利，而且为教育资源的充分利用提供了途径。比如利用跨州资源，包括一套促进教学的综合性在线资源，为各个成员州改进教学，满足不同学习者的需要提供服务。然而，我国教育信息化水平并不高，尤其在学业评价体系开发中，现代教育技术的元素还不够充分，这将影响我国学业评价的效率和效果。因此，借鉴美国的经验，我国在构建学业评价体系过程中，应提高信息化水平，提升学业评价体系的计算机技术支撑力度。

参考文献

［1］Smarter Balanced Assessment Consortium. Frequently Asked Questions：What is the Smarter Balanced Assessment Consortium ［EB/OL］. ［2013-01-05］. http：//www. smarterbalanced. org/resourcesevents/faqs/＃2451.

［2］刘学智，曹小旭. 美国高中课程标准的构建：经验与启示 ［J］. 现代教育管理，2011（7）：113-116.

［3］National Center for Education Statistics. Condition of Education 2002 ［R］. National Center for Education Statistics，2002（5）.

［4］周琴，杨登苗. 为升学和就业做准备：美国"共同核心州立标准"述评 ［J］. 比较教育研究，2010（12）：13-17.

［5］美国教育部. 《2006 年教育状况》报告 ［R］. 基础教育研究，2007（2）：52-56.

［6］ ［9］ ［10］ U. S. Department of Education. Race to the Top Assessment Program Application for New Grants ［EB/OL］. ［2010-06-23］. http：//www. smarterbalanced. org/wordpress/wp-content/uploads/2011/12/Smarter Balanced RttT Application. pdf.

［7］李茂. 为上大学和就业作准备 ［N］. 中国教师报，2010-03-17（4）.

［8］李茂. 美国统一课程标准定稿 ［N］. 中国教师报，2010-06-09（4）.

［11］陈吉. 美国基于共同核心州立标准的新一代学业评估系统：模型及挑战 ［J］. 现代教育管理，2012（3）：116-120.

［12］Master Work Plan Formative：1-8 ［EB/OL］. ［2013-01-08］. http：//www. smarterbalanced. org/Formative Assessment Master Work Plan Narrative. pdf.

［13］郭茜，杨志强. 试论形成性评价及其对大学英语教学与测试的启示 ［J］. 清华大学教育研究，2003（5）：103-108.

［原文载于《外国教育研究》2013 年第 9 期（刘学智　乞佳　陈莹）］

美国 NGAS 评价体系的实施

2010 年，美国颁布了"共同核心州立标准"（*Common Core State Standards*，简称"核心标准"），要求"全美学生在进入大学之前，在各年级的学习均接受相同的教育标准"，标志着美国开始采用和实施全国统一的课程标准。[1] 目前，美国的 42 个州、哥伦比亚特区、四个领地以及国防部教育处采纳了这一标准。[2] 为适应各州和地区对与"核心标准"相一致的评价改革的需求，美国教育部通过"力争上游评估项目"（Race to the Top Assessment Program，RTTAP）资助两个评价联盟——"为大学与就业做准备评价联盟"（Partnership for Assessment of Readiness for College and Careers，简称 PARCC）和"智能平衡评价联盟"（Smarter Balanced Assessment Consortium，简称 SBAC）分别研制与"核心标准"相一致的评价体系，亦称"新一代评价体系"（Next Generation Assessment Systems，简称 NGAS 评价体系）。[3] 目前，两个评价联盟所研发的英语和数学评价体系已在美国的多个州与地区正式实施。笔者在阐释 NGAS 评价体系构建的背景与内容框架的基础上，对 NGAS 评价体系实施的现状、问题和发展动向加以探讨。

一、美国 NGAS 评价体系实施的背景与内容框架

（一）美国 NGAS 评价体系实施的背景

20 世纪 80 年代末，美国为促进基础教育质量提高，改变各州和地区教育水平参差不齐的状况，兴起了"基于标准的教育改革"（Standard-based Education Reform）运动。2001 年，美国出台了《不让一个孩子掉队法案》（*No Child Left Behind Act*，NCLB），要求各州建立和实施基于州标准的评价，并对未能达到要求的学校实行严厉的处罚。在 NCLB 法案的问责制下，各州纷纷降低标准以免受惩罚，这在一定程度上加剧了各州课程标准执行的差异与混乱，影响了美国基础教育的质量。为了改变这种

状况，美国州长协会（National Governors Association，NGA）和州立学校首席官员委员会（Council of Chief State School Officers，CCSSO）共同颁布了英语和数学学科的"核心标准"，以期让所有学生高中毕业时能够获得升学与就业必需的知识和技能。[4]随着"核心标准"的颁布，开发、实施与新标准相一致的评价体系成为美国基础教育改革的迫切需求。2010年，在联邦政府 RTTAP 竞争性经费激励以及"NCLB 豁免政策"的诱导下，美国的 45 个州及华盛顿特区决定合作开发与"核心标准"相适应的评价体系，以取代原有的州评价体系。[5]由此，PARCC 与 SBAC 评价联盟先后完成评价体系的研制工作，并投入实施。

（二）美国 NGAS 评价体系的内容框架

美国 NGAS 评价体系由两个评价体系构成：一是 PARCC 评价联盟研制的评价体系，简称 PARCC 评价体系；二是 SBAC 评价联盟研制的评价体系，简称 SBAC 评价体系。NGAS 评价体系的内容框架主要包括体系目标、施测年级、设计方法、主要内容、成绩水平设定、评价结果使用以及测验形式等方面（见表 3 - 1）。

表 3 - 1　美国 NGAS 评价体系的主要内容框架

体系构成	PARCC	SBAC
主要目标	促进更多的学生高中毕业时为升入大学与就业做好准备	
施测年级	总结性评价：3～11 年级	总结性评价：3～8 年级和 11 年级
设计方法	以证据为中心的设计、通用设计	
评价体系主要内容	①要求实施的总结性评价：表现性评价，学年末的评价；②可选择的评价：诊断性评价，学年中的评价；③要求实施的非总结性评价：英语听说评估，④形成性资源与教学工具：技术学习指南、模拟测验、K－2 年级的形成性工具、合作资源中心	①要求实施的总结性评价：表现性任务，计算机自适应评价；②可选择的评价：临时的综合性评价，临时性评价；③形成性资源与教学工具：试题例子，模拟测验和培训测试，数字化图书馆
成绩水平设定	设定了五个水平，水平 4 及以上被定义为"达到要求"	设定了四个表现水平，水平 3 及以上被定义为"为大学课程学习做好准备"

续　表

体系构成	PARCC	SBAC
评价结果使用	①确定学生是否为大学与就业做好准备；②指导教师改进教学；③进行各州测验成绩的比较；④基于测验的州问责制	
测验形式	基于计算机的测验，但非自适应形式	计算机自适应形式

注：此表根据 PARCC 与 SBAC 官方网站整理而得。

NGAS 评价体系的主要目标是促进更多的学生高中毕业时为升入大学与就业做好准备；施测年级是 3～11 年级；采用的设计方法是"以证据为中心的设计"（Evidence-Centered Design，ECD）和"通用设计"（Universal Design）。在评价体系内容方面，PARCC 与 SBAC 的内容构成有所不同，PARCC 评价体系包括必须实施的总结性评价、可选择实施的诊断性评价、必须实施的非总结性评价以及形成性资源与教学工具四个部分；SBAC 包括必须实施的总结性评价、可选择的临时性评价、形成性资源与教学工具三个部分。在成绩水平设定方面，PARCC 设定了五个水平，水平 4 及以上被定义为"达到要求"，水平 3 及以上被定义为"为大学课程学习做好准备"。在评价结果使用方面，将根据测验结果确定学生是否为大学开学与就业做好准备，指导教师进行教学改进，进行各州测验成绩的比较以及实行基于测验的州问责制。在测验形式方面，PARCC 采用的是基于计算机的测验，而 SBAC 采用的是计算机自适应测验（Computer adaptive test），即计算机测验系统会根据学生的作答情况呈现下一道试题，这是 PARCC 与 SBAC 评价体系最大的区别。

二、美国 NGAS 评价体系的组织与实施

在进行了四年研制和实地测验工作后，2015 年，美国 NGAS 评价体系开始正式在各成员州范围内实施。

（一）以州为主导，多方共同参与组织评价

以州为主导，多方共同参与是美国 NGAS 评价体系实施组织的主要特征。州的主导作用体现在多个方面：首先，由州而非联邦政府来自主决定是否使用 PARCC 或 SBAC 评价体系以及如何使用、实施评价体系。虽然各州的具体情况有所不同，但在是否实施以及如何实施 NGAS 评价体系这一问题上，各州的州长、州立法机关、州教育委员会是主要决策者。

其次，州是 NGAS 评价体系实施的资金提供者，既要向 PARCC 或 SBAC 缴纳费用以获得评价试题和资源的使用权，也要为学校实施 NGAS 评价体系提供资金。再次，州的主导作用还体现在各成员州对 PARCC 与 SBAC 评价联盟的各项事务具有最终决策权上，包括评价体系设计、成绩水平设定以及财政预算等。

除了州以外，联邦、地方、学校以及评价联盟、测验承包商也共同参与了 NGAS 评价体系的实施工作。在联邦层面，一方面通过 NCLB 以及"NCLB 豁免政策"鼓励各州实施 NGAS 评价体系；另一方面，美国教育部最近发布的《对州评价进行同行审查》（*Peer Review of State Assessment Systems*）提出要对各州新采用的评价体系，包括 PARCC 和 SBAC 评价体系，进行同行审查。地方和学校是实施 NGAS 评价体系的具体单位，被要求在州相关政策和指导之下开展评价的具体工作，包括准备评价实施所需的基础设施、确定评价时间、组织和培训评价相关人员等。PARCC 和 SBAC 评价联盟则负责为各自的成员州提供英语和数学评价体系以及相关资源。此外，测验供应商也是 NGAS 评价体系实施的重要参与者，主要负责为各州提供测验的相关服务，如试题在线传送、测验评分等。

（二）NGAS 实施的阶段与效果

2014 年 3—6 月，NGAS 评价体系进入实地测验阶段。美国的 14 个州和哥伦比亚特区的 16000 所学校对 100 多万学生参加了 PARCC 评价体系的实地测验；21 个州和维尔京群岛的 16549 所学校的 420 万名学生参加了 SBAC 评价体系的实地测验，其规模已超越了美国的"国家教育进展评估"（National Assessment of Education Progress，NAEP）。实地测验既帮助 PARCC 与 SBAC 评价联盟检测了所研制试题的质量，也为评价体系在各州的正式实施积累了经验。

2015 年，NGAS 评价体系第一次在各州正式实施。美国的 11 个州以及哥伦比亚特区在 3～11 年级实施了 PARCC 评价体系，其中少部分州的高中年级未参加测验；18 个州在 3～8 年级和 11 年级实施了 SBAC 评价体系[6]。目前，PARCC 各成员州已经将第一轮测验的结果向公众发布；SBAC 的大部分州公布了测验结果。PARCC 测验结果显示，除了 3 年级以外，其他各年级英语成绩好于数学成绩；英语和数学成绩排名最好的是马萨诸塞州（该州只抽取部分学生参测），其次是新泽西州和俄亥俄州；排名较低的是哥伦比亚特区与新墨西哥州。[7]已有测验显示，各州的英语成绩普遍好于数学成绩；佛蒙特州与俄勒冈州的英语和数学成绩排名最高；加利福尼亚州与西弗吉尼亚州的英语和数学成绩排名最低。[8]

NGAS 评价体系实施至今虽已取得一定成效，但因面临着诸多反对意见，部分州陆续退出 PARCC、SBAC 联盟，不再使用 NGAS 评价体系。2010 年 9 月，在获得美国教育部拨款时，PARCC 有 14 个管理成员州（governing member），SBAC 有 19 个管理成员州，另有 12 个州因处于观望状态而选择两个联盟均参加。这意味着最初 PARCC 有 26 个成员州，SBAC 有 31 个成员州。但在 2016 年，根据 PARCC、SBAC 官方网站公布的数据，PARCC 仅剩 7 个成员州，SBAC 有 15 个成员州。除了州的陆续退出外，NGAS 评价体系实施还面临着另一困境——"退出评价"运动（Opt-out movement）。"退出评价"运动是由教师、父母和学生抵制州的高风险测验所发起的运动。2013 年，全美只有少数地区有 5% 以上的学生退出州测验，但在 2014 和 2015 年越来越多的学生不再参加州测验。2015 年，美国的 50 个州都出现了不同程度和规模的"退出评价"运动。根据纽约州公布的数据，该州有 20% 的学生未参加州测验。[9]在新泽西州、科罗拉多州和加利福尼亚等州许多父母也选择让孩子退出州测验。无论是州的退出还是基层民众发起的"退出评价"运动都表明 NGAS 评价体系的实施面临着诸多现实困境。

三、美国 NGAS 评价体系存在的主要问题

NGAS 评价体系是美国教育领域的新生事物，是一种尝试与探索。NGAS 评价体系实施面临的困境与其实施过程中存在的问题有着密切关系。

（一）联邦介入 NGAS 评价体系的开发和实施，受到政治上的反对

美国国家宪法第十修正案规定："凡是宪法未规定而又非各州所禁止的权力，皆归属各州或人民。"长期以来，美国的教育管理权保留给州和地方政府，联邦政府没有直接领导教育的权力。在"共同核心举措"中，虽然联邦政府未在法令上强制各州采用和实施统一的标准与评价体系，却采取多种手段间接影响各州的教育决策，具体包括：在《美国复苏与再投资法案》（*American Recovery and Reinvestment Act*）的授权下，美国 RTTAP 提供了 3.62 亿美元资助各州组成联盟研制 NGAS 评价体系[10]；"NCLB 豁免政策"要求申请豁免的州同意采用和实施"州内统一的、高

质量评价"。

美国的民众，特别是一些保守派人士，认为联邦政府诱导与支持各州采用、实施统一的标准和评价体系的行为严重侵犯了州和地方的教育管理权。2010年，美国"全国州议会联合会"（National Conference of State Legislatures）发表声明称[11]："虽然是通过非政府机构，如 NGA 和 CCSSA 进行标准研制，但联邦政府为开发国家标准和评价提供支持的行为依然违反了法律的规定。"2015年1月15日，密苏里州的科尔县法院裁定："SBAC 联盟是未得到美国国会同意的非法州际协议，其存在和运行违反了美国宪法的第一条第十款以及联邦的多条法规，密苏里州加入 SBAC 联盟并向其支付成员费用也违反了美国的宪法和州法律。"2014年的盖普洛调查也显示，62%反对"共同核心举措"的受访者认为由联邦政府发起共同核心标准改革是其反对的重要原因。

（二）基于测验的问责制受到抵制

基于测验结果问责是美国 RTTAP 的重点。参加 PARCC 与 SBAC 联盟的成员州被要求必须实施总结性评价，并在州的问责系统中使用总结性评价的结果。这种基于测验结果的问责政策是由美国 NCLB 法案所开启的，在当时已经引起反对过于注重考试的教育工作者和家长的责难，如今在测验难度更高的 NGAS 评价体系背景下更是引起了人们的广泛争议。基于测验问责制的反对者认为测验本身具有局限性，"学生个体或班级的年同比考试分数会因随机偏差而变化，学生的表现会受到诸如天气、情绪、课堂外的干扰和课堂内的条件等诸多因素的影响。依据具有局限性的测验结果进行问责会导致不合理、不公平的人事决策"。2014年"盖洛普民意调查"（Gallup Poll）发现，支持共同核心改革的教师占76%，但支持将教师评价与学生共同核心测验分数相挂钩的教师比例只有9%[12]。人们对基于测验的问责制的抵制成为 NGAS 评价体系实施过程中亟待解决的问题。

（三）NGAS 评价体系的实施未能缩小学生之间的成绩差距

促进所有学生为升学与就业做准备是 NGAS 评价体系的重要目标。PARCC 联盟承诺将确保帮助所有学生——无论其家庭收入、家庭背景或所处地理环境如何——都能有平等的机会接受世界级教育，从而为大学升学与就业做好准备；SBAC 联盟声称其高质量的评价体系将能够为学校和教师改进教学、帮助学生成功提供有用的信息——无论学生是否有残疾、使用何种语言或来自何种群体。但 NGAS 评价体系的测验结果显示，不同学生群体之间的成绩差距变得更大了。在加利福尼亚州以前实施的州测验中，亚裔和黑人学生之间的英语成绩相差是 35 个百分点，在 SBAC 测验之下差距已经增加到 44 个百分点。[13]除了不同种族学生之间的成绩差距扩大，不同家庭经济背景的学生之间的成绩差距也扩大了，在数学学科，富裕家庭的学生成绩下降了 16％，低收入家庭的学生成绩下降了 51％。[14]弱势群体学生在测验中的较差表现引起了人们对 NGAS 评价体系公平性的质疑。一些民权组织认为高风险的 NGAS 评价体系损害了有色人种学生的利益，"高风险的标准化测验并没有减少学生之间的机会差距，它只是对有色人种学生进行排名、分类、贴标签和惩罚"。[15]2015 年 4 月，全国有色人种协进会的主席召开反对 SBAC 测验的新闻发布会，称"长期以来，美国教育界都使用标准化测验给黑人和移民贴上'较差'的标签，并经常让他们的学校处于经费短缺的状态"[16]。新墨西哥州一些拉美裔学生集中的学校也开展反对 PARCC 测验的活动，他们打出的标语是"我们不是测验分数"。作为移民国家，公平性问题已成为美国 NGAS 评价体系实施受到反对的重要原因。

（四）实施成本太高，遭遇财政困难

RTTAP 项目向 PARCC 和 SBAC 评价联盟提供的拨款主要是资助 NGAS 评价体系的研制工作，并已在 2014 年 9 月结束。在测验实施阶段，各州需要自行承担费用。目前，成本太高已成为 NGAS 评价体系实施过程中面临的主要问题之一。根据 PARCC 的预估，每一个学生要花费 29.5 美元参加英语与数学总结性评价，这个数目是其成员州实际支付的测验费用的中位数；SBAC 预估每一个学生要花费 22.5 美元参加年末考试，若加上年中考试则共需花费 27.3 美元，其 2/3 成员州实际支付的费用高于该数目。[17]此外，由于 PARCC 和 SBAC 评价体系采取在线测验的方式，美国各地的学校还需要进行技术方面的准备，包括基础设施的升级、硬件（笔记本、平板电脑）采购等，而这些并未列入 PARCC 和 SBAC 费用估算的范围内。目前，许多州都表达了对经费的担心，特别是那些以前测验费用低于全国平均水平的州。2013 年，佐治亚州宣布退出 PARCC 测验，该州州长称退出的主要原因是 2700 万美元的测验费用高出了州基础教育测验的总预算。[18]2016 年，新泽西州针对各地区学校董事会成员的调查显

示，95％的受访者表示自己所在学区为实施 PARCC 评价支付了预算以外的费用。

（五）测验时间长、难度高，加重了学生学习负担

随着 NGAS 评价体系的实施和第一轮测验结果的公布，美国的父母们抱怨 NGAS 评价体系的测验时间太长、难度太高，给学生带来了沉重的学习负担。关于 NGAS 评价体系测验时间过长的争议在最近退出 PARCC 联盟的俄亥俄州有具体的表现：2015 年，该州在 PARCC 评价体系实施之后，对州的父母和学生进行了民意调查，结果显示超过 90％的父母和教师认为 PARCC 评价体系占据了太多时间。

除了测验时间太长外，测验难度太高导致学生达标率低也受到人们的责难。2013 年 8 月 7 日，纽约州公布了第一轮测验的结果，该州学生在数学与英语学科的表现急剧下降，比之前州测验中的表现下降了 30％。2015 年 7 月 1 日，华盛顿州公共教育督学宣布有 50000 名青少年在 SBAC 数学测验中失败，但在以往的国际和国家数学测验中华盛顿州的学生成绩是最高的。该州的民主党和共和党的中央委员会已经通过了反对共同核心和 SBAC 评价的决议。政府的教育官员向公众解释低通过率的原因是：与以前的州测验相比，PARCC 和 SBAC 设计的试题质量更高，并测量了以往难以测量的深层次知识与技能，学生表现的下降是不可避免的，但这并非坏事。[19]

四、美国 NGAS 评价体系实施的最新动向

（一）为了平衡利益，州将评价联盟研制的测验与州自主研制的测验相结合

为了缓解 NGAS 评价体系的政治压力，美国的一些州选择将评价联盟研制的测验与州自主研制的测验相结合，建立州独有的评价体系。密歇根州是采用这种综合性方式的先驱者，该州综合使用 SBAC 联盟的测验试题和本州教育工作者参与研制的试题，建立州独有的评价体系。路易斯安那州的法律规定在 3～8 年级的州测验试题中 PARCC 评价试题所占比例不得超过 49.9％，其余的应由州自主研制的试题构成。这种综合性的方式具有以下优点：①使评价适用于州的具体需求；②缓解因联邦政府介入而受到的政治反对，使更多的公众接受州测验；③从评价联盟的专业知识、资源以及多州合作的方式中获益。但该方式也存在一些缺陷，如影响

评价联盟中各成员州之间测验结果的可比性，增加了州研制测验的时间和费用。

（二）州针对"退出评价"运动制定相应政策

针对越来越多父母选择让孩子退出评价的状况，美国的多个州纷纷制定相应的政策。各州制定的政策可以分为两大类：一是允许学生"退出评价"；二是不允许学生"退出评价"。那些允许学生"退出评价"的州具体情况不尽相同：一些州的法律明确规定父母可以以任何理由要求自己的孩子退出评价，例如犹他州和加利福尼亚州；一些州在州议案中提出允许学生退出评价，但尚未通过成为法律，例如北达科他州、密西西比州等；一些州虽然未在法律法规中对退出评价做出明确规定，但通过州教育部门表示退出评价的学生不需要承担任何后果，如密歇根州教育部门表示不鼓励但也不禁止学生退出评价。此外，还有一些州规定在某些特殊情况下学生可以退出评价，例如俄勒冈州和宾夕法尼亚州允许父母因宗教方面的理由让孩子退出评价。不允许学生"退出评价"的州一般援引州政策以及 NCLB 法案支持其立场：学生必须参加州评价。例如，新泽西州和南卡罗来纳州教育部门禁止地方和学区批准学生退出评价；俄勒冈州和俄亥俄州则明确向公众强调州评价的目的以及不参加州评价可能会产生的结果。

（三）州暂停使用测验结果进行问责

在向"核心标准"及与之一致的评价体系过渡期间，大部分州暂停使用测验结果进行高风险的问责决策，包括学生升留级和毕业的决定、教师和校长评价、学校评价等。以科罗拉多州为例，该州在 2014 年实施 PARCC 评价体系之前，基于州测验的结果对教师进行评价，连续两年被评定为"无效"的教师将处于试用状态。但在 2013—2017 年向新标准和评价过渡期间，该州决定不会根据学生州测验的分数对教师进行评价。对于未来如何使用州测验的结果，该州政策制定者持谨慎态度，州教育官员表示，在进行高风险决策前，需要对新的评价体系有更深的认识，并且需要时间让评价稳定下来。除了科罗拉多州外，马里兰州、路易斯安那州等均暂停使用测验结果进行问责，从而为教师和学生提供适应 NGAS 评价体系的时间。未来，随着 NGAS 评价体系在各州的稳定实施，各州依然要使用测验结果进行问责，但究竟如何使用将由各州自主决定。

（四）PARCC 与 SBAC 评价组织为州使用 NGAS 评价体系提供更多选择

随着 NGAS 评价体系的实施，一些州陆续退出了评价联盟。PARCC 与 SBAC 评价联盟为了吸引更多州实施新的评价体系，提供了多种灵活的实施策略供各州选择。首先，两个评价联盟均表示不仅成员州可以使用联盟研制的评价体系，非成员州也可以通过与评价联盟签订租约或协议的方式获得试题库的使用权。PARCC 评价联盟规定，购买 PARCC 试题库的非成员州可以选择将州的测验结果与其他成员州进行比较，也可以选择不比较；SBAC 评价联盟则规定有意愿使用 SBAC 试题或其他资源的非成员州，可以与 SBAC 的管理机构签订定制的协议，成为 SBAC 的"客户"，支付与成员州相同的生均费用，遵守 SBAC 测验实施的相关规定。其次，PARCC 与 SBAC 联盟规定各成员州可以采取更灵活的方式实施评价体系。PARCC 规定，各成员州可以在 PARCC 测验蓝图的基础上，建立"州客制化"（state-customized）的评价体系；SBAC 也允许各成员州将 SBAC 评价体系与州自主研制的评价体系相结合建立州独有的评价体系。PARCC 与 SBAC 评价联盟为各州实施 NGAS 评价体系所提供的灵活性选择，不仅为各州进行州层面的创新提供了机会，也在一定程度上恢复了州和地方对教育的控制权。

（五）缩短 NGAS 评价体系的测验时间

针对教师、父母和学生抱怨 NGAS 评价体系测验时间过长加重学生负担的状况，2015 年 10 月，美国教育部发布的《测验行动计划》（*Testing Action Plan*）建议州测验花费的时间不能超过教学时间的 2%。在父母、教师等群体的反对以及教育部的建议下，美国的多个州采取措施减少州测验的时间。以康涅狄格州为例，该州在 2016 年通过取消 SBAC 评价中的表现性任务将 SBAC 的测验时间减少了 1 小时 45 分钟。除了州缩短测验时间的努力外，PARCC 联盟也采取措施减少测验时间。2015 年，PARCC 管理委员会通过投票将各年级的测验时间缩短了约 90 分钟。在 2014～2015 学年，3 年级测验时间是 9.75 小时，4～5 年级是 10 小时，6～8 年级测验时间是 10.8 小时，高中测验时间是 11.1 小时；在 2015～2016 年，3 年级测验时间缩减为 8.25 小时，4～5 年级测验时间是 8.5 小时，6～8 年级测验时间是 9.2 小时，高中测验时间是 9.7 小时。[20]

参考文献

［1］杨光富. 美国首部全国《州共同核心课程标准》解读［J］. 课程·教材·教法，2011（3）：105-109.

［2］Common Core State Standards Initiative. Development Process［EB/OL］.［2016］. http://www. corestandards. org/about-the-standards/development-process/.

［3］［5］［10］U. S. Department of Education. Beyond the Bubble Tests：The Next Generation of Assessments［EB/OL］.（2010-09-02）［2015-10-10］. http://www. ed. gov/news/speechs/ beyond-bubble-tests-next-generation-assessments-secretary-arne-duncans-remarks-state-l.

［4］陈淑清，王秀红，栾慧敏. 全球化背景下美国提高母语教育质量的新举措——PARCC 评价体系的构建与启示［J］. 现代教育管理，2015（2）：66-70.

［6］Andrew Ujifusa. Common Core's Big Test：Tracking 2014-15 Results［EB/OL］.（2015-11-16）［2016-04-07］. http://www. edweek. org/ew/section/multimedia/map-common-core-2015-test-results. html♯al.

［7］PARCC. 2014－2015 Tables of Cross-State and State-Specific PARCC Results［R］. 2016-03-07.

［8］Marianne Lombardo. Honesty is the Best Policy：Early Smarter Balanced Results Provide Insight into How States Compare［EB/OL］.［2015-10-01］. https：// edreformnow. org/honesty-is-the-best-policy-early-smarter-balanced-results-provide-insight-into-how-states-compare/.

［9］JenKirby. More Students Are Opting Out of New York State Standardized Tests［EB/OL］.［2015-08-12］. http://nymag. com/daily/intelligencer/2015/08/20-of-ny-students-opting-out-of-state-tests. html♯.

［11］William J. Mathis. The "Common Core" Standards Initiative：An Effective Reform Tool？［EB/OL］.（2010-07）［2015-11-04］. http://www. greatlakescenter. org/docs/Policy _ Briefs/Mathis _ National Standards. pdf.

［12］Linda Lyons. Teachers Favor Common Core Standards，Not the Testing［EB/OL］.［2014-11-29］. http://www. gallup. com/poll/178997/teachers-favor-common-core-standards-not-testing. aspx.

［13］［14］Diane ravitch. California：Common Core Tests WIDEN the Achievement Gaps［EB/OL］.［2015-09-12］. https：//dianeravitch. net/2015/09/12/california-common-core-tests-widen-the-achievement-gaps/.

［15］［16］Darcie Cimarusti. Resistance to High Stakes Tests Serves the Cause of Equity in Education［EB/OL］.［2015-05-05］. http://networkforpubliceducation. org/2015/05/resistance-to-high-stakes-tests-serves-the-cause-of-equity-in-education/.

［17］Adrienne Lu. States Reconsider Common Core Tests［EB/OL］．［2014-01-24］．http：//www. pewtrusts. org/en/research-and-analysis/blogs/stateline/2014/01/24/states-reconsider-common-core-tests.

［18］Wayne Washington. Georgia decides against offering 'Common Core' standardized test［EB/OL］．［2013-06-22］．http：//www. ajc. com/news/news/breaking-news/georgia-decides-against-offering-common-core-stand/nYzDr/.

［19］Richard M. Capozzi. The Trouble with Common Core Tests［EB/OL］．［2015-08-29］．http：//www. teachingquality. org/sites/default/files/The％ 20 Trouble％20 with％20 Common％20 Core％20 Tests ＿(1) pdf，Brooklyn Technical High School.

［20］PARCC. PARCC Test Design Changes［EB/OL］．（2015）［2016-04-29］．http：//www. parcconline. org/images/PARCC ＿ Test ＿ Design ＿ Changes ＿ Quick ＿ Overview-8. pdf.

［原文载于《现代教育管理》2017 年第 1 期（栾慧敏　刘学智）］

PISA 青少年幸福感评价体系的构建

幸福感研究始于 20 世纪 60 年代。随着对青少年群体幸福感认识的逐步加深，学者在幸福感对青少年发展和教育的价值上达成了共识。1986年，世界卫生组织在加拿大召开了国际健康幸福感促进大会，并发表了《渥太华宣言》，该宣言中指出，健康促进可以使得人们身体、心理达到最好状态，更能够促使个人自我实现与需求满足，为此促进青少年等群体的健康和心理满足感具有同样重要意义。[1]随后，世界卫生调查（World Health Survey）组织、国际学生评价项目（Program for International Student Assessment，简称 PISA）等也相继展开了对青少年心理健康及幸福感的调查研究。其中，PISA 在 2015 年项目中对青少年幸福感（Adolescent Well-being）评价进行了尝试，但只是在原有的学生调查问卷中增加一些主观幸福感问题，并没有形成完整、独立的幸福感评价体系。2016 年，经济合作与发展组织（Organization for Economic Co-operation and Development，简称 OECD）在《PISA 2018 分析框架草案》（*PISA 2018 Draft Analytical Frameworks*）中设立了较为系统的青少年幸福感评价框架，主要包含评价内容、评价工具和评价标准三个方面。PISA 2018 青少年幸福感框架的构建旨在促进青少年幸福感的培养，更为青少年健康成长提供积极的数据支撑。长期以来，我国也在不断重视青少年幸福感的培养，虽然制定了规划与政策，却没有形成科学的青少年幸福感评价体系。PISA 青少年幸福感评价框架为我国青少年幸福感评价体系的构建提供了重要的借鉴价值。为此，本研究将对 PISA 2018 青少年幸福感评价框架加以探讨。

一、PISA 青少年幸福感评价体系构建的背景

（一）国际社会的青少年幸福感提升政策的推动

青少年的幸福是家长和教师的共同期望，教育不仅是为了青少年的成

功与成才，更为了青少年健康成长和幸福生活。幸福感有助于青少年形成积极的心理状态，促进青少年心智发展与个人的自我实现。为此，世界卫生组织与各国都制定了有关政策，加强青少年心理健康与幸福感的培养。其中，2001 年美国正式出台《儿童心理健康国家行动议程》，并且各州纷纷立法支持学校心理健康工作。2005 年，世界卫生组织在《欧洲心理健康行动计划》中指出了未来幸福感促进的策略，并提出要重视心理健康以增强公民的幸福感。[2]澳大利亚更是拥有专门的婴幼儿、儿童、青少年以及家庭心理健康协会（Australian Infant，Child，Adolescent and Family Mental Health Association），帮助青少年及相关群体解决心理健康问题，提高青少年幸福感。与此同时，世界卫生组织开展了儿童健康行为项目（WHO－HBSC），对青少年健康状况和行为进行了测量与研究。英国慈善组织儿童社会（The Children's Society）也在每年的调查中，对儿童和青少年幸福感进行系统的评价。从国际社会提升青少年幸福感的政策到各组织开展的各项幸福感评价项目，都充分说明青少年幸福感已经成为国际社会关注的焦点。

（二）完善青少年幸福感评价体系的诉求

探索青少年幸福感评价问题是一项艰难而长期的工作。虽然许多学者都在积极探讨青少年幸福感评价的理论与方法，但仍存在一定的局限。首先，青少年幸福感评价缺乏系统的评价模型。尽管青少年幸福感得到了社会的普遍关注，但是大多数仅从幸福感的某个视角进行研究。如美国心理学家许布纳（Huebner）等人主要针对青少年总体生活满意度维度进行评价，探究青少年在家庭、学校、友谊、自我、生活环境五个重要生活领域内的主观幸福感水平。[3]儿童健康行为项目（HBSC）则主要关注青少年的物质幸福感的健康结果。部分国内学者的研究也仅是从主观幸福感或学校幸福感等角度出发，探究青少年幸福感的特征、影响因素等方面。[4]这些青少年幸福感评价内容相对较为零散，并没有将主观幸福感、学校幸福感等方面有机结合，缺乏系统的幸福感评价模型设计。其次，青少年幸福感评价缺乏针对青少年特性的评价工具。由于青少年群体的认知和接受能力并不如成人完善，青少年幸福感评价工具应该有别于成人评价工具。但是，大多数幸福感研究并不完全考虑调查对象的特性，使用统一的评价工具测量不同的群体，使得评价有效性降低。此外，青少年幸福感评价指数的建立也并不如成人幸福感指数体系完善。总体而言，青少年幸福感评价体系在评价内容、评价方法和评价标准等方面仍需要进一步改进与完善。

二、PISA 青少年幸福感评价的框架性内容

PISA 青少年幸福感评价体系框架主要分为三个部分：评价内容、评价方法与工具、评价标准。[5]

（一）在内容上，建立"四维度""两指标"的青少年幸福感评价模型

PISA 依据青少年生活特点，在评价内容上建立了"四维度""两指标"的青少年幸福感评价内容模型（详见图 3-1）。该模型纵向为青少年幸福感的"四维度"，分别为生活质量幸福感、自身幸福感、校内幸福感和校外幸福感维度。横向为青少年幸福感"两指标"，包含客观指标与主观指标。其中主观指标又具体分为感知、情感和满足三个方面。框架内每个纵向的幸福感维度都与横向指标相交叉，结合形成了青少年幸福感"四维度""两指标"的内容评价模型。

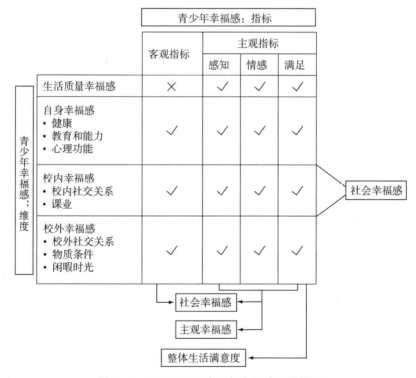

图 3-1　PISA 2018 青少年幸福感评价模型

注：符号"√"代表该维度内包含对应的指标；符号"×"代表相应维度下不包含对应的指标。

1. 青少年的生活质量幸福感评价维度

PISA 将生活质量（Quality of Life as a Whole）维度作为青少年幸福感评价的内容维度之一，并将其划分为生活评价、生活满足子维度以及情感、情绪子维度。青少年生活质量幸福感维度来源于幸福感理论中的主观幸福感。主观幸福感（Subjective Well-being，简称 SWB）基于主观论与快乐论发展而来，美国心理学家迪纳（Edward Diener）指出，主观幸福感可以代表人们对目前生活状况的评价，其主要由三个部分组成：生活满意、令人愉快的情绪、令人不愉快的情绪。因此，对主观幸福感的评价也主要指对自身生活的认知，人们体验愉快情绪的频率和不愉快情绪的频率。主观幸福感可以是对整体生活层面的评价，也可以是针对一些具体事件或领域的评价，如家庭、友谊、事业等。青少年生活质量维度主要是青少年对总体生活质量的主观感知程度，是主观幸福感的重要组成内容，因此在这个维度内只包含主观指标，并不包含客观指标（详见表 3-2）。

表 3-2　青少年生活质量幸福感评价维度及指标

维度/子维度	指标	客观指标	主观指标
青少年生活质量幸福感	生活评价和生活满足	×	生活满意度
	情绪和情感	×	个体生活中的情感经历（积极和消极的情感）；参与某项活动的情感状态和情绪状态等

（1）生活评价和生活满足子维度。生活评价和生活满足（Live Evaluation and Life Satisfaction）是幸福感的核心内容。生活评价是个人从认知层面对生活质量的判断。个体对生活评价越好，生活满意度越高，生活质量就越高，幸福感越强。

（2）情感和情绪子维度。青少年的情感和情绪（Affect/Emotional）通常指个体生活中经历的情感，包含积极和消极的情绪状态，以及参与某项活动的具体情感状态和情绪状态。根据青少年的生活特性，PISA 将针对性地调查一些特定活动中青少年的情感或情绪，例如，课程中、作业中、业余活动中，与父母或监护人相处等过程中的情感状态。青少年在这些活动中经历的积极情绪越多，消极情绪越少，代表幸福感越强。

2. 青少年的自身幸福感评价维度

自身幸福感（Self-related Well-being）来源于学生的健康和生活舒适程度，以及学生对自身状态的感知。PISA 将这个维度划分为健康、教育和能力、心理功能三个子维度，其中心理功能即为心理幸福感

(Psychology Well-being，简称 PWB)。心理幸福感是基于实现论而发展的幸福感模型，在实现论看来，幸福是不以自身主观意志转移的自我完善、自我实现等。心理幸福感与以快乐论为基础的主观幸福感有所区别，心理幸福感是从人的发展角度来理解幸福，更为强调人的潜能实现，是幸福感的重要组成部分。除此之外，健康、教育和能力同样是青少年幸福感的重要影响因素之一。青少年健康是世界卫生组织关注的健康主题之一，世界卫生组织指出青少年群体通常被认为是健康的一个群体，却有许多青少年自杀、有暴力倾向、慢性疾病等，并且有许多严重的疾病会影响至其成年期。[6]而青少年的健康是其快乐或自我实现的基础，更是影响青少年幸福感的重要因素之一。具体客观指标和主观指标详见表 3-3。

表 3-3　青少年自身幸福感评价维度及指标

维度/子维度	指标	客观指标	主观指标
青少年自身幸福感	健康	BMI	身体形象的感知与满意度、睡眠满意度、整体健康状态的满意度等
	教育和能力	学生的知识水平、教育程度和能力水平	学生对自身能力的感知、学业自我效能感
	心理功能	自主、环境掌控、个人成长、积极的人际关系、生活目标和自我接纳	

（1）健康子维度。在这个维度内，PISA 主要考察青少年的健康状态以及对健康行为的感知。青少年的健康（Health）情况是青少年幸福感的基础，由客观指标（BMI 指数等）和主观指标（如自我身体感知、睡眠满意度等）组成。

从客观指标来看，PISA 将标准体重指数（Body Mass Index，简称 BMI）作为健康子维度的主要客观指标。BMI 是以体重和身高为基础的身体健康指标，可以作为超重和肥胖的判断标准。它广泛应用于成人和青少年群体研究，成为健康状况的重要依据。超重和肥胖已经成为青少年的健康隐患，严重影响了青少年的幸福感。因此，PISA 在健康维度内设立了 BMI 客观指标。除此之外，PISA 还认为青少年体育锻炼情况能够预测其幸福感水平，经常参与体育运动或锻炼的青少年的主观幸福感更强。[7]因此，PISA 还将青少年参与体育锻炼的情况纳入客观指标中，主要包括青少年参与体育锻炼以及参与体育课情况等内容。

从主观指标来看，健康子维度的主观指标包括身体形象的感知与满意度、睡眠满意度和整体健康状态的满意度等方面。目前，青少年体重问题和不满自身形象的现象逐渐增多。学龄儿童健康行为研究（Health Behaviour in School-aged Children，简称 HBSC）调查研究发现，女学生更容易对自身形象产生不满，这可能导致不健康的减肥行为、滥用药物和心理疾病，严重影响自身健康及主观幸福感，而对这些指标的测评可以预测青少年幸福感情况。[8]

（2）教育和能力子维度。青少年的教育与能力（Education and Skills）、对自身能力的感知，也将作为幸福感评价的重要内容之一。

从客观指标来看，PISA 认为学生教育和能力的客观指标包括学生的知识水平、教育程度和能力水平。

从主观指标来看。有研究表明，青少年对他们在学校的表现和自身能力的感知会对青少年幸福感产生重要影响。[9]因此，PISA 将学生对自身能力的感知和学业自我效能感作为教育和能力维度的主观指标。

（3）心理功能子维度。心理功能（Psychological Functioning）维度主要用于测量青少年心理幸福感水平。通常，如果人们在心理幸福感测量中取得高分，则被认为"心灵旺盛"，是指个体对幸福感、个人成长等生活方面都感到满意，对生活充满希望。OECD 认为心理幸福感主要关注人的意义、目的和参与，可分为能力、自主性、意义/目的、乐观四部分内容。[10]20 世纪 90 年代，里夫（Ryff）提出心理幸福感主要包含六个维度：自主、环境掌控、个人成长、积极的人际关系、生活目标和自我接纳。PISA 借鉴该模型，将这些维度作为青少年幸福感心理功能子维度的内容指标，并且在 PISA 2018 幸福感框架中不将心理功能进行客观指标与主观指标的划分。

3. 青少年的校内幸福感评价维度

青少年在学校环境（School environment）中体验的幸福感被称为校内幸福感（School-related Well-being）。由于青少年的大部分时间都在学校度过，校内经历与人际关系对学生感知生活质量有重要影响，可以促进学生的健康和幸福感。2000 年，美国心理学家许布纳对 5545 名青少年的整体生活满意度和在家庭、学校、自身、生活环境等方面的生活满意度进行了调查，研究发现青少年对学校生活最不满意。[11]国内外也有许多学者对青少年学校生活、校内人际关系与幸福感的关系进行了研究，都发现学生的学校生活对幸福感有着显著影响。[12]因此，PISA 将青少年的校内幸福感纳入了整体幸福感的评价维度之一，在这个维度内，PISA 主要关注学生对学校生活与学校环境的感知，具体主要包含校内社交关系和课业两个子维度，各维度的客观指标与主观指标详见表3-4。

表3-4 青少年校内幸福感评价维度及指标

维度/子维度 指标		客观指标	主观指标
青少年校内幸福感	校内社交关系	对师生关系和同学关系在积极（归属感）和消极方面（如暴力、歧视、孤独等）的统计量	对这些关系的感知、情绪和满意度
	课业	学生在课业上花费的时间以及学生如何利用这段时间	学生对课业和学习等方面的感知、情绪和满意度等

（1）校内社交关系子维度。PISA认为校内社交关系（Social connections at school）是青少年校内幸福感的重要影响因素，主要包含师生之间的关系和同学间的关系。与同学间的和谐交流和积极的学校气氛会使得学生对学校产生归属感。这种归属感会促进学生对学校、教师和同学的认同，进而产生较强的幸福感。反之，不平等的同学关系和消极的学校风气会给学生带来受歧视和孤独的感觉，严重影响青少年幸福感水平。目前，校园暴力是学校内较为严重的负面现象。暴力事件会对青少年的精神和身体造成严重伤害，导致其学习成绩下降、抑郁、焦虑、辍学等不良反应。2015年儿童协会（The Children's Society）也表明，受到暴力伤害的青少年的主观幸福感水平明显低于平均标准，并且校园暴力对青少年幸福感的影响远远超过其他指标。[13]因此，校内社交关系对青少年幸福感有重要影响。

从客观指标来看，校内社交关系的客观指标主要为对师生关系和同学关系在积极（归属感）和消极方面（如暴力、歧视、孤独等）的统计。

从主观指标来看，该子维度的主观指标即为对这些关系的感知、情绪和满意度。

（2）课业子维度。课业（Schoolwork）可以作为青少年校内幸福感的评价子维度，也可以作为青少年学习与生活平衡的依据。如果学生的课业任务超过正常水平，学生的幸福感和身体健康都会受到影响。因为，过大的功课压力会给学生带来负面的心理情绪，进而导致更多的健康问题，造成生活质量下降。学校功课的压力可以导致损害健康行为（如抽烟、饮酒和酗酒），以及健康问题（如头痛、腹痛和腰痛）和心理问题（感到悲伤、紧张、不安），并造成整体生活质量下降。[14]

此外，PISA 还认为青少年可能会在不同的学科中表现出不同等级的幸福感水平。这主要因为学生自身的学科兴趣或其他因素，使得学生对某门学科表现出极高的热情，进而呈现较强的幸福感。

从客观指标来看，课业子维度的客观指标包含学生在校时间、在课业上花费的时间以及学生如何利用这段时间。

从主观指标来看。有调查研究发现，在学校经常保持积极情绪的学生会有更高水平的学业成就，并且主观幸福感评价结果更为积极。学生对课业的情绪也可以影响学生的主观幸福感。[15]因此，PISA 在课业子维度内主观指标中设立了青少年对课业和学习等方面的感知、情绪和满意度。

4. 青少年的校外幸福感评价维度

青少年在校外环境（Out-of-school environment）中经历的幸福感构成了青少年校外幸福感（Well-being outside of school）。除了青少年在校内的社会关系、课业以外，在校外与父母和其他家庭成员的关系以及与朋友间的友谊都是影响青少年幸福感的重要因素。有研究指出青少年在校外与家人和朋友的社交关系对他们尤为重要。[16]

此外，HBSC 也发现高质量的同伴关系对青少年健康有积极的作用。[17]并且青少年如果更多地谈及家人对自己重要，则会呈现较高的主观幸福感。[18]此外，学生家庭社会经济地位的物质生活条件也是幸福感的重要维度，有研究结果显示，家庭收入与青少年主观幸福感有很强的关联。[19]因此，在校外幸福感维度中主要包含学生校外社交关系、物质生活条件和闲暇时间三个子维度，各维度具体指标见表 3-5。

表 3-5 青少年校外幸福感评价维度及指标

维度/子维度	指标	客观指标	主观指标
青少年校外幸福感	校外社交关系	亲密朋友的数量、与朋友和父母互动的时间量	学生对朋友间关系和与父母、其他家人的关系、对社区的感知、情绪和满意度
	物质生活条件	ESCS 指数（包含家庭经济、文化资源、父母教育程度和职业等方面）	学生对自身、家庭经济状况的感知、情感和满意度
	闲暇时间	闲暇时间的量化统计以及学生如何利用这段时间	学生怎样利用时间、参与各项活动的整体满意度、参加具体某项活动的满意度和学生对自己拥有时间数量的满意度等

（1）校外社交关系子维度。校外社交关系（Social connections outside of school）主要包含青少年与父母和其他家庭成员的关系、朋友间关系和对社区的认同等内容。与家人和朋友的关系对青少年幸福感有重要影响，这些关系越和谐，青少年幸福感越强。并且这种积极的社交关系对青少年健康成长有很大的促进作用。相反，如果朋友数量过少、各类社交关系不融洽，将会导致青少年生活满意度降低，从而出现负面情绪或暴力倾向。

从客观指标来看，校内社交关系子维度的客观指标包含朋友的数量、与朋友和父母互动的时间量，例如：与父母一起吃晚饭或与朋友在外面聚会的时间、每周几天会与朋友在课后沟通交流等内容。

从主观指标来看，该子维度的主观指标是学生对这些关系的感知、情绪和满意度。其中，"与朋友间的社交关系"包含在过去一段时间内与朋友在一起感到开心的程度，向朋友倾诉烦恼后是否感到轻松等。"与家人的关系"包含对父母的认可程度、青少年认为父母接受自己朋友的程度、是否能够轻松地与父母或其他家庭成员倾诉自己的烦恼、学生与父母在家共进晚餐的幸福感等指标。

（2）物质生活条件子维度。青少年的物质生活条件（Material living conditions）也是影响青少年幸福感的因素之一。有调查研究表明，家庭收入与青少年幸福感有很强的关联。[20]虽然在 PISA 学生背景调查问卷中已经涉及对家庭社会经济地位的调查，但 PISA 仍认为在幸福感调查中增加这个部分十分必要。因为，在经济条件较好的环境下，学生的基本需要和欲望更容易得到满足，对幸福感有促进作用。而贫困的生活环境将会限制学生幸福感的形成。2015 年儿童协会调查发现，为了不被其他个体排斥，青少年也更喜欢谈论拥有金钱或财产的数量。[21]因此，PISA 在校外幸福感中加入物质生活条件子维度。从客观指标来看，物质生活条件子维度的客观指标主要通过 ESCS 指数呈现，该指数主要包含家庭经济、文化资源、父母教育程度和职业等方面。从主观指标来看，该子维度的主观指标则为青少年对自身、家庭经济状况等内容的感知、情感和满意度。

（3）闲暇时间子维度。青少年的闲暇时间（Leisure time）主要指其不需要上学或做功课的时间，包含往返学校和参与业余活动的时间。在这个维度内，既包含对闲暇时间数量的统计，还包含对闲暇时间参与活动的感知、情绪和满意度等主观指标。从客观指标来看，闲暇时间子维度客观指标主要包含闲暇时间的数量统计以及青少年如何利用这段时间（如看电视/视频、阅读、网上浏览/阅读、聊天/社交/电子邮件、玩游戏、与朋友聚会、与父母聊天、吃东西和运动）。目前，电子技术迅速发展，青少年在网络上花费的时间逐渐增加，网络社交已经成为青少年群体常见的休闲方式。因此，PISA 还计划在本维度增加对青少年在虚拟网络上花费的时间量进行统计。从主观指标来看，该子维度主观指标则包含青少年怎样利用闲暇时间、参与各项活动的整体满意度、参加具体某项活动的满意度和学生对自己拥有时间数量的满意度等方面。

（二）在技术上，研制多种评价方法与工具

幸福感通常采用自我报告的问卷形式进行评价。虽然自我报告问卷尽力追求客观，但误差与偏见仍然不可避免。因此，PISA 在使用自我报告形式测量青少年幸福感的同时，还采用日重现法等测量方法，以确保评价的客观性与可靠性。此外，在测量工具上，PISA 除了研发基于日重现法的问卷外，还在部分维度的测量工具上借鉴一些成熟的幸福感量表，形成多种评价方法和工具。主要方法或工具如下：

1. 采用日重现法，评价青少年幸福感水平

在评价方法上，PISA 采用日重现法（Day Reconstruction Methods，简称 DRM）进行测量。

21 世纪初，心理学家卡尼曼（Daniel Kahneman）与克鲁格（Alan B. Krueger）在《日重现法》（*The Day Reconstruction Method：Instrument Documentation*）一文中，提出了日重现法。日重现法是一种精确测量个人生活体验的方法，该方法要求被试根据一定的问题框架，回顾、再现之前一天经历的活动和情感体验。[22] 此方法采用随机取样的方式，认为被试回忆"前一天"可以代表一段时期的典型一天，能够反映其某段时间的基本状况。简单来说，日重现法要求被试首先根据一段有顺序的程序，唤起对"前一天"的记忆，然后回答关于这一段记忆的情绪或感知问题，并对每一个细节进行描述。但是，原始的日重现法对于 PISA 并不适用。PISA 的问卷调查受时间等因素限制，并不能完全由学生回忆"前一天"经历的活动或情感。因此，PISA 在幸福感问卷中将限定学生报告一些特定活动中的情感状态，例如：在某些课程中的情绪状态；在作业中，在与朋友的业余活动中，或与父母或监护人相处的过程中经历的状态等。

2. 整合幸福感量表，评价青少年幸福感水平

在评价工具上，PISA 除了开发基于日重现法的幸福感问卷外，将在部分维度的工具上借鉴 KID-SCREEN－10、心理幸福感量表等成熟的幸

福感量表，以此整合幸福感量表。儿童保护（KID-SCREEN）项目由欧盟创立，致力于8~18岁儿童和青少年与健康相关的生活质量（HRQoL－Health related quality of life）调查、评价与调查工具开发。KID-SCREEN认为生活质量包含身体、情感、精神、社会和行为等成分，并以此开发了三个量表，分别是KID-SCREEN－52、KID-SCREEN－27和KID-SCREEN－10。KID-SCREEN－10量表相对于其他两个量表较为简短，且又包含完整的生活质量内容，既节约空间，也节省时间，提高评价的效率。其简短的10项测量已经被证明是Rasch模型，证实拥有较高的信度（Cronbach's Alpha＝0.82）。[23]

目前，学龄儿童健康行为研究等大型研究项目也都使用该量表进行调查。因此，PISA在幸福感量表的设计上，考虑对KID-SCREEN－10量表进行整合。此外，PISA还借鉴Ryff心理幸福感量表的维度对心理功能进行测量。该量表包含六个维度：自主（autonomy）、环境掌控（environmental mastery）、个人成长（personal growth），积极的人际关系（positive relations with others）、生活目标（purpose in life）和自我接纳（self acceptance）。量表共设有六个选择等级：很不同意、不同意、有点不同意、有点同意、同意和非常同意。[24]PISA在幸福感量表的设计上考虑对心理幸福感量表进行整合，但并不是设立单独的心理幸福感量表，而是将在幸福感量表中将其作为心理功能维度的内容进行测量。

（三）在标准上，建立单项与复合相结合的幸福感指数

PISA幸福感指数是衡量青少年幸福感水平的主要标准。在PISA青少年幸福感评价体系中，主要建立了单项与复合相结合的幸福感指数。具体包含以下几个方面：

1. 基于"四维" 评价内容的青少年幸福感指数

基于"四维"青少年幸福感指数主要分为整体幸福感指数和单项幸福感指数两个部分。整体幸福感指数（Index of Overall Well-being）是对幸福感框架内生活质量幸福感、自身幸福感、校内幸福感和校外幸福感四维度各指标评价的综合结果，可以代表青少年幸福感的总体水平。单项幸福感指数是分别基于青少年幸福感"四维"的单项指数，与青少年幸福感四维度一一对应，分别为青少年生活质量指数、青少年自身幸福感指数、青少年校内幸福感指数和青少年校外幸福感指数。每个单项指数都依据相应维度内各指标的数据而形成。

2. 复合青少年幸福感指数

除了"四维"青少年幸福感的整体指数和单项指数外，PISA还将维度中的某些模块或指标的幸福感指数综合起来，形成复合的青少年幸福感指数。这些复合指数主要包含主观幸福感指数、情绪幸福感指数、生活满意度指数、工作/学校与生活平衡指数和社会幸福感指数。这些复合指数可以帮助研究者更好地理解青少年幸福感。

①主观幸福感指数（Subjective Well-being Index）是依据四维度的全部主观指标综合形成的。该指数涵盖生活质量、自身幸福感、校内幸福感和校外幸福感维度的所有主观指标信息，是青少年主观幸福感的评价标准。

②情绪幸福感指数（Emotion Well-being Index）源于四维度主观指标中的情感方面。该指数可以代表青少年过去一段时间的情感状态以及一些特定校内外活动中或人际关系中学生的情感幸福感，是青少年情绪幸福感的评价标准。

③生活满意度指数（Life Satisfaction Index）则是依据各维度主观指标中满意度方面的信息综合形成。该指数可以代表青少年对自身生活的满意程度。

④工作/学校与生活平衡指数（Work/School-life Balance Index）来源于校内幸福感中的课业子维度与校外幸福感中的闲暇时间子维度的主、客观指标比较。该指数可以代表青少年学校学习与生活的平衡状态。

⑤社会幸福感指数（Social Well-being Index）依据校内幸福感的社交关系子维度和校外幸福感的社交关系子维度包含的所有主、客观指标信息综合形成。该指数可以代表青少年在各类环境中的社交关系幸福感水平。

三、启　示

近年来，我国不断提高对青少年心理健康和幸福感的重视与培养，却缺乏科学的青少年幸福感评价体系的研究，探讨PISA青少年幸福感评价体系，对我国青少年幸福感评价体系的构建具有重要的借鉴意义。

（一）构建青少年幸福感评价体系应体现评价内容的融合性

幸福感评价主要有三大方向：一是以主观论和快乐论为基础的主观幸福感评价；二是以实现论为基础的心理幸福感评价；三是社会幸福感评价。[25]随着幸福感研究的逐渐深入，人们发现在幸福感评价中可以将三种幸福感评价内容相统一，以丰富幸福感评价视角，构建全面的幸福感评价体系。

　　基于此，PISA 构建了主观幸福感、心理幸福感、社会幸福感相结合的青少年幸福感评价内容。除了设立青少年幸福感的主观指标外，还建立了教育、能力与心理功能子维度，设立了校内幸福感和校外幸福感的社交关系子维度，强调了学生的自我效能感和社会幸福感。我国目前青少年幸福感评价大多基于主观幸福感理论，或将主观幸福感与心理幸福感、社会幸福感分开讨论，较少有全面的青少年幸福感评价研究。借鉴 PISA 幸福感评价内容，在青少年甚至成人幸福感中应将心理幸福感、社会幸福感与主观幸福感同时考虑，融合构建完整的幸福感评价内容，将青少年的快乐、自我实现与社会存在有机地统一，实施更为系统的青少年幸福感评价。

（二）构建青少年幸福感评价体系应凸显评价方法和工具的多样性

　　构建青少年幸福感评价体系应凸显评价方法和工具的多样性，主要体现在两个方面。

　　其一是青少年幸福感评价方法的多样性。PISA 在幸福感评价中使用自我报告法和日重现法等多种评价方法。通常，幸福感评价采用自我报告的形式进行。自我报告法是将调查内容化为一系列问题，然后青少年根据具体问题进行回答。其优点是降低了青少年作答的难度，但也存在过于主观、宽泛等局限性。而日重现法是精确测量个人体验的方法，正好补足了自我报告法的缺陷，多种方法的搭配使用促使幸福感评价结果更为客观、精确。

　　其二是青少年幸福感评价工具的多样性。PISA 在自身开发工具的基础上，还将参考、整合多个成熟的幸福感量表，形成具有多元结构的评价工具。目前，我国幸福感评价方法大多过于单一，仅使用自我报告法或仅使用日重现法等其他评价方法。在评价工具上也是局限于一种量表，或者机械地叠加多种量表。借鉴 PISA 经验，在幸福感评价方法的设计上，应根据不同的评价内容特征探索不同的评价方法与工具，研制多样的评价方法与工具，进而实现更为精准的青少年幸福感评价。

（三）构建青少年幸福感评价体系应展现评价标准的全面性

　　青少年幸福感指数大体可以分为三类：整体指数、单项指数和复合指数。幸福感整体指数可以反映幸福感整体的综合变动情况，是对青少年幸福感的整体宏观把握；幸福感单项指数只能反映某一幸福感维度的标准，具有单一性和精确性，可以更加清晰、准确地反映青少年具体某方面的幸福感情况；幸福感复合指数则更是以复杂的结合方式，呈现出了更多青少年幸福感的隐性信息。

　　PISA 在青少年幸福感评价中，建设了整体指数与单项指数、复合指数相结合的幸福感评价标准。三类幸福感指数的结合，充分展现了幸福感评价标准的全面性，对深入了解青少年幸福感水平具有重要意义。借鉴 PISA 的经验，在我国青少年幸福感评价体系的构建中，应展现评价标准的全面性，尝试对多类幸福感评价指数进行构建，实现更科学的青少年幸福感水平判断。

参考文献

　　［1］ World Health Organization. Ottawa Charter for Health Promotion ［R］. Ottawa：The first International Conference on Health Promotion，1986：6.

　　［2］张树辉，李家灿. 我国青少年健康幸福感促进政策研究 ［J］. 中国青年政治学院学报，2011 (3)：20-23.

　　［3］　［11］ Huebner E. S.，Drane W.，Valois R. F.. Levels and demographic correlates of adolescent life satisfaction reports ［J］. School Psychology International，2000，21 (3)：281-292.

　　［4］［12］田丽丽，刘旺. 青少年学校幸福感及其与能力自我知觉、人格的关系 ［J］. 心理发展与教育，2007 (3)：44-49.

　　［5］ Organization for Economic Cooperation and Development. PISA 2018 Draft Analytical Frameworks ［EB/OL］.　　［2016-10-09］. http：//www. oecd. org/pisa/pisaproducts/PISA-2018-draft-frameworks. pdf.

　　［6］ World Health Organization. Adolescent health ［EB/OL］.　　［2017-01-10］. http：//www. who. int/topics/adolescent _ health/zh/.

　　［7］　［18］ Abdallah S.，Main G.，Pople L.，Rees G.. Ways to well-being：Exploring the links between children's activities and their subjective well-being ［M］. London：The Children's Society，2014.

　　［8］ Haug E.，Rasmussen M.，Samdal O.，Iannotti R.，Kelly C.，Borraccino A.，Ahluwalia N.. Overweight in school-aged children and its relationship with demographic and lifestyle factors：results from the WHO-Collaborative Health Behaviour in School-aged Children (HBSC) study ［J］. International Journal of Public Health，2009，54 (2)：167-179.

　　［9］ Suldo S. M.，Riley K. N.，Shaffer E. J.. Academic correlates of children and adolescents' life satisfaction ［J］. School Psychology International，2006，27 (5)：

567-582.

［10］Organization for Economic Cooperation and Development. OECD Guidelines on Measuring Subjective Well-being，OECD Publish in［EB/OL］.　［2016-09-20］. http：//dx. doi. org/（10）1787/9789264191655-en/.

［13］［21］The Children's Society. The Good Childhood Report 2015［EB/OL］. ［2016-11-02］. https：//www. childrenssociety. org. uk/sites/default/files/The Good Childhood Report，2015. Pdf.

［14］Torsheim T.，World B.. School-related stress，support，and subjective health complaints among early adolescents：a multilevel approach［J］. Journal of Adolescence，2001，24（6）：701-713.

［15］Patrick H.，Knee C. R.，Canevello A.，Lonsbary C.. The role of need fulfillment in relationship functioning and well-being：a self determination theory perspective［J］. Journal of Personality and Social Psychology，2007，92（3）：434.

［16］Levin K. A.，Currie C.. Family structure，mother child communication，father child communication，and adolescence life satisfaction：A cross sectional multilevel analysis［J］. Health Education，2010，110（3）：152-168.

［17］Barker E. T.，Galambos N. L.. Body dissatisfaction of adolescent girls and boys：Risk and resource factors［J］. The Journal of Early Adolescence，2003，23（2）：141-165.

［19］［20］Rees G.，Pople L.，Goswami H.. Links between family economic factors and children's subjective well-being：Initial findings from Wave 2 and Wave 3 quarterly surveys ［R］. London：The Children's Society，2011.

［22］苏勇. 基于日重现法的教师幸福感研究［J］. 教育研究，2014（11）：113-118.

［23］Kidscreen. Kidscreen Project［EB/OL］.［2016-11-10］. http：//www. kidscreen. org/english/project.

［24］Ryff C. D.. Psychological well-being in adult life［J］. Current Directions in Psychological Science，1995：99-104.

［原文载于《外国教育研究》2017 年第 11 期（李国庆　刘学智　王馨若）］

日本基于课程标准评价范式的构建与启示

21世纪初，日本在反思弊端突显的相对评价范式的过程中，积极推行基于课程标准的评价改革，课程评价相对评价范式向基于课程目标、学科课程标准评价范式转型。笔者拟就日本构建基于课程标准评价范式的做法与经验加以探讨，以期给我国课程评价改革以有益的启迪。

一、日本研究基于课程标准评价范式的缘起

（一）现实的诉求：日本对相对评价现状的反思

相对评价是指基于学习集团，对集团所属的学生实施的评定系统[1]57。长期以来，相对评价范式一直统领着日本中小学课程评价的理论与实践。"考试竞争""学力低下""学习无效感"等问题，始终困扰着日本基础教育课程的改革。应该说，以标准学力测验为特征的相对评价，曾经对实现日本教育的公平性和客观性起过重要的作用。但是，随着国际社会竞争的日益加剧和迈向学习化社会，日本传统的相对评价范式的弊端也日渐突显出来，主要表现在以下几方面：

1. 相对评价造成教师的"无奈感"

在相对评价下，日本教师面临着双重矛盾。一是教师评价主宰的地位，导致学生的"受压迫感"。日本教师发现，自己对学生的评定并不能引发学生对自我学习状况的思考，进而不断改进自己的学习策略和目标，学生对教师的评定极其反感，因此日本教师被学生称为评定的"阎王"[1]。二是教师对自己评定的困惑与苦痛。日本学者感言道："即使教师自己指导教学做得很好，所有学生被评定为一定的等级是当然的，但是现实中一定有学生被评定为不良的等级，这使学生面临着评价的不公平。"[1][5]也就是说，无论教师如何努力，教学如何成功，其所教的学生仍要评定出好、中、差来。同时，日本学者也认识到，在学习集团内，由于教师按照一定的等级和比率评定学生的学习成绩，因此，即使教师教学不良，也无法追

究教师的责任。因此，教师也丧失了反思教学的良好契机。

2. 相对评价使获得不良评定等级的学生产生自卑感

日本学校主要通过学习成绩通知书与学生及家长进行沟通。日本学者加藤幸次在分析日本相对评价的现状时指出[1]，相对评价一般按照正态分布，把学生评定分为 5、4、3、2、1 五个等级。从统计学而言，学生在学习集团中成绩评定为 5 的占 7％，评定为 4 的占 24％，评定为 3 的占 38％，评定为 4 以上的学生，往往被学校和教师认定为升学有望的"精英"，这部分学生有一种"优越感"，往往成为教师的宠儿；评定为 1 和 2 等级的学生分别为 7％和 24％，总计为 30％左右。这部分学生一方面由于学习成绩低下，自己会丧失学习信心，产生自卑感，给进一步学习造成障碍；另一方面，家长也会从学生学习评定结果中感到压力，进而责备学生，给学生造成二次痛苦感。

3. 相对评价无法衡量学生学习进步的状况

相对评价没有给学生反馈努力的方向。日本学者认为："对评定等级低的学生，无论是学生还是家长，都无法了解今后在哪里应该进一步去努力，同时也不能表明学生在下学期的进步情况。"[1]51 这表明，相对评价只能使学生从考试结果、学习成绩的名次中看到自己的提高，因而无论学生还是家长，不得不看重每次的测验成绩，不惜牺牲学生的宝贵的休息时间和兴趣去补习较差的学科，这样既造成学生学习的厌倦感，也损害了学生的身心健康。

4. 相对评价导致学习集团内的不良竞争

在相对评价中，学生的竞争往往是"自己成绩提高，以他人成绩退步为代价。"[1]评价的作用非但不能为学生的努力和发展提供方向，相反，假如被评定为等级 1 的学生，评定等级提升到 2，就必须以另一名学生的排名等级退步为 1 为代价，这会使学生产生不道德感，也因此引起学生对评价的反感。同时，一部分学生由于持续获得不良的评定等级，又会形成学习的无效感，甘于退出竞争，进而导致逃学、厌学和辍学等问题的发生。

（二）教育政策的推动：基于课程标准的评价改革的演进

基于课程标准评价改革是备受日本基础教育关注的重大课题。2000年 12 月日本文部科学省《教育课程审议会答申》指出，今后，要实现从基于学习集团的相对评价向基于标准的评价及个人内评价的转变。同时，就如何客观评价学生的学习状况提出了四点政策性意见[2]12：一是各相关机构要研究评价标准和评价方法；二是各学科要基于"知识与理解""关心、意欲与态度""思考与判断""技能与表现"四个方面进行评价标准的研发；三是要做成评价事例集，由各县、市组织教师进行关于评价问题的研修；四是学校要实施关于评价的校内研修和研究。该文件确定了日本基于课程标准评价的改革方向和指针。2001 年 4 月，日本文部科学省颁布的中小学《新指导要录》规定，在各学科学习记录评定栏，除了要反映学生学习领域的状况外，还要进行基于课程标准的评价。2005 年 10 月日本中央教育审议会在《创造新时代的义务教育》（答申）中，再一次强调指出："准确检测学生学习到达度是极其重要的，客观掌握学生实现各科学习到达目标的信息，既可以改进教师的指导方法，更可以改进学生的学习质量。"[3]并在全国范围内实施了了解学生学习到达度、理解度的学力调查。由此，在日本课程评价政策的直接推动下，日本课程评价全面启动由相对评价范式向基于课程标准评价范式的转型的课程评价改革。

二、日本基于课程标准评价改革的经验

从 2001 年始，日本为改革弊端突显的相对评价，全面推行了基于课程标准评价的范式，并在实践中取得了明显的成效。其经验主要体现在以下几方面：

（一）确立以"生存能力"这一培养目标为核心的课程目标

2001 年 12 月，日本《教育课程审议会答申》指出[2]，为改变以往过度重视考试竞争，仅凭知识的"量"判断学生学力水平的倾向，今后课程改革必须围绕着学生的"生存能力"这一培养目标来进行。就"生存能力"的含义，日本学者加藤幸次认为，作为今后的教育目标，"为使孩子适应激变的社会，应养成其自己发现问题、自己学习、自己思考、主体判断和行动等诸多更好地解决问题的资质和能力，以及自律性、和他人共同协作、宽容和感动心等丰富的品质，同时为了更好地生存还必须拥有不可欠缺的健康体魄，这样的资质和能力称之为适应社会变化的生存能力。"[4]为了培养日本人的"生存能力"，在课程改革中日本确定了基础教育学力保障性目标和成长保障目标，具体内容如下[5]：

1. 学力保障性目标

学力保障性目标是学生学习的基础目标。其本质是重视学习成果，即可见的学力。学力保障性目标是一种达成性的目标，包括知识与理解、技

能与表现等维度。

2. 成长保障目标

成长保障目标是学生学习的发展性目标。其本质是重视学生的学习过程，即难以直接观察的学力。成长保障目标又包括两类目标，即向上目标和体验目标。向上目标包括"思考与判断""关心、意欲与态度"维度，体验目标包括学生的学习体验、社会体验等各种体验性目标。体验性目标是为学生个性发展构建经验与能力基础而提出的培养目标。日本学者主张，学力保障性目标和成长保障目标是引领学校课程设计与实施的关键，两者必须统合起来，否则难以形成学生的综合素质。

由于日本基础教育致力于如何实现"生存能力"这一培养目标的教育改革，因此日本课程学者努力研究与课程目标相适应的学科课程标准，在学习内容上体现学力保障性目标和成长保障目标，从而保证学生德、智、体的均衡发展。即在知的侧面，由以往的单纯强调知识的教授，转向自己学习、自己思考以及更好地解决问题的资质和能力的形成；在德的侧面（情、意面），由道德说教转变为丰富的人性的养成和个性的形成；在体的侧面，重在健康的体质的提高。各学科课程标准的研制，是课程目标具体化的体现，为课程开发，尤其是课程评价提供了依据与参照。

（二）制定可操作的评价标准

高浦胜义认为："评价标准是指学科与学年学习、单元学习和教学过程的'三级水平'等学习指导目标的达成基准，即判断标准。"[6] 2001 年，日本《教育课程审议会答申》指出[7]，设定判断学生学习实现状况的评价标准是不可缺少的环节。并强调围绕着"生存能力"这一根本目标，扎实进行知识与技能的到达度评价，还要进行包括学生兴趣、思考力、判断力、表现力等资质和能力在内的学习到达度的评价。明确提出，根据课程目标的四个观点，即依据关心、意欲与态度，思考与判断，技能与表现，知识与理解四个维度建构评价标准。

1. 关心、 意欲与态度维度

关心、意欲与态度是情意领域的评价目标。情意领域的评定是十分困难的，只能进行表面的测定，而难以把握其实质。因为情意领域的能力等要素的形成，学习者的内因起着关键的作用，如态度的评价，表面的态度也许与学生的内心是相悖的。所以，对关心、意欲与态度的评价，应采取观察的方法，在学习全程中开展评价活动。就是说，关心、意欲与态度的评价要贯穿在整个学习活动的始终，即在问题或课题的解决活动的"全程"中观察和捕捉。基于课程标准的评价中，难以操作的是关心、意欲与态度的评价，一开始，许多人认为实施关心、意欲与态度的评价是非常危险的，但在曲折而困惑的学校实践中，对关心、意欲与态度的评价渐渐得到人们的认可，成为评价关注的重要领域。在评价中要注意以下倾向[8]：

①"态度主义"评价倾向。现在，许多教师具有根据学生"认真""热心""富有积极性"等态度和人际关系来评价关心、意欲与态度的倾向。确实，学生的关心、意欲与态度主要表现在上述几个方面，但是在具体的学习课题中关心、意欲与态度是有所变化的，因而不能离开具体的学习内容去评价学生的关心、意欲与态度。

②行为频率、分数化倾向。教师常常把"举手""家庭作业""遗忘物品"等行为的频率分数化，借以评价学生的关心、意欲与态度。如果采用行为频率分数化来评价学生，学生常常会跟着分数跑，这对学生的危害是十分严重的，甚至学生的学习兴趣并没能培养起来。对于按照各个单元、各个观点所确定的评价项目来说，一一实施评价的原则必须遵循。

③去"严格化"倾向。从教师心理来说，是回避对关心、意欲与态度的严格评价的。一方面，教师在学生其他维度目标评价表现较低的状况下，往往有一种补偿心理，关心、意欲与态度的评价就会放宽；另一方面，教师认为关心、意欲与态度的养成是教师与学生合作进行的，因而教师自觉不自觉地放宽了评价的标准。事实上，关心、意欲与态度同其他课程目标维度是同等重要的，都是学习活动的一个侧面，对于评价基准所示的评价项目应该基于事实进行评价。

2. 思考与判断维度

思考力和判断力是学生养成的重要目标，它较之关心、意欲与态度的评价更具有客观性、可测性。如可以通过学生的作品和报告中反映的学习状况去评价学生的思考力和判断力的发展程度。具体评价方面如下：

①感知问题，能在学习的对象中捕捉到需要学习的问题。

②带着目的去发现问题，能有意识地进行观察和探究。

③假说（解决策略），围绕着问题解决能开展理论性的推理和实证分析。

④分析和综合，能从综合的视野去解决学习的问题。

3. 技能和表现维度

技能和表现是学习评价的重要方面。关于技能和表现的评价，各科教学往往重视测验，辅以发言、作文等方面的评价。这样的评价方法无法有效地推进学生的生存力的发展。因此，确定有效的评价标准是十分必要的。具体评价方面如下：

①掌握基本的操作技能。

②掌握科学的探究方法。

③通过探究形成规则性的认识和见解。

④做成创意性的作品并进行发表。

4. 知识与理解维度

知识在学习中的价值是非常重要的，一方面，知识的理解和掌握是一切学习活动的认知结果和思考结果；另一方面，新的学习活动的展开必须以习得的知识为前提，更高层次的思维活动的展开也必须以理解的理性知识、观点和原则为基础。但是，学习活动不应该以知识的理解和掌握为中心和片面强调知识的识记，应该在学习的创造、观察和思考中理解知识和掌握知识。具体评价方面是：

①在观察和实验活动中理解学习对象的概念、法则和原理。

②在探究活动中掌握学习的知识。

③把理解和掌握的知识加以综合化，使之处于解决课题、创新学习活动的活性状态。

基于对"关心、意欲与态度""思考与判断""技能与表现""知识与理解"四个维度的学生学习评价的观点，2002 年，日本国立教育政策研究所发表了《评价基准的构成、评价方法的改进的参考资料》，确定了各学科评价标准的基本框架。由此日本从都道府到各学区、学校，从教育行政机构、课程研究组织到出版系统，都参与到这项运动中，形成了全国性的研发评价标准运动，出现了许多有价值的研究成果，其中对日本课程评价最有影响的是日本图书文化出版社出版的各学科的《评价基准表》，其已成为日本各学校判断学生学习到达度的重要尺度。

（三）研制判断学习目标达成度的基准

确立判断学生学习目标到达度的基准是日本基于课程标准评价推进的重要环节。2001 年日本国立教育政策研究所教育课程中心出版的中小学《关于评价基准的构成、评价方法的改善的参考资料》指出[7][19]："评价各学科学习领域目标的实现状况，其结果分别记为 A、B、C。A 代表十分满足，B 代表基本满足，C 代表需要努力，并把 B 的判断作为学生学习目标到达度的基准。"在具体实践中，日本学者又做了更为具体的探究，总结出以下几种判断基准：一是"完全习得学习"范式下的"二段式"。即在"完全习得学习"范式下，采用"能""不能"两项指标评价学生达成学习目标的状况。对判断"不能"的学生，进行指导，引导学生反复学习，以学生完全掌握为目标。二是"不同习熟度学习"范式下的"三段式"。在"不同习熟度学习"范式下，借用日本国立教育政策研究所教育课程中心提出的"十分满足""基本满足"和"需要努力"三项指标，判断学生学习目标达成状况，并在实施中进行创造性应用，把评价与指导结合起来。即按学生学习目标实际到达水平，把学生分为三组，适应学生习得的实际状况进行细致入微的指导。此外，日本学者还提出"四段式""五段式"等判断方式。目前，日本课程评价实践中，更倾向于在过程性评价活动中采用"二段式"，在终结性评价结果的确认上采用"三段式"。也就是说，在了解学生学习成绩时用"二段式"收集评价结果，用"三段式"总结效果更好。

三、对我国课程评价改革的启示

（一）评价应以课程目标为基础

长期以来，我国的基础教育在"应试教育"的影响下，课程评价存在着过于重视评价的甄别、选拔功能，忽视评价的激励与改进功能，评价内容过于片面，只关注对所学知识的考核，而忽视对学生学习过程和个人情感的关注，评价方法单一，过于注重以纸笔测验为核心的量化评价，存在"一张考卷定终身"等问题。因此，新课程改革在深刻分析以往教育评价的弊端和问题的基础上，鲜明地提出"以评价促进每一个学生发展"这一具有时代特色的评价理念。但是，在实践中如何贯彻这一评价理念，真正实现以评价促进学生发展的目的，还需要探讨可行的途径。日本为了培养公民的"生存能力"，在课程改革中从统合的视野确定了学力保障性目标和成长保障目标，指导着日本课程的实施，为日本课程评价改革提供了方向。

日本的经验带给我们的启示是，我国新课程评价也应该以"知识与技能、过程与方法、情感态度与价值观"三维课程目标为基础，综合评价学生各方面的素质。就是说，应该以课程目标、学科课程标准为评价的出发点和归宿，通过评价活动帮助学生形成适应未来社会发展所需要的基础知识和基本技能，并培养学生学会学习的能力；同时关注学习的过程，及时深入了解学生的发展进程和学习状况，从而对学生的可持续发展提供有针对性的指导，发挥评价的发展性功能；通过评价帮助学生树立崇高的社会理想和积极健康的审美情趣，并帮助学生形成一定的批判能力，学会正确地认识自我、认识他人，给自己一个准确的定位，从而促进学生更好地适应社会发展。

（二）应正视新课程标准中评价标准的缺失

日本学者千千布敏弥指出："评价标准是量化或质性判断学习目标达成度的根据。"[9]日本在课程改革中，一直把课程标准作为评价学习活动的指针，积极建构课程评价的具体标准。即从关心、意欲与态度，思考与判断，技能与表现，知识与理解四个维度建构评价标准，并把评价标准视为检测学生学习评价效果的核心尺度。日本的经验的启示是，我国应正视新课程标准中评价标准缺失的不足，认真研制评价标准的构成，把评价标准列为课程标准结构中的重要组成部分，这是有效实施学习评价的关键所在。

参考文献

[1] 加藤幸次. 絶対評価：学校・教育のどこが変わるのか [M]. 鎌倉：2002.

[2] 文部科学省. 教育課程審議会答申 [R]. 2000.

[3] 中央教育審議会. 新しい時代の義務教育を創造する（答申）[R]. 2005.

[4] 加藤幸次，三浦信宏.「生きる力」を育てる評価活動：実践の工夫と技術 [M]. 東京：教育開発研究所，1998：7.

[5] 加藤明. 評価規準づくりの基礎・基本―学力と成長を保障する教育方法 [M]. 東京：明治図書出版株式会社，2003：21.

[6] 高浦胜义. 絶対評価との理論と実際 [M]. 東京：黎明書房，2004：54.

[7] 北尾伦彦，青柳偕行. 学習領域的評価基准表 [M]. 东京：图书文化，2003.

[8] 北尾伦彦. 三年间，基于目标评价的现状 [J]. 指导与评价，2004（8）：6-7.

[9] 千千布敏弥. これからの評価をどう構想すべきか：評価規準と評価基準 [J]. 指导与评价，2004：41.

［原文载于《东北师大学报（哲学社会科学版）》2007年第2期（刘学智　牟艳杰）］

日本综合性学习评价标准的多维度构建

实施科学的评价是提高综合性学习质量的关键环节。从某种意义上说，综合性学习的过程亦是综合性学习的评价过程，体现为学生学习、教师指导与评价一体化的过程，学生通过评价，如自我评价和教师评价、家长评价等使自己的优点、发展的可能性和进步状况得到积极肯定，进而获得学习的成功。但是，要使综合性学习评价真正发挥其功能，还必须制定科学的评价标准，这是有效开展综合性学习评价的前提条件。日本在综合性学习评价标准的建构上为我们提供了有价值的经验。

一、目标维度的综合性学习评价标准

日本学者认为，综合性学习的根本目标是培养学生的生存能力。教育评价的重要职能就是为了达成此目标，以促进综合性学习的实施。那么，什么是生存能力呢？日本学者加藤幸次等认为，作为今后的教育目标，"为使孩子适应激变的社会，应养成其自己发现课题、自己学习、自己思考、主体判断和行动等诸多更好地解决问题的资质和能力，以及自律性、和他人共同协作、宽容和感动心等丰富的人间性品质，同时为了更好地生存还必须拥有不可欠缺的健康体魄，这样的资质和能力称之为适应社会变化的生存能力"。[1]围绕着生存能力这一主题性目标展开综合性学习活动，其宗旨就是实现德、智、体的均衡发展。即：在智的侧面，由以往的单纯强调知识的传授、灌输，转向学生自己学习、自己思考，以促进学生解决问题的资质和能力的形成；在德的侧面（情、意因素），由道德说教转变为丰富的人间性的养成和个性的形成；在体的侧面，重在健康体质的提高。概言之，由于德、智、体是人间的"统合的特性"（统合能力）的集中体现，因此综合性学习应以德、智、体统合的发展作为目标，并实施有效的指导，综合性学习评价要着眼于学生发展的可能性，把培育成德、智、体统合的能力作为评价目标，整个评价活动要着眼于这一根本性的目的进行。

基于上述理念，日本学者主张首先应从生存能力的维度确立综合性学习评价标准，生存能力培养的核心是问题解决力的形成。日本学者高浦胜义主张，从目标维度建构综合性学习的评价标准必须"以学生的探究性学习活动为载体加以展开，即从阶段、操作和态度三方面实施评价"[2]。（1）阶段：问题的场面→问题的形成→假说的形成→假说的验证→问题的解决→解决的场面；（2）操作：观察（联想起过去的经验、感知事物和现象的心意操作）和推理（创造观念的心意操作），两大"操作"是交互推进的；（3）态度：宽容心、诚信和责任心等构成的三位一体的思考态度。

一般而言，具体评价指标如下：（1）课题设定的能力，即评价学生探索学习课题、确定学习课题的活动过程；（2）问题解决的能力，即评价学生探究学习课题的过程；（3）学习方法和思考方法，即评价学生的学习方法的运用、思考方法的正确性；（4）学生的主体创造态度，即评价学生的学习的责任感和创新精神等；（5）自己的生存方式，即评价学生对自己生存方式，如生活方式的认知程度。

二、各科教学关联维度的综合性学习评价基准

（一）综合性学习中的关心、意欲与态度的评价

关心、意欲与态度是情意领域的评价目标。情意领域的评价项目测定是十分困难的，只能进行表面的测定，而难以把握其实质，因为情意领域的能力等要素的形成，学习者的内因起着关键的作用。如态度的评价，表面的态度也许与学生的内心是相悖的。所以，对关心、意欲与态度的评价，应采取观察的方法，在"学习全程"中开展评价活动。就是说，关心、意欲与态度的评价要贯穿在整个学习活动的始终，即在问题或课题的解决活动的全程中观察和捕捉。对关心、意欲与态度的评价，要从以下三点把握。

1. 学习课题发现阶段的评价

要了解和观察学生对所要学习的课题的关心度、积极向课题挑战的意欲和态度。如"什么样的课题是重要的""自己是否持有自信心""是否愿意积极地付诸学习活动"等。

2. 学习课题追究阶段的评价

是否有学习计划，是否积极地与他人合作，是否认真地收集和利用信息和资料，是否能执着地克服课题中的难点等。

3. 课题的总结阶段的评价

对学习课题的总结，不是为了评价作品等学习成果，而是为了在总结性评价中进一步促进学生的综合性能力的发展，使学生的关心、意欲与态度得到持续性巩固和提高。

（二）综合的思考力和判断力的评价

综合的思考力和判断力是综合性学习的重要的养成目标。关于思考力和判断力的评价较之关心、意欲与态度，评价更具有客观性、可测性。如可以通过学生的作品和报告等中反映的学习状况去评价学生的思考力和判断力的发展程度。具体评价要点包括：

（1）感知问题，能在学习的对象中捕捉到问题；

（2）带着目的去发现问题，能有意识地去观察；

（3）假说（解决策略），围绕着问题解决能开展理论性的推理、实证；

（4）分析和综合，从综合的视野去解决学习的问题。

（三）综合性学习活动中的技能与表现的评价

技能与表现是综合性学习评价的重要方面。关于技能与表现的评价，各科教学往往重视测验，辅之以学生发言、作文等的评价。这样的评价方法无法有效地促进学生生存力的发展。因此，确定有效的评价标准是十分必要的。具体评价要点包括：

（1）掌握基本的操作技能；

（2）了解科学探索方法；

（3）通过探究形成规则性的认识和见解；

（4）积极创造作品并进行发表。

（四）综合性学习活动中的知识与理解的评价

知识在综合性学习中的价值是非常重要的，一方面，知识的理解和掌握是一切学习活动的认知结果和思考结果；另一方面，新的学习活动的展开必须以习得的知识为前提，更高层次的思维活动的展开也必须以理解的理性知识、观点和原则为基础。但是，综合性学习活动不应该以知识的理解和掌握为中心和片面强调知识的识记，应该在学习的创造、观察和思考中理解知识和掌握知识。具体评价要点包括：

（1）在观察和实验活动中理解学习对象的概念、法则和原理；

（2）在探究活动中掌握学习的知识；

（3）把理解和掌握的知识加以综合化，使之处于解决课题、创新学习活动的活性状态。

三、适应社会变化维度的综合性学习评价标准

日本中央教育审议会第一次咨询报告指出："信息、国际理解、环境和福祉等是适应社会变化的、新的教育课题。"[3]日本政府把这些与社会变化休戚相关的鲜活教育课题确定为综合性学习的核心内容。为此，日本学者从适应社会变化的维度建构了综合性学习的评价标准是相当重要的。

（一）环境教育的评价标准

以环境为课题展开的综合性学习，对学生的综合性能力的形成是非常重要的。学生在探究环境问题的过程中，自己发现、探究和总结学习的体会、成果等，其与环境相关的资质和能力也在不断生成。在环境教育活动过程中，评价和学习活动是一体化的，因此确定环境教育的评价标准，应从推进环境课题学习活动的目标实现的视角进行。环境教育的课题学习活动过程包括：（1）摸索和形成学习的课题（个体化课题的确定）。以学生调查河流环境为例，学生从自己的兴趣出发，有的调查河流的生物情况，有的考察河流的水文状况，有的观察河流的污染情况等，从中寻找自己感兴趣的学习课题。（2）探究学习课题（学习方法的体验）。如探究水的污染、上下流的比较研究、水资源的开发等。（3）自己总结（观点的形成），如发表作品、创作诗歌等。那么，在这一过程中，应实现什么样的学习目标呢？即涵盖探索环境对象，捕捉自己的学习课题。自主地解决课题；掌握学习的方法和思考问题的方法；将知识统合化；思考自己的生活方式等五项目标。在此基础上，日本设定了环境教育的具体评价标准。

1. 环境教育的学习素材（学习对象）的接近

环境教育的学习素材的接近方面，评价主要从学生的摸索和形成环境学习课题中展开。评价要点包括：是否对环境课题持有兴趣和好奇心；是否对学习的环境课题对象怀有情感；考察的环境与自己的探究课题是否相关；是否从自然和人类两方面去思考环境学习对象。

2. 主体自主地解决环境课题能力的育成

学生是怎样解决所发现的环境学习课题的。评价的重点是问题解决力的育成评价。评价主要从学生学习过程中展开。评价要点包括：是否在环

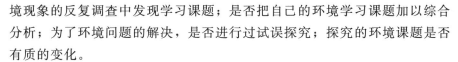

境现象的反复调查中发现学习课题；是否把自己的环境学习课题加以综合分析；为了环境问题的解决，是否进行过试误探究；探究的环境课题是否有质的变化。

3. 学习方法和思考方法的育成

评价要点包括：是否获得环境信息的收集及利用的方法；是否从环境调查中形成自己的思考观点；是否在环境学习过程中掌握一定的改善环境、优化环境的技能；是否把自己加工的环境信息向伙伴和相关的人员传递及表现方法的获得；是否掌握总结自己的环境课题的方法和自己的评价方法。

4. 知识和经验的统合

评价能使学生所学的知识和已有的经验有机地内化为自己的知识结构。评价要点包括：是否有自觉地统合环境知识和环境经验的意识；是否把自己设定的环境学习对象与人间的生活统一起来多维度地加以思考；是否有统合环境知识和环境经验的有效方法。

5. 自己的生活方式内省力的育成

重点评价发现自己的反省意识、对自己的理想生活方式的意识以及正确行为等。评价要点包括：是否把探究的问题与自己的生活方式结合起来加以思考；是否对破坏环境的问题加以反思；是否在自己的日常生活中注意保护环境质量。

（二）国际理解教育的评价标准

国际理解教育是综合性学习的重点内容。国际理解教育的基本目标是培养学生与他国的人们相互学习、相互共存和相互协作的能力。日本为适应国际理解教育的培养目标，确定了如下评价标准。

1. 人间尊重的评价

人间尊重的核心是人权尊重，其目标是培养学生有关尊重生命的正确观点和看法。评价要点包括：对身边的人的尊重；对他人的优缺点的理解；对他人的不同观点的尊重；对他国的社会文化背景的尊重。

2. 文化理解力的评价

文化理解的核心是对异文化的理解。其目标是培养学生接受不同文化的能力。评价要点包括：是否发现身边的文化差异，并加以理解和体验等；是否有关心、理解异文化的意识和活动；是否把地域异文化的关心和理解扩大到对世界异文化的认同和理解。

3. 相互共存的评价

相互共存的核心是国际协力。其目标是在相互共生中相互合作、相互协力。评价要点如下：能与身边的人友善相处；理解他人的不同，并给予帮助；包容他人的不同点，并积极地协力合作；在国际文化理解中形成协作意识和能力。

（三）信息教育的评价标准

在社会高度信息化的今天，培养学生的信息收集、加工和使用、交流等诸多能力是相当重要的。其评价标准如下：

1. 信息的科学理解力的评价

具体的评价要点包括：信息媒体的体验（包括计算机、因特网等）；信息价值的感悟；信息与自己生活关系的体验。

2. 信息的活用力的评价

具体的评价要点包括：信息的收集，从媒体有目的地收集重要的信息，选择信息收集的手段和方式；信息的加工，利用媒体加工信息，进行信息的处理；信息的使用，向他人传递、交流信息，活用信息展开学习。

3. 信息社会的参与态度评价

具体的评价要点是：信息道德、信息利用规则的自觉性体验；自己对信息责任的认识；对信息交流的意识。

（四）福祉教育的评价标准

日本把福祉教育作为综合性学习的重要内容。所谓福祉是指通过公共的扶助，谋求社会人人生活安定和物质与精神充足。福祉教育就是通过培养学生自发性、无偿性开展社会公益事业的观念和习惯，使学生能够积极持久地参与社会福祉的支援活动中[4]。日本学者对福祉教育的价值体会颇深：开展福祉教育能使学生在与他人建立联系过程中将自己客观化，从而找寻自我生命存在的意义和价值；能使学生感受到生存的喜悦，体味到成长的乐趣；更能使学生加深与身体障碍者和老年者的交流，培养共同生活的和谐环境观念，养成健康的生活方式。这也正是当今各国教育不断追求的教育效果。为此，日本中央教育审议会在1996年的第一次咨询报告中提出"培养学生尊重生命、尊重人权、体谅他人之心等丰富的个性"，这一教育目标的达成，可以说福祉教育是最切合实际的教育实践。从这一观点看，福祉教育的评价应立足于整个福祉教育活动。其评价标准如下：

1. 学生把握福祉教育课题的评价

具体的评价要点是：学生对福祉教育课题现状的把握程度；学生对福祉教育课题的确立水平。

2. 学生探究福祉问题解决方法的评价

具体的评价要点是：是否做成福祉问题探究计划；是否能就福祉问题解决途径与方法提出自己的假说并进行检证。

3. 学生福祉教育实践的评价

具体的评价要点是：是否为了验证和修改探究计划而进行福祉体验活动；能否对有利于解决福祉问题的方法加以认识和体验，如聋哑人"手语"的推广等。

综上所述，日本多维度建构综合性学习评价标准的理论与实践为我国综合性学习评价标准的形成提供了有益的范式和启迪，我们应该结合本土化综合性学习评价的实际，辩证地加以吸纳和借鉴，丰富我国的综合性学习的评价理论，改善我们的评价实践，从而推动我国综合性学习评价质效性地开展。

参考文献

[1] 加藤幸次，等. 培养生存能力的评价活动——实践的方法与技术［C］. 东京：教育开发研究所，1998：7.

[2] 高浦胜义. 文件夹评价法入门［M］. 东京：明治图书出版株式会社，2000：77.

[3] 日本文部省. 第十五届中央教育审议会第一次咨询报告［R］. 1996.

[4] 高阶玲治. 横断的、综合的学习读本［R］. 东京：教育开发研究所，2001：38.

［原文载于《外国教育研究》2005年第5期（刘学智　缴润凯）］

日本以"生存能力"为核心的课程评价改革

21世纪以来，日本基础教育在全面启动课程改革的背景下积极深化课程评价改革。近十年来，日本围绕着"生存能力"这一核心培养目标，不断更新课程评价理念，构建评价标准，转换评价范式，不断深化课程评价改革，取得了一定的成效。

一、日本"生存能力"课程目标的提出

20世纪90年代以来，随着科技发展的日新月异、国际竞争的日益激烈，为应对人类社会面临的新挑战，日本学者提出要培养孩子适应信息化、国际化社会的核心能力，即生存能力。基于此，1996年，日本中央教育审议会咨询报告首次以官方文本的形式提出了"生存能力"概念。日本学者加藤幸次、三浦信宏从三个层面对"生存能力"的内涵给予诠释，即学生主体能动地发现问题、自主学习与思考、判断等解决问题的能力；主体自律性、共同协作的精神和宽容心等丰富的人格品质；学生适应社会生存的健康体魄。[1]日本学者高浦胜义认为生存能力除具有上述内涵外，还应从更高的视野去界定，即把生存能力理解为知、德、体的一体化，理解为全人的能力。[2]1998年，日本在《展望21世纪的我国教育的应有状态》的教育改革提案中，详细分析了确立"生存能力"培养目标的现实性和紧迫性，指出日本已经变为追求高学历的社会，高中、大学的升学率急剧上升，但学生的生活体验、自然体验不足，家庭和社会教育力低下，校园暴力、逃学等诸多教育问题日益突出。要解决上述教育问题，学校教育必须以生存能力为核心，由此日本政府确定了"生存能力"课程目标。

二、日本课程评价改革的基本经验

2000年以来，日本基础教育以培养学生"生存能力"为目标，全面推进课程评价改革。透视日本近十年的改革成果，其经验大体概括如下。

（一）在评价理念上，围绕学生的"生存能力"确立课程评价改革方向

2001 年，日本教育课程审议会咨询报告（以下简称"咨询报告"）指出：要改变单纯依赖考试方法判断学生学力水平的现状，课程评价改革必须围绕着学生的生存能力来展开，要把培养学生的生存能力作为今后学校教育的核心目标。[3]具体而言，以生存能力为核心的培养目标主要表现在以下三个方面：（1）达成目标，即对学习结果的重视，是学生生成的基础的、显性的学力，主要包括知识与理解、技能与表现两类目标；（2）向上目标，即指向学生的思考力、判断力以及关心、态度和积极性等方面的目标，是学生价值观和个性发展的目标，是非显性的学力；（3）体验性目标，即自我体察、自我感悟的目标，其指向在于促进达成目标、向上目标的实现。[4]课程评价改革就是以此三大目标为基础和前提来实施的。

为达成"生存能力"这一教育培养目标，"咨询报告"明确指出，围绕着学生自己学习、自己思考等方面的生存能力目标，确实评价学生知识和技能的到达度是非常重要的，评价向上目标的实现状态也是不可或缺的。[5]由此，"咨询报告"提出课程评价改革必须围绕学生的生存能力进行，进而确立了日本课程评价的新方向。

（二）在评价标准上，依据生存能力的具体目标确定评价标准

2001 年的"咨询报告"就如何客观评价学生的学习状况指出：各学科要积极研究和构建评价标准。[6]其倡导的判断生存能力培养状况的观点，主要采用 1997 年修订的"学习指导要录"中关于课程评价的"四个"标准，即"知识与理解""技能与表现""思考与判断""关心、意欲与态度"。日本学者松尾知明对此解释说，围绕现行的学习指导要领提出的"自己学习、自己思考"的生存能力培养目标，应采取适应"知识与技能"到达度评价，同时要采取包含"自己学习意欲和判断力、表现力"等方面素质和能力的学习到达度的评价。[7]2005 年 10 月日本中央教育审议会的《创造新时代的义务教育》（咨询报告）再一次强调指出：实施学生学习到达度检测是监测教育质量的关键一环。这既可以促进教师的教学反思，更可以督促学校提高学生的学习质量。[8]为此，日本在全国范围内开展学习到达度的学力水平状况的调查。这也表明上述四个标准的制定较为恰当。

基于此，日本设定的课程评价标准主要体现在以下几个维度。

1. 关心、 意欲与态度层面的评价标准

日本学者奥田真丈认为，"关心、意欲、态度"是学生学习的入口，当学生致力于解决问题时，作为学习活动主要表现为一种探究的行为，进而在学习的过程中获得知识，理解知识，掌握技能。[9]研究表明，学生在学习探究活动中，更需要必要的思考力、判断力等。关心、意欲与态度是向上目标，其难以外显的特点，决定了该领域评价的复杂性和实施的困难。而且单纯进行表面的测定，难以达到效果。因此应采取成长记录袋、课堂观察等方法，在学生"全学习活动"中开展评价活动则会更加有效。也就是说，"关心、意欲和态度"的评价应贯穿于整个学习活动。研究表明，该目标日益成为课程评价关注的重要维度。

2. 知识与理解层面的评价标准

知识与理解作为学生学习的到达目标，在评价中具有十分重要的价值，是评价关注的核心内容。知识理解是学生学习活动追求的基本目标，更高级的学习思维活动的展开也离不开概括性知识，必须以学生先前掌握的知识为前提。日本学者铃木秀幸主张，知识与理解层面的评价应关注两方面，即知识量的到达度评价和知识深度的评价。这两方面都应与学生的体验性评价相结合，即评价学生在观察、实验等活动中理解学习的概念、法则和原理的水平，评价学生在探究活动中掌握知识、理解知识并进行综合化以及解决实际问题的能力。[10]

3. 技能与表现层面的评价标准

技能与表现是学生到达度评价的重要内容。对技能与表现层面的评价既要关注学生基本操作技能的形成状况，又要考查学生掌握科学探究方法的到达度，以及评价学生通过探究活动表现出来的实际操作水平等。日本学者松尾知明研究发现，技能和表现层面培养学生探究的能力是非常关键的，探究一般包括阶段、操作、态度三个维度，这是学生解决问题的思考过程和方法。具体而言，问题的发现、问题的形成、假说的形成、假说的检验、问题的解决等环节构成了阶段；从观察到推理，再通过观察去验证推理的反复过程就是操作；而宽容性、责任心、感动心则构成了态度。为此考查学生的技能与表现的到达度，就必须制定探究能力的评价标准，以判断学生掌握技能与表现的到达度。[11]

4. 思考与判断层面的评价标准

思考力和判断力是学生"生存能力"养成的向上目标，它和关心、意欲和态度的评价一样，都是难以测量的学力目标。为此，在对此目标实施评价时主要采取两种评价方式，一是通过对学生主动、自立性的学习活动的考查，评价学生的思考力和判断力；二是通过学生对探究性课题的把握状态，以及对学习所持有的兴趣等来评价其思考力和判断力。具体而言，在此目标评价上，应着力评价学生感知问题、捕捉问题的能力，应着力评价学生围绕问题进行推理、实证的能力以及解决问题所需要的分析和综合能力等。

（三）在评价方法上，由相对评价向基于标准的评价范式转换

相对评价是指基于学习集团，对集团所属的学生实施的评定系统。[12]但近年来，日本长期奉行的相对评价范式的弊端日渐凸显。主要表现在：（1）相对评价单纯关注学生在学习集团中的位置，忽视学生学习的优点和进步状况。日本学者研究发现，被评定为等级低的学生，并不知道自己被评定为低等级的具体原因，因而也就不会知道自己进一步努力的方向，由此导致学生失去进一步学习的信心，其后果是造成学生的无效感的产生[13]。（2）相对评价导致出现学生对教师给出的评价结果的"反感"。（3）相对评价造成学生的劣等感。研究发现，相对评价会造成获得不良评定等级的学生产生很强的劣等感。加藤幸次在分析日本相对评价的现状时指出：相对评价一般按照正态分布把学生由高到低评定分为 5、4、3、2、1 五个等级，从统计学的角度而言，学生在学习集团中成绩评定为 5 的占 7％，评定为 4 的占 24％，评定为 3 的占 38％，评定为 1 和 2 的学生分别为 7％和 24％。评定为 4 以上的学生，教师会认为是升学有望的"精英"学生，是教师的宠儿；评定为 3 以下的学生，由于学习成绩评定为不良，除造成自我学习信心不足和劣等感外，还会受到来自家长的压力。[14]（4）相对评价导致教师对评定结果的无奈。日本学者感言到，"无论教师自己指导学生多好，教学水平如何高，其中一定要有学生被评定为不良的等级，这种评价对学生是不公平，对教师是一种无言的痛苦"。[15]（5）相对评价会导致教师的无责任感。日本学者认识到，在学习集团内，教师只要按照一定的等级和比率评定学生，即使教师教学不好，教师也无须承担责任，这无疑会导致教师教学的无责任感以及丧失反思教学的良好契机。

为改变这一评价现状，2001 年的"咨询报告"在《关于学生学习与教育课程的实施状况评价的理想状态》中指出，今后要实现传统的相对评价向绝对评价，即基于标准的评价变革。一方面，要开展基于目标的学习领域学习状况评价；另一方面，要关注学生个性发展的评价、学生的优点、发展的可能性及进步状况的评价。2001 年 4 月，日本文部科学省颁布的中小学新指导要录规定，在各学科学习记录"评定"栏中，不仅要反

映学生学习领域的实际状况，还要进行基于课程标准的评价。这表明，日本现行的课程评价范式正由相对评价范式向基于标准的评价范式转换。

三、对我国课程评价改革的启示

（一）课程评价应以学生的生存与发展为理念

日本在课程评价改革中，坚持以学生"生存能力"为核心，这成为其课程评价改革的基本理念。借鉴日本的经验，我国的课程评价也应强调以学生生存与发展为宗旨，通过课程评价促进学生知识、能力、态度及情感的和谐发展。这一理念应该贯穿评价实践的始终。以学生生存与发展为课程评价的理念，其核心观点就是指向学生全面素质的提升，指向学生多项能力的发展，即良好的心理素质、健康的体魄、浓厚的学习兴趣、积极的情感体验、较强的审美能力等，最终实现以评价促进学生全面发展的目的。

（二）依据课程标准设定评价标准

"评价标准是量化或质性判断学习目标达成度的根据。"[16]日本在课程评价改革中紧紧围绕课程标准制定评价标准，即以课程标准中的内容标准为学习评价的指针，从四个维度建构评价标准。就我国而言，课程标准框架中只是给评价实践提供可以遵循的宏观建议，并没有相配套的评价标准。因此有必要弥补课程标准中缺失评价标准的不足，积极研制、构建科学的评价标准，把评价标准纳入课程标准结构中，丰富课程标准的内涵。

（三）推进基于标准的评价范式的变革

长期以来，甄别、筛选式评价范式一直困扰着我国的课程改革。原因在于甄别、筛选式评价范式过分强调甄别与选拔的功能，忽视改进、激励、发展的功能，这种评价方式只是一种"选择适合教育的学生"的评价，只是从学生已经掌握的知识的多少方面去寻找差异并加以分等排队，[17]背离了课程改革的理念。日本从相对评价范式向基于标准的评价范式的成功转型，使课程评价关注全体学生发展和学生发展的全过程成为可能。因此有必要基于课程标准评价学生的学习状况，不仅要评价学生的知识与技能的到达度，也要评价学生学习过程与方法以及情感、态度与价值观。真正按照课程标准的要求，合理设计评价方法，推进甄别、筛选式评

价范式向基于标准的评价范式的转变。

参考文献

［1］加藤幸次，三浦信宏.「生きる力」を育てる評価活動：実践の工夫と技術［M］.東京：教育開発研究所，1998：7.

［2］［5］高浦勝义.絶対評価との理論と実際［M］.東京：黎明書房，2004：10，91.

［3］［6］文部科学省.教育課程審議会答申［R］.2000：14，12.

［4］加藤明.評価規準づくりの基礎・基本：学力と成長を保障する教育方法［M］.東京：明治図書出版株式会社，2003：25.

［7］［11］松尾知明.新時代的学力形成和目标基准评价［M］.東京：明治図書出版株式会社，2008：130，131.

［8］中央教育審議会.新しい時代の義務教育を創造する（咨申） ［R］.2005：16.

［9］奥田真丈.絶対評価の考え方：新しい学力観と評価観［M］.東京：小学館，1992：74.

［10］铃木秀幸.各教科の学習の記録［J］.指導と評価，2010（8）：13-17.

［12］［13］［14］［15］加藤幸次.絶対評価：学校・教育のどこが変わるのか［M］.鎌倉：2002：57，47，52，51.

［16］千千布敏弥.これからの評価をどう構想すべきか：評価規準と評価基準［J］.指導与评价，2004（12）：41-44.

［17］马复，綦春霞.新课程理念下的数学学习评价［M］.北京：高等教育出版社，2004：21.

［原文载于《外国教育研究》2010 年第 12 期（缴润凯　袁雅仙　刘学智）］

区域性义务教育学业质量监测制度探讨

新课程改革后，国家颁布的义务教育课程标准中明确提出了学生学业成就的基本要求，这应该成为国家及区域性学业质量监测的重要依据。从目前看，我国义务教育阶段的学生学业成就评价比较混乱，表现在：把考试视为学生学业成就评价的唯一方式；国家、地方和学校在学生学业成就评价中的责权不明；不同部门在评价决策上见解不同；评价权力行政色彩过浓；考试结果难以为教学的改进提供有益的反馈信息等。凡此种种，究其根源在于国家义务教育监测系统不完善，缺乏有效的区域性义务教育学业质量监测制度。因此，为落实国家义务教育课程标准对学生学业成就提出的基本目标，建立义务教育区域性学业质量监测制度（以下简称"区域性学业质量监测制度"）势在必行。可以说，建立区域性学业质量监测制度不仅是教育研究的重要视域，更是学生学业评价实践中亟待解决的现实问题。为此，笔者拟就建立义务教育区域性学业质量监测制度过程中的若干理论问题加以探讨，期望给同行们以点滴的启发。

一、为何要建立区域性学业质量监测制度

（一）建立区域性学业质量监测制度的必要性

研究表明，国家在学生学业成就评价中负有首要责任，对义务教育质量进行监测正成为当前世界许多国家通行的做法，成为当前主要发达国家的政府行为。[1]如美国在 19 世纪 60 年代就设置了专门的学业评价机构（NAEP），在阅读、数学、科学、写作等领域监测学生的学业成就水平。2001 年美国政府颁布《不让一个孩子掉队法案》（NCLB），其宗旨在于提高教育质量，而加强教育质量监测就是其中一个重要举措。同时，我们也应看到一些发达国家实施的地方性学业质量监测，即区域性教育质量监测，也是值得借鉴的。如美国各个州自行实施的学业质量监测，就是典型的区域性学业质量监测，这对于落实美国旨在提高教育质量的各项法案，

推进美国基于课程标准实施学业成就评价，起着非常重要的作用。我国人口众多，接受义务教育的适龄人口更高达2亿人，因此单凭国家层次的宏观教育质量监测难以全面反映我国的学业质量状况和水平，也无法落实、厘清各级政府在义务教育质量监测上的权力与责任，更不能把义务教育质量监测的结果转化为基层学校改进教学的重要信息。为此，在国家学业质量监测体系的总体框架下，推进我国区域性学业质量监测制度的建设是非常必要而紧迫的任务。

（二）建立区域性学业质量监测制度的目的

对义务教育阶段进行区域性学业质量监测，其目的有三。

就教育行政而言，通过对区域性学业质量监测，了解本区域的学生学业水平状况和课程标准的执行力。一是通过区域性学业质量监测，对本地区过去的教育质量进行全面了解和把握，在剖析本区域义务教育发展真实情况和水平的基础上，寻求影响本区域学业质量的诸多因素，发现不足，为本区域教育政策制定、教育经费划拨和师资统筹等提供客观依据，从而提高教育行政部门工作的实效性，促进区域性教育公平和教育的均衡发展。二是全面掌握本区域课程标准的执行状况。了解课程标准是否执行得好，其实质就是了解义务教育课程目标的落实情况以及学生是否在课程目标的框架下得到很好的发展。

对基层学校而言，区域性学业质量监测的结果既是向学校问责的重要依据，也是学校改进教学行为的有力指导。一方面，区域性义务教育学业质量监测的结果应该与利害相关者存在关联性，即对未完成应尽义务者实施责任追究，其作用是奖优惩劣。通过监测结果，对义务教育实施好的学校和教师给予必要的物质和精神奖励；而对表现不好的学校和教师责令其改进。因此，区域性学业质量监测的结果，必然成为义务教育的方向标。另一方面，通过区域性学业质量监测的结果，能够了解区域内薄弱学校的真正"薄弱点"，通过行政干预，提供改变学校面貌的各种建议以及经费、教师等方面的扶持，帮助学业质量较低的学校达成义务教育质量目标。

在社会层面，还区域内公众对义务教育质量的知情权。还区域内公众对义务教育质量的知情权，其目的在于吸引义务教育利害相关者参与对学校办学行为的监督，对学校改进办学献言献策，最终目的在于提高义务教育质量，帮助学生更好地达成国家规定的学业目标。长期以来，区域内公众对义务教育质量状况是不大知情的，这造成公众对义务教育的误解和指责不合理的现象时有发生，而通过区域性义务教育质量监测，尤其是学业质量监测结果报告的发布，会使公众有效监督学校和教育行政部门的作为或不作为，并参与其中，这必能有效推进义务教育质量的提高。

二、建立怎样的区域性学业质量监测制度

立足区域实际，建立学业质量监测制度是规范地方教育监测行为，引导教育行政和学校、教师以及学生家长回归对学业质量本质认识的重要举措。实践表明，建立区域性义务教育学业质量监测制度，其核心内容大体包括检测制度、报告制度、问责制度和反馈制度等。

（一）检测制度

建立检测制度的主要目的，在于规范学业质量检测过程的各种活动，如检测题目的编制、题库的建设、试卷的编制、检测的实施、评分及数据处理等方面的工作。良好的检测制度是保证区域性学业质量监测具有权威性、公正性的重要技术前提。

（二）报告制度

实施区域性学业质量监测的主要目的就是规范义务教育学业质量的报告活动。建立这项制度的目的在于保障利害相关者对学业质量状况的知情权，即保障区域性教育行政部门、学生、家长、教师、学校以及社会其他利益相关者对学生学业质量的了解，从而为区域性教育决策提供依据，为学校改进教学、提高学生的学业质量提供有价值的信息。

（三）问责制度

监测区域内义务教育的质量，地方各级政府、学校负有不可推卸的责任。根据区域性学业质量的监测结果，可以对相关责任者实施问责，实行必要的奖惩措施，进一步推动地方各级政府和学校担负起提升本地区、本校学生学业质量的义务。

（四）反馈制度

实施区域性学业质量监测的重要目的在于向学校、家长反馈有价值的信息。如澳大利亚的学业质量监测结果反馈的经验就很值得我国借鉴。澳大利亚学业质量监测报告的对象包括学生、家长、教师、学校在内的所有

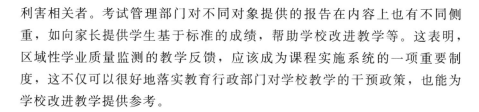

利害相关者。考试管理部门对不同对象提供的报告在内容上也有不同侧重，如向家长提供学生基于标准的成绩，帮助学校改进教学等。这表明，区域性学业质量监测的教学反馈，应该成为课程实施系统的一项重要制度，这不仅可以很好地落实教育行政部门对学校教学的干预政策，也能为学校改进教学提供参考。

三、如何发挥区域性学业质量监测制度的作用

区域性学业质量监测制度的落实，是一项复杂的工程。其作用与功能的发挥受多方面条件和因素的影响，如学业质量监测的主体、课程标准、监测结果的利害关系者等，都在一定程度上影响着区域性学业质量监测制度作用的发挥。研究表明，要充分发挥区域性学业质量监测制度的作用，必须着力厘清以下问题。

（一）澄清谁是区域性学业质量监测的主体

长期以来，我国无论是国家层面的学业质量监测，还是区域性的学业质量监测，其监测主体都是教育行政部门，即教育行政部门代表政府来实施学业质量监测。这一模式有一定的优势，区域教育行政部门可以通过行政命令的方式，下达监测指标和监测范围，具有一定的权威性。但其不足也是不争的事实，主要表现在：教育行政基于本位主义的政绩考虑，往往会降低学业质量监测的要求，从而使监测的结果更能满足区域性的利益。这直接损害了公众对学生学业质量的知情权，学校也由此失去改进教学的有用信息。为解决这一问题，有必要引进第三方评价机构，开展学业质量监测。开展区域性学业质量监测，并不意味着地方教育行政部门必须成为学业质量监测的主体。从各国的经验来看，发展中国家一般采取政府直接控制教育质量评估的制度，政府委托教育行政部门直接开展学业质量监测工具的开发、监测的实施。由于学业质量监测是一项高度专业性的工作，完全由政府机构包办难以达到实效性目的，为此，发达国家采取了另一条监测路线，即政府和教育行政部门置身于学业质量监测之外，区域性学业质量监测的整个模式是一种商业性运行模式，即学业考试的开发、实施和结果的报告不再由政府来承担，而是由一些商业性组织、非营利组织或政府机构中的公司化的实体等高度专业性的中介机构来承担，地方政府不直接承担学业质量监测的实施，只是在更宏观的层面上加以监管。[2]如美国各州实施的各类用于监测的标准化考试就是由非政府组织开发和实施的。

这些组织和机构通常是独立的研究机构，他们通过承接地方政府的学业质量监测任务，为政府提供区域性评估服务。发达国家在学业质量监测上的运行模式明显体现了新公共管理运动的特点。而我国从中央到地方，学业质量监测的机构还隶属于教育行政部门，仍然是教育行政部门直接领导的学业评价组织，独立于政府之外的第三方评价机构还没有培育起来。这必然使我国的学业质量监测的科学性、结果的公正性受到一定影响。为使我国区域性学业质量监测成为专业化的评价活动，地方政府有责任采取行之有效的措施，促进学业评价中介机构的发展。

（二）明晰国家与地方等利害相关者的权力和责任

当前世界各国的教育管理体制改革都致力于求得权力和责任的平衡，这种平衡实质上体现为赋权与问责之间的适当张力。[3]就我国教育管理改革而言，其核心在放权，实质在于责任的分担。单纯强调赋权而没有问责制度作为保障，权力就会失控。研究表明，权力与责任关系的明确是问责的基本前提。问责就是要求相关责任者对其职责范围内的行为及其结果承担相应的责任。在建立区域性学业质量监测制度过程中，一个重要的问题在于明晰利害相关者的权力和责任。在澳大利亚，学校、州与地区、国家之间建立起了权责明晰的学业成就评价体系。一系列教育法律的颁布，推动了州与国家之间考试权责分工的不断调整，使国家范围内的考试框架更为清晰。[4]而在我国，由于国家与地方权责界限模糊，国家的学业质量检测与区域性的学业质量检测相互交叉、重叠，这种状态造成大规模人力、物力和财力的浪费。因此，明晰国家、地方在学业质量监测中的责与权，是推进区域性学业质量监测有效实施的重要前提。

（三）学业质量监测工具的开发要忠实于课程标准的基本要求

在课程改革实践中，推进课程目标，尤其是课程标准的实现是一件举足轻重的大事。美国学者赫尔曼认为："促进课程变革其根本是达成课程目标，而达成课程目标应该借助一定的工具或策略。"[5]我国目前在推进课程目标达成上，一般采用如下政策或策略：一是强化教材的开发，通过教材这一课程实施媒介，使教师和学生的教与学更贴近课程标准的基本要求。二是通过教师新课程培训，促进教师专业素养的提升。各级教育行政部门不断制定教师培训方案和增加经费投入，加大培训力度，努力通过各级培训，帮助教师走进新课程，理解新课程，使得教师富有创造性地执行课程标准，提高教学水平，提高学生的学习质量。三是通过评价工具和手段检测学生的学业质量。从各省（自治区、直辖市）、各地区到各个市县，乃至各个学校，都通过期末测验试卷等评价工具对学生学业质量进行检测。各个县区每学期都拿出一两个年级作为学生学业质量的检测年级，其他年级作为学校自行检测的年级。这说明各地方区域性学业质量检测过程是比较严肃而缜密的，各级教育行政部门和学校都非常重视学生学习质量的评估。但是，在实际运行中，学业评价偏离课程标准的问题依然很严重。笔者在访谈中发现，县市区的教研员的出题质量是难以保证的，有的县市某学科只有一两名教研员，从小学 1 年级到 6 年级都是这一两个人掌握着学业检测试卷的命题权。同时我们发现，编制学业质量检测工具者主要依赖个人经验，即依赖自身的学科素养和命题经验，这是我国长期以来评价工具编制的主要特征。另一方面，我国教师往往从自身对课程标准的理解去建构课程期望，并据此编制纸笔测验试卷等评价工具。由于教师对课程标准的理解存在一定的偏差，因此其所编制的区域性学业质量监测工具偏离课程标准的要求也就在所难免。

参考文献

　　[1][2][3] 崔允漷，王少非，夏雪梅. 基于标准的学生学业成就评价 [M]. 上海：华东师范大学出版社，2008：170，171，184.

　　[4] 何珊云. 基于标准的学生学业成就评价：澳大利亚的经验 [J]. 全球教育展望，2008，(4)：71.

　　[5] Herman J. L., Klein D. C. D., Abedi J. Assessing Students' Opportunity to Learn：Teacher and Student Perspectives [J]. Educational Measurement：Issues and Practice，2000，19 (4)：21.

[原文载于《考试研究》2010 年第 4 期（刘学智）]

教材改革篇

专题四

教材改革的热点问题研究

　　教材是课程实施的关键载体，在落实立德树人和国家人才强国战略中具有举足轻重的地位和作用。2016年，中办、国办联合下发了《关于加强和改进新形势下大中小学教材建设的意见》，明确了新时代教材建设的方向。教材体现国家意志，建设什么样的教材体系，深刻影响着国家人才培养。由此文件可以看出，国家对教材工作的重视，到了前所未有的高度。基于此，众多学者针对教材改革的热点问题展开了深入研究。本专题选择教材建设和管理的五个热点问题，主要包括：教育治理视角下教材一体化建设的理论建构，改革开放40年基础教育教材制度改革的回顾与展望，改革开放40年义务教育教材制度建设的回顾与展望，教育综合改革视域下教材制度体系建设的困境与路径，推进教材制度创新的着力点等。上述研究直面教材改革的重难点，对教材一体化建设以及教材管理制度创新具有较大的借鉴意义。

　　同时，本专题对美国田纳西州的教材审定制度加以研究，深入分析基于标准的课程改革下美国田纳西州教材审定制度面临的挑战，期待能为新时代我国教材审定制度的改革提供有益的启示。

教育治理视角下教材一体化建设的理论建构

教材是课程实施的关键载体,在落实立德树人和国家人才强国战略中具有举足轻重的地位和作用。笔者从教育治理视角对大中小学教材(简称教材)的一体化建设的时代意蕴加以审视,分析研判教材一体化建设基本向度,探索研究教材一体化建设的现实路径。

一、教材一体化建设的治理审视

教育治理是指"国家机关、社会组织、利益群体和公民个体,通过一定的制度安排进行合作互动,共同管理教育公共事务的过程"[1]。教材属于公共治理范畴,即根据一定学科的任务编选和组织具有一定范围和深度的知识技能体系。[2] 教材一体化治理的本质内涵可从三方面理解。第一,教材一体化建设要体现国家目的。要在公共利益的前提下使教材一体化建设取得成效,就要建立超越参与各方利益的价值观。"国家的目的就是普遍的利益本身"[3],是超越各方利益价值观的集中体现。教材一体化建设要为国家目的的达成承担一定的责任,使得国家目的能够在教材层面得到全面落实。对此,教材一体化建设应当根据国家教育发展战略目标,统筹规划教材建设,全面落实国家人才培养战略目标,为国家各项事业提供有力的智力支撑。第二,教材一体化建设要指向现代化教材体系。教材体系是指不同的教材按照一定的目的组合而成的,具有清晰逻辑结构的系统,其主要由教材要素、类型与结构组成。其中,教材要素既有价值观层面的要求,也有知识层面的要求;既有教学层面的要求,也有物理和技术层面的要求,表现为教材的全要素参与性。教材类型既要体现教育层次、课程管理的要求,也要体现学科性质、学科科目、媒体形式等方面的要求,表现为类型的丰富性。教材结构既要纵向衔接也要横向配合,体现为教材结构的系统性、整体性要求。第三,教材一体化建设要指向现代教材治理体系。建立现代教材治理体系是教材管理制度现代化的内在要求。教材一体化建设就是以构建现代教材治理体系为契机,建立与新时代课程教材改革相适应的，富有中国特色的教材制度体系。教材一体化建设是教材改革路径的新探索，其对供给公平而有质量的教材具有非常重要的时代价值。

（一）教材一体化建设是国家未来发展的基础性工程与人才战略

教材体现国家意志，在凝聚社会主流价值意识方面具有积极的作用。教材建设"关系党和国家未来发展的战略工程"[4]。在此意义上，教材建设理应站在国家意志的高度立论教材一体化建设在落实科教兴国战略、人才强国战略、创新驱动发展战略中的关键地位。教材作为国家教育未来发展的基础性工程，理应担当塑造学生核心价值观、彰显民族文化自信、服务于国家创新型人才培养战略的使命。因此，教材一体化建设要以促进人的全面发展为目标，以形成现代化教材体系为重点，以供给各级各类学校所需的优质教材为己任，发挥教材特有的育人育才的重要功能。

（二）教材一体化建设是教材治理现代化的题中之义与路径选择

教材治理现代化涵盖教材治理体系现代化和教材治理能力现代化两方面。教材一体化建设需要强化政府的宏观管理职能，以构建政府、学校、社会新型关系为目标，进而形成中央权威主导、地方协同助力、学校自主参与的教材治理新格局。筑牢教材治理新格局，可为教材治理提供统筹管理教材的逻辑框架，也可为优化教材治理结构、提升教材治理效能提供有效的制度保障。当前，课程教材改革迫切需要创新教材建设的理论、思路、模式和途径，要建立各级各类教材体系贯通与联系一体化系统，创新从目标到内容、从类型到结构系统性、连贯性、衔接性、融合性的教材建设的体制机制。要推进教材一体化建设，破除教材建设体制机制障碍，转换教材治理新旧动能，创新治理方式，在教材建设的关键环节加以重点突破，全面构建现代化教材体系。

二、教材一体化建设的基本向度

教材一体化建设的基本向度是教材要素、教材类型和教材结构及其"点"与"面"的有机结合。

（一）教材要素

教材要素是教材建设的基本点，包括五个方面：目标要素、内容要素、教学要素、物理要素与信息技术要素。第一，目标要素。教材目标对教材建设起着导向作用。教材目标并非来自教材本体，而是依附于国家制定的从教育目的到课堂教学各层面目标而存在。教材目标是国家教育目的、人才培养目标、课程目标、学科教学目标的综合体。第二，内容要素。教材内容是教材要素的核心。教材内容要素涉及多个层面，主要体现为对教材的思想性、知识性、人文性、全纳性等方面的要求。第三，教学要素。教材是教育教学的媒介，教材建设要符合教学规律。从适切性维度可把教材的教学要素分为教学情境、教学活动和教学评价等方面；按照教材所给出的知识体系和内容线索来开展教与学活动，可把教学要素分为教法引领和学法引领两个方面。第四，物理要素。物理要素指向教材的物理属性。物理要素明确出版实物教材的制作要求，体现了教材的外部形象，是教材的"门面"。按照技术维度可将教材分为视觉度、图版率和版面率等要素，按照使用维度可把教材分为实用性与经济环保性等要素。第五，信息技术要素。信息技术与教材的深度融合是教材现代化的本质要求。信息技术是指利用计算机、网络等各种硬件设备及软件工具与科学方法，对教材的图、文、声、像进行获取、加工、存储与使用的技术的总称。利用信息技术可以实现教材内容的结构化、动态化、形象化表示，充分调动教材使用者的情绪和兴趣。信息技术也可使教材脱离物质性存在，形成网络的数字化教材。

（二）教材类型

教材类型又称教材形态，指教材的组织方式和教材设计的不同种类。教材类型既是教材建设的基本"面"，也是教材治理的重要内容。不同类型的教材分类有助于我们认识不同教材的性质和特点，为建立纵向衔接与横向配合的教材体系提供"面"上的支撑。学界对教材的分类是多视角、多维度的，一是按课程管理层级把教材划分为国家教材、地方教材和校本教材，二是按教育层次把教材划分为幼儿教材、小学教材、初中教材、高中教材、专科教材、本科教材、研究生教材，三是按学科性质把教材划分为德育教材、智育教材、体育教材、美育教材、劳动技术教材等，四是按学科科目把教材划分为具体的学科教材等，五是按媒介形式把教材划分为文本教材、数字教材等。每一种教材的类型都有其独特的属性及育人价值，教材一体化建设就要寻找不同教材类型的纵横联结点、交叉点和融合点，进而构建适应深化课程改革需要的现代化教材体系。

（三）教材结构

教材结构是教材一体化建设核心维度。对教材结构的理解有四种。一是微观说，主张教材结构是教材内部要素及其关系的组织形式，"各科教材的基本结构是教材内部各要素、各成分间合乎规律的组织形式"[5]。二是宏观说，主张教材结构是各教材的合理组合，是"各学年（学期）教材间纵向衔接关系以及各单元（课、节）的设置与纵横关系"[6]。三是结合说，主张教材结构既有学科教材内部要素搭配和排列，也有教材类型搭配和排列，是"各科教材之间的合理组合和各科教材内部各要素、各成分之间的合乎规律的组织形式"[7]。笔者认为，教材一体化建设应指向宏观与微观相结合的教材结构。从微观层面看，教材结构体现为教材内部要素资源的有效配置，追求的是某一教材个体效益的最大化；从宏观层面看，教材结构以教材要素资源配置为前提，关注教材类型间的系统联系，破解教材公共资源的有效利用问题，追求的是教材体系效益的最大化。前者解决的是教材建设"点"的问题，后者解决的是教材建设"面"的问题，"点"与"面"的结合体现了教材整体建设的新格局。教材建设要关注教材微观结构中要素的优化配置，实现教材要素的次序化、结构化；统筹教材宏观结构中不同学段、学科及类型教材间的纵向衔接和横向配合，建立科学的教材体系。

三、教材一体化建设的实现路径探析

教材一体化建设是教材治理由"共治"达成"善治"的本质要求，是推进教材体系现代化的重要途径。教材一体化建设应以立德树人为统领性目标，以现代化教材体系为核心内容，以教材制度体系建设为保障条件，全面提高教材质量。

（一）以立德树人为统领，凝聚教材一体化建设目标

党的十九大报告明确提出，"落实立德树人根本任务，发展素质教育"，"培养德智体美全面发展的社会主义建设者和接班人"。这为教育改革指明了方向。教材作为教育改革的重要领域和关键环节，推进教材的一体化建设必须以立德树人为统领，全面落实党的教育方针。

1. 明确教材建设与立德树人的本质关系

教材作为国家意志的重要载体，是育人育才的重要依托。习近平总书

记在全国高校思想政治工作会议上指出，"坚持把立德树人作为中心环节"[8]。教材建设必须坚持以立德树人为统领，正确处理好人才培养方向性与人才培养质量与规格的关系。

2. 教材一体化建设要以"立德"为魂

"立德"规定了教材建设的根本方向。教材一体化建设要以"立德"为魂，将社会主义核心价值观、理想信念、文化自信"三位一体"地融入教材，增强党和国家对教材领域意识形态的主导权和话语权。第一，要把社会主义核心价值观教育系统地融入教材。国家主流价值观是培养学生必备品格的核心内涵。社会主义核心价值观是新时代我国主流价值导向，是各级各类学校人才培养的基本遵循。因此，教材要把培育和弘扬社会主义核心价值观作为最主要的任务，分层、有序地贯穿于各级各类教材建设过程始终。第二，要把理想信念教育系统地融入教材。理想信念是人们世界观、人生观和价值观的集中体现，对于个人优秀品德的培育，对于国家民族的繁荣富强，具有方向指引和动力支撑的重要作用。因此，要将理想信念教育一体化融入教材，牢固树立学生中国特色社会主义共同理想，进而形成正确的世界观、人生观和价值观。第三，要将文化自信教育系统地融入教材。文化自信是增强中华民族文化软实力的源泉与动力。党的十九大报告指出："文化自信是一个国家、一个民族发展中更基本、更深沉、更持久的力量。"因此，教材一体化建设要推动中华优秀传统文化创造性转化、创新性发展，继承革命文化，发展社会主义先进文化，培养具有中国精神、中国价值、中国力量，具有人文底蕴和文化自信的优秀人才。

3. 教材一体化建设要以"树人"为本

关键能力是"树人"的根本蕴含，也是教材一体化建设的着眼点。2017 年，中办、国办《关于深化教育体制机制改革的意见》明确要求强化"四种"关键能力，即认知能力、合作能力、创新能力、职业能力。教材一体化建设要把"四种"关键能力作为落实的重点。第一，系统落实认知能力目标。认知能力是素质教育的基础性目标，对人的终身学习、终身发展具有奠基作用。因此，教材一体化建设要将马克思辩证唯物主义认识论融入教材建设的全过程，系统培养人的战略思维、辩证思维，从而形成综合决策、驾驭全局的能力。第二，系统落实合作能力目标。合作能力是当今世界应对竞争与挑战的必备素养。"学会共同生活"是教育的重大问题之一，而合作能力则是"学会共同生活"教育的根本目标。因此，教材一体化建设必须充分体现合作能力的培养要求，从而把学生塑造成在国家各项伟大工程、伟大事业中富有沟通、合作与交流能力的新型人才。第三，系统落实创新能力目标。综合国力的竞争归根结底是创新的竞争。党的十九大报告指出："创新是引领发展的第一动力，是建设现代化经济体系的战略支撑。"因此，教材一体化建设要彰显国家人才创新能力培养的新要求，助力国家创新驱动战略的实施。第四，系统落实职业能力目标。提升职业能力是实施国家就业优先战略和积极就业政策的迫切需要，是满足人民日益增长的美好生活需要的重大举措。因此，教材一体化建设要把现代职业能力作为职业教育、高等教育的关键目标加以落实，使学生成为既有工匠精神，又有高端职业技能的现代职业专门人才，从根本上解决国家就业结构不均衡、就业素质不充分的矛盾，补齐民生短板，实现更高质量和更充分的就业。

（二）以教材质量为落脚点，构建纵向衔接与横向配合的现代化教材体系

教材一体化建设是推进教材治理现代化的重要方略。教材一体化建设要求建立纵向衔接与横向配合以及类型交叉的现代化教材体系，这意味着，教材建设要突显"三育人"要求，即坚持全程育人，体现跨学段教材的纵向衔接性；坚持全科育人，体现跨学科教材的横向配合性；坚持全面育人，体现跨类型的交叉性。教材一体化建设要以"三育人"为依托，将教材的连贯性、连续性和交叉性优势贯穿育人过程的始终，这既是教材一体化建设的价值追求，也是以教材为载体实现国家人才强国战略的重要途径。

1. 突显全程育人，构建跨学段教材体系

跨学段教材体系的建设，要从变革整体教育布局出发，以立德树人为导向，实现教材纵向治理。第一，以国家总体目标为基础的教材体系建设是进行教材治理的逻辑起点，以德育人、以文化人，"树人"为核心，"立德"为根本。国家通过把控教材总体目标，力求将国家意志和整体性目标要求浸润各学段的教材，调动一切教学资源，使各学段均服从国家目标的统一编排，进而建立初等教育、中等教育和高等教育间有机衔接的教材体系。第二，教材内容的调整是跨学段教材的治理和发展的前提条件和首要任务。这就要求在大中小学教材中实现逐级过渡的思想性、科学性、人文性的内容上的融合贯通与合理配置，呈现教材的阶段性要求。它既坚持核心价值观为先导的全面深入，也注重学段间的客观差异，并力图在二者的互动中寻求平衡点，从而开创一条渐进式、连续性的教材治理之路。第三，有序化、结构化的教材组织是提升教材在教育体系中的媒介作用和参与能力的重要保障。不同学段间教材组织的有序衔接决定了教材可通过其蕴含的教学逻辑、心理逻辑和知识逻辑形成组织治理合力。因此，教材一体化建设要在原理的提出和理解的基础上，探究其内在规律性和实际应用性，以基本理论为知识开端，以现实运用为理论映照，以实现各学段、各年龄的知识能力系统的流动性和迁移性。正是这一合乎规律的跨学段教材建设，带动了教材的目标、内容、组织等各个领域的相应变革和转型，通过全要素参与共同构成由易到难、梯次递进的跨学段教材体系。

2. 突出全科育人，构建跨学科教材体系

伴随着社会对复合型人才的需要，构建跨学科的教材体系日益迫切。跨学科教材体系建设本质是跨学科整合，实现多学科协同育人的目的。第一，跨学科教材的治理并非将思路局限于单个学科的建设和变革上，它更多体现在各类学科教材之中的各育的交叉与融合关系中，寻求更为广泛的治理力量，发展更为有效的学科教材治理道路。各种教育在学科教材中相互交叉主要表现为不同学科教材间目标的融通，包括文科与理科、人文与科学间的相互融合。此外，还要将某个学科教材的特色内容渗透其他学科中，通过各学科教材化整为零地落实德智体育要求。例如，各学科可以根据本学科教材的特点，找准德育渗透点将道德教育渗透各学科教材中，打破学科教材的边界，使各种教育有机融合，实现全科育人。第二，各学科有着各具特色的教材组织，随着学科交叉的不断加深，学科教材的组织方式也在逐渐变化。因此，单向教学的学科教材组织现今已难以应对立体的、新型的教材体系，难以吸收学科中的协同力量。教材组织的体系特质决定了学科教材具有多元特征，这就要求在建设跨学科教材体系时，切实转变学科教材组织模式，探索和形成多元学科共同参与的教材建设体制，完善合理的学科育人协调机制，通过组织上的机制创新与保障来深化整体上的学科参与性，塑造学科教材的共同价值精神。

3. 体现全面育人，构建跨类型教材体系

跨类型教材体系建设要植根于全面人才的培养目标，实现职业教育与普通教育相交叉的多领域教材治理。跨类型教材的治理不同于其他教材治理类型的最重要的一点是它具有真正的普适性和公共性，依托于关涉各类型、各领域通识性人才的需求，而不是某一团体、某一水平的治理事务。跨类型治理的过程是统筹安排教材的上升过程，是改变职业教育与普通教育间的知识断层现状、破除二者间的培养壁垒的过程，是实现人的全面发

展的过程。目前，职业教育日益融入普通教育的大环境之中，而且更加注重知识与技能的双重发展。因而，建设高层次的职业教育教材，须注重教材结构的系统性与递进性，在职业教育、本专科教育乃至硕博教育阶段都有适切的教材选择，并建立同普通教育教材的相互转化机制，改变职业教育教材建设边缘化问题，探索互补式教材治理体系。由此可见，发展普通教育教材和加强职业教育教材是相辅相成的，跨类型教材的治理既是体现不同类型教育水平的融合，也是教材治理主体对社会各阶层人才发展的共同需要的应对。构建跨类型教材体系不仅能推动教材体系从模糊大治理层面向清晰的类型治理层面转变，更能畅通跨类型职普教育教材间的诉求表达、结构协调及制度保障渠道，在职业教育普通化和普通教育职业化的进程中架起互通的桥梁。

（三）完善教材管理体系，为教材建设提供制度保障

教材制度现代化既是教材治理体系现代化的重要内涵，也是教材一体化建设的保障条件。教材治理体系与治理能力现代化意味着一系列教材管理体制机制的改革与创新。改革开放以来，我国教材管理体制机制改革成就斐然，但也面临教材管理规范化、科学化、现代化的挑战。教材管理中存在的条块化、碎片化、分散化等诸多弊端，严重制约着教材管理效能的发挥，迫切需要教材治理从分散走向集中、从局部走向整体、从破碎走向整合。教材建设必须以制度创新为教材一体化建设的突破口，推进教材治理体系和治理能力的现代化，为教材一体化建设保驾护航。

1. 健全教材管理体制，实现教材多元主体共治

推进三级教材管理主体责任落实是实现教材多元共治的重要措施。第一，国家治理层面要实施顶层规划和设计，发挥国家教材管理主体的权威和主导作用。统筹协调多方治理力量，推进教材一体化建设。第二，明确地方政府的主体责任，发挥地方政府在教材治理中的协调作用。地方政府作为教材制度建设的重要主体，起着上情下达、下情上传的协调作用。地方政府既要结合地方教材建设实际，积极贯彻和落实国家的教材政策，统筹制定本地区的教材规划方案，还要为校本教材建设提供课程政策支撑。第三，学校要自主参与教材建设与管理，发挥基层学校的反馈作用。学校教材建设要在遵循国家教材建设整体规划下，根据地方政府有关教材改革的部署，并依据自身的实际情况，积极参与教材建设与管理，切实担负起国家教材、地方教材的选用职责，发挥学校在教材管理中的评价、监督与

反馈作用。

2. 优化教材管理制度，规范教材治理秩序

教材治理体系既包括教材结构体系，也包括教材规则体系。前者是指教材管理过程的程序体系，后者是指教材管理的环节制度体系。推进教材治理体系的现代化必须从完善教材结构体系和规则体系两方面入手。第一，完善教材管理的结构体系。一是落实编审分离制度。教材编审分离是保证教材管理公平性的重要原则。教材编写分离的落实，要求制定教材编写和审定标准，以明确教材编写和审定主体的权利和权力边界，保证教材的编写和审定独立进行。二是完善教材选用制度。建立教材选用组织机构，健全教材选用制度，优先从国家发布的教材目录中选用教材；推进教材选用程序公开、透明，保证选用结果的公平性，保证广大师生选用到优质的教材。第二，完善教材管理环节的各项规章制度。教材管理各环节的完备程度，直接关涉教材建设的整体水平。提高教材建设的整体水平需要完善教材管理各环节规章制度，保障各级教材管理工作规范有序，各级教材管理部门依法行使职能，保证教材管理主体的职责权限、管理流程、监督方式等事项都能向社会公众公开，推动教材管理程序的公开与透明。

3. 创新教材管理机制，激发教材治理的内驱力

教材机制是教材治理的动力源。在教材一体化建设中，要实现新旧管理动能的转换，就必须持续进行教材管理机制的创新。第一，建立教材准入资格标准，完善教材准入机制。教材治理的一个关键特征就是允许不同的主体参与教材管理，这涉及准入资格问题，即哪些主体可以参与教材治理，这些参与主体应该具备哪些条件及其享有哪些权利和义务等。为保证多元主体参与教材治理的有效性，须建立教材准入资格标准，对进入教材领域的人员和机构设定必要的门槛。教材准入资格标准，包括准入年限、准入条件、准入审计和准入反响等要素以及与之相配套的准入实施细则。建立和完善教材准入资格标准就可以从源头把关，维护公平的教材市场秩序，确保教材建设质量的稳步提升。第二，推进教材领域管办评分离，完善教材督导评价机制。教材的多元共治必然伴随着权力的分流，推进管办评分离制度改革，国家应建立教材定期监测制度，完善教材监测体系；建立教材督导评估报告发布制度，建立教材公示、公告、约谈、奖惩、限期整改和复查制度，提高教材治理的现代化水平。第三，建立教材淘汰标准，健全教材淘汰机制。淘汰机制是激发教材市场竞争活力的必备条件。首先，国家要制定具体的、可操作的教材淘汰标准，为淘汰劣质教材提供依据。其次，国家、地方和学校三级教材管理机构对使用的教材进行定期审查，及时淘汰在政治立场、价值导向、科学性等方面存有问题的劣质教材，保障师生能够选用到价廉质优的教材。

参考文献

[1] 褚宏启. 教育治理：以共治求善治 [J]. 教育研究，2014 (10)：4-11.

[2] 中国大百科全书·教育卷 [Z]. 北京：中国大百科全书出版社，1985：144.

[3] 黑格尔. 法哲学原理 [M]. 北京：商务印书馆，1961：270.

[4] 韩震. 为国家教材建设贡献智慧与力量 [N]. 中国教育报，2017-07-14.

[5] 廖哲勋. 课程学 [M]. 武汉：华中师范大学出版社，1991：213.

[6] 郭晓明. 整体性课程结构观与优化课程结构的新思路 [J]. 教育理论与实践，2001 (5)：38-42.

[7] 顾明远. 教育大词典（第 1 卷）[Z]. 上海：上海教育出版社，1990：286.

[8] 把思想政治工作贯穿教育教学全过程，开创我国高等教育事业发展新局面 [N]. 人民日报，2016-12-09.

[原文载于《教育研究》2018 年第 6 期（刘学智　张振）]

改革开放 40 年基础教育教材制度改革的
回顾与展望

完善基础教育教材管理制度（以下简称"教材制度"），是全面提升基础教育教材质量的重要保障。改革开放 40 年来，伴随着我国各项伟大事业的蓬勃发展，基础教育改革取得了巨大成就。教材制度作为基础教育改革的关键环节，日益受到党和国家的高度重视。2016 年，中办、国办印发了《关于加强和改进新形势下大中小学教材建设的意见》（以下简称《教材意见》），明确了大中小学教材建设与管理的方向。党的十九大报告指出："建设教育强国是中华民族伟大复兴的基础工程，必须把教育事业放在优先位置。"因此，在全面建设小康社会的决胜期和实现中华民族伟大复兴中国梦的关键期，必须坚持以习近平新时代中国特色社会主义思想为行动指南，以落实立德树人根本任务为目标，全面深化基础教育教材制度改革，不断推进教材制度体系的现代化。

一、改革开放 40 年基础教育教材制度改革的回顾

（一）恢复和重建基础教育教材制度（1978－1984 年）

首先，重建以国家为主导的教材管理体制。改革开放之初，党和国家为解决中小学教材荒问题，着手恢复和重建教材管理秩序。1977 年，教育部成立教材领导小组，明确了"中小学教材的编辑方针和各科教材的编辑原则，并领导制定各科教学大纲。重大原则问题报教育部党组审定"。[1]同年 12 月，教育部、国家出版事业管理局联合召开的全国教材出版发行工作会议（以下简称"教材联合会议"）指出"中小学教材，今后由教育部负责统编"，[2]确定了国家管理教材的主体责任。1983 年，为加强中小学教材建设工作的领导和管理，教育部决定成立中小学教材办公室。这标志着以国家为主导的基础教育教材管理体制的全面恢复。

其次，重建以"国定制"为特征的教材管理环节制度。一是强化教材编写队伍建设。1977 年，"教育部决定以人民教育出版社的中小学教材编辑人员为基本力量，并向全国 18 个省、自治区、直辖市选借了一批大中

小学教师和教材编辑人员，共 200 余人"[1]，开展教材编写工作。二是实行编审工作责任制。1982 年，人民教育出版社制定的《关于中小学教材编审工作责任制的规定（试行草案）》（以下简称《编审规定》），对总编辑、责任副总编辑、编辑室主任、责任编辑等各级教材编审人员提出了明确的主体责任要求。例如，《编审规定》中明确责任编辑的职责是"每册教材必须有一人担任责任编辑，对全书负主要责任。其他参加编写的编辑人员按分工各负书稿某一部分的责任"[1]。三是恢复了原有的教材出版发行办法。1977 年，教材联合会议"制订了 1978 年度中小学教材出版计划，并提出教材要'按时、足量'供应学校，做到'课前到书，人手一册'。会议情况上报国务院，国务院批转了会议报告，并指示教材编审体制和出版发行办法仍沿用过去有关规定"[3]。

最后，形成以计划手段为主导的教材管理机制。1977 年，"教材联合会议"制订了"各省、自治区、直辖市一九七八年度中小学教材出版计划。提出了今后一个时期教材建设的具体任务"。[2]同年，教育部颁布的《全日制中小学暂行工作条例（试行草案）》指出："学校必须根据中华人民共和国教育部统一规定的教学计划、教学大纲和教科书进行教学，以教学为主，努力提高教学质量。"这标志着我国基础教育教材改革步入规范、有序的建设轨道。

（二）初步探索基础教育教材制度体系（1985－2000 年）

首先，确立两级教材管理体制。1985 年，《中共中央关于教育体制改革的决定》指出："除大政方针和宏观规划由中央决定外，具体政策、制度、计划的制定和实施，以及对学校的领导、管理和检查，责任和权力都交给地方。"为适应教育体制改革的需要，国家推行宏观教材管理体制改革。1986 年，国家教委成立了全国中小学教材审定委员会及各学科教材审查委员会。[1]1992 年，教育部将中小学教材审定委员会办公室改为基础教育课程教材研究中心，承担教材建设与管理的相关职能。同时，国家给予地方教材管理自主权。1987 年，国家教委《全国中小学教材审定委员会工作章程》（以下简称《章程》）指出，"为适应本地区或本学校使用而编写的教材（乡土教材、选修教材、补充教材等），由省、自治区、直辖市教育行政部门审查，报国家教育委员会备案"，[1]明确了地方政府管理教材的机构及其职能。

其次，建立了以"审定制"为特征的教材管理环节制度。一是建立教材编审制度。一方面，国家鼓励地方力量编写教材。1988 年，教育部颁布的《九年制义务教育教材编写规划方案》（以下简称《方案》）指出："鼓励各个地方，以及高等学校，科研单位，有条件的专家、学者、教师个人按照国家规定的教育方针和教学大纲的基本要求编写教材。"[4]另一方面，完善了教材审定办法。1987 年，国家教委在 1985 年下发的《全国中小学教材审定委员会工作条例》修订基础上，颁布了《章程》及《中小学教材审定标准》和《中小学教材送审办法》两个附件，进一步规范了各项教材审查制度。其中，《章程》"对全国中小学教材审定委员会成立的目的、性质、组织机构、工作职责和范围、审定程序等都做了明确的说明和规定"。[1]此外，国家积极推进教材编审分离制度落实。1985 年《全国中小学教材审定委员会工作条例（试行）》明确指出："中小学教材编写和审查分开。"[5]何东昌也强调，教材建设"要坚持编审分开的原则，保证审定工作的公正性、权威性"。[6]二是实行教材选用目录制。1995 年，国家教委印发的《中小学教材编写、审查和选用的规定》（以下简称《选用规定》）指出："经审查通过的教材，由国务院和省级教育行政部门列入中小学教学用书目录，供学校选用。未列入目录的教学用书，各地教育行政部门和学校一律不得选用。"[7]

最后，市场手段逐步成为教材管理的重要机制。1988 年，《方案》指出，要"把竞争机制引入教材建设，通过竞争促进教材事业的繁荣和教材质量的提高"。[4]1993 年，何东昌在义务教育文科教材审查会开幕式讲话中强调，要"通过公平的竞争，促进教材质量的提高"。[6]这一时期，适应中小学教材建设多样化、特色化需要，教材出版市场的竞争机制得到加强。

（三）逐步健全基础教育教材制度体系（2001－2011 年）

首先，确立了国家、地方和学校三级教材管理体制。一是健全国家教材管理组织机构，成立基础教育课程教材工作领导小组（以下简称"国家教材小组"），主要承担"研究确定基础教育课程教材建设规划和重大政策；研究确定基础教育课程教材重大事项，协调解决有关问题"[8]等职能。二是明确地方政府教材管理的职责。2001 年，《教育部地方课程管理指南（征求意见稿）》指出，"省级教育行政部门根据地方课程纲要（或方案）规定的门类要求，受理核准本地区编写地方课程教材的立项申请"，"省级教育行政部门成立省级中小学教材审定委员会，负责地方课程教材的审定","加强对中小学教辅材料的管理"。[9]三是明确学校教材管理的职责。一些学校自主探索学校教材管理措施，如 2011 年安徽省固镇县仲兴中学自主制定循环教材使用管理办法，其核心要义包含循环教材的适用范围、使用性质、组织机构以及管理办法、实施细则等内容，充分体现了学校参与教材管理的责任和必要性。

其次，完善教材管理制度。一是建立了教材编写立项核准制度。《中小学教材编写审定管理暂行办法》（以下简称《办法》）指出："编写教材须事先依本办法规定向相应的教育行政部门申请立项，经核准后方可进行。"[1]二是规范了教材审查制度。2001 年，《办法》指出："委员在教材审定过程中按照《全国中小学教材审定委员会工作章程》关于教材审定的程序、方式、标准的规定，公正客观地进行审查，并遵守有关的工作纪律。"[1]三是强化教材选用的组织领导。2005 年，《教育部办公厅关于做好义务教育课程标准实验教材选用工作的通知》指出："教材选用委员会应由骨干教师、校长、学生家长代表及教育行政、教研人员组成。"[7]完善了教材的选用制度。

最后，完善以市场竞争为手段的教材管理机制。随着社会主义市场经济改革的深入，市场为特征的教材管理机制得到加强。一是建立了教材准入机制。2008 年，新闻出版总署颁布的《图书出版管理规定》指出："出版辞书、地图、中小学教科书等类别的图书，实行资格准入制度，出版单位须按照新闻出版总署批准的业务范围出版。"[10]二是建立了奖惩机制。《办法》指出："国家和各省、自治区、直辖市对优秀教材编写者给予表彰奖励。违反本办法，擅自进行教材试验，或未经审定通过，擅自扩大教材试验范围者，视情节轻重和所造成的影响，由同级教育行政部门给予通报批评、责令停止试验或禁止使用等处罚，并对直接责任人给予相应的行政处分。"[1]三是建立了教材评价机制。《基础教育课程改革纲要（试行）》指出，要"逐步建立教材评价制度和在教育行政部门及专家指导下的教材选用制度"。

（四）全面建设新时代中国特色教材制度体系（2012 年至今）

首先，健全国家宏观领导下的三级教材管理体制。党的十八大以来的五年，党和国家的一系列教育改革政策，为教材制度改革指明了方向。2014 年，教育部将"国家基础教育课程教材工作领导小组"更名为"教育部课程教材工作领导小组"，承担"基础教育、职业教育和高等教育课程教材建设的领导决策"[11]等职能。2017 年，全面落实《教材意见》，党和国家成立了国家教材委员会和教育部教材局，国家教材委员会主要负责"指导和统筹全国教材工作，贯彻党和国家关于教材工作的重大方针政策"[12]等；教材局主要"承担国家教材委员会办公室工作，拟订全国教材建设规划和年度工作计划，负责组织专家研制课程设置方案和课程标准，制定完善教材建设基本制度规范"[13]等。这一时期，国家在大中小学教材建设与管理中的主体责任得到全面落实，党对教材建设与管理的领导权和支配权得到加强。

其次，创新教材管理制度。一是完善教材编审制度。一方面，明确要求教材编审人员的资格条件。2016 年，有关负责人指出，要"修订完善课程教材编写审查人员资质审查办法，细化资质标准，明确具体要求"。[14]另一方面，要研制教材编审办法。《教育部关于印发〈教育部 2017年工作要点〉的通知》指出，要切实加强课程教材建设，"研制教材编写审定管理办法"。《教育部关于印发〈教育部 2018 年工作要点〉的通知》（简称《2018 年工作要点》）再次强调，要切实加强教材建设，出台"中小学、职业院校、高等学校教材以及引进教材管理办法"、印发《中小学少数民族文字教材编写审定管理办法》等。二是规范教材选用制度。2014年，教育部基础教育二司颁布的《中小学教材选用管理办法》指出，"国务院教育行政部门负责制定全国中小学教科书选用政策，公布《全国中小学教学用书目录》，省级教育行政部门负责本行政区域内中小学教科书选用的统筹管理，领导和监督教科书选用工作"。[15]

最后，建立教材管理的长效机制。《教育部关于 2013 年深化教育领域综合改革的意见》（简称《综改意见》）指出，以"完善推进教育改革的体制机制为着力点，不失时机深化教育领域综合改革。"一是落实《综改意见》精神，国家推进了教材宏观管理机制改革。2017 年，教育部启动全国大中小学教材建设五年规划和管理办法研制工作，旨在系统规划未来五年教材建设工作，加强教材管理基础性制度建设，落实党中央、国务院新的要求。[16]二是加强教材监管机制。2016 年国务院第四次修订并颁布的《出版管理条例（2016 年修正本）》指出，要"对出版物的出版、印刷、复制、发行、进口单位进行行业监管，实施准入和退出管理"。[17]三是强化教材监测机制。2016 年教育部办公厅下发了《关于组织开展中小学教材全面调查的通知》，要求全国各地省市县教育行政部门对本地区中小学使用的国家和地方课程教材实施全面调查，加强了教材的评价和监测。

二、基础教育教材制度改革面临的主要矛盾

党的十九大报告指出："中国特色社会主义进入新时代，我国社会主要矛盾已经转化为人民日益增长的美好生活需要和不平衡不充分的发展之间的矛盾。"新时代，教材制度改革中暴露的主要问题集中表现为中小学师生对优质教材资源的需求与教材供给不平衡不充分的发展之间的矛盾。

（一）教材建设根本指导思想的确立与教材制度改革滞后的矛盾

基础教育教材制度的改革必须回答当前教育改革面临的重大历史任务。党的十九大指出："要全面贯彻党的教育方针，落实立德树人根本任务。"这是我国教育改革与发展的新方位。在推进中国教育改革的伟大工程中，必然坚持以习近平新时代中国特色社会主义思想为根本遵循。教材在基础教育改革中处于基础性、战略性地位，建立现代化的教材制度体系是实现中小学优质教材资源供给的重要保障。虽然我国基础教育制度改革取得了一定的进展，但是与基础教育教材建设新方位、新思想的要求还存在一定的距离。因此，基础教育教材制度的改革与时俱进，突出制度时效性，及时做出调整和改进。基础教育教材建设与管理，应当探讨如何坚持以习近平新时代中国特色社会主义思想为行动指南，将立德树人根本任务贯穿中小学教材建设与管理全过程，这是当前教材制度改革亟待解决的重大方向性问题。

（二）教材管理体制体系创新与地方、学校管理主体责任不清的矛盾

改革开放以来，我国逐步确立了国家宏观指导下的三级教材管理制度，为中小学教材建设提供了制度保障。国家教材委员会和教育部教材局的设立，明确了教材局管统筹、管重点、管协调的职能，标志着国家宏观管理教材的主体角色得到确立，主体责任得到全面厘清，确保了党和国家教材事权的落实。但是，在教材管理体制体系中，地方和学校的主体角色还比较模糊，主体责任还未得到很好的落实，这将会影响地方和学校两级主体参与教材建设与管理的积极性。因此，教材管理体制创新，必须解决好地方、学校管理主体责任不清的问题。

（三）教材管理过程优化与教材管理环节制度薄弱的矛盾

改革开放以来，我国教材管理各项制度得到不断完善。但是，随着中

国进入社会主义新时代，优化教材管理过程的改革需求与教材管理环节制度薄弱的矛盾日益突出。首先，教材编写人员资格认定标准不完善。由于教材编写人员的数量与质量跟不上新时代教材建设的新步伐，教材编写过程中偏离价值导向、选材西化等问题时有发生，严重影响了教材建设的质量。其次，教材编审分离制度有待落实。在教材建设中，有些专家既是教材编写者，又是教材审定者，导致社会公众对教材审定程序公正性的质疑。最后，教材选用程序不够规范。《选用规定》指出："经审查通过的教材，由国务院和省级教育行政部门列入中小学教学用书目录，供学校选用。未列入目录的教学用书，各地教育行政部门和学校一律不得选用"。[7]但是，有些地方的教材目录与国家教材目录存在偏差，导致教材选用制度落实不到位。

（四）教材管理机制体系创新与教材准入机制等不健全的矛盾

改革开放以来，我国全面探索教材管理机制体系，保障了中小学教材公平公正、有序建设。党的十九大以来，中国教材制度改革走向了新的历史方位，亟待教材管理机制体系的创新。《教育部关于印发〈教育部 2018年工作要点〉的通知》指出："深化教育体制机制改革，充分激发教育发展活力。"因此，教材改革必须持续推进教材管理机制体系的创新。但是，教材管理机制体系建设还存在一定的不足，难以适应新形势下教材建设与管理的新要求的矛盾非常突出。首先，教材准入机制有待完善。教材具有公益性，因此教材不能像其他商品那样进入充分竞争的市场。尽管我国教材管理采取立项核准制度，但是，教材准入资格标准的不完善，导致教材准入把关不严格。其次，教材市场监督评价机制有待完善。一方面，将市场手段引入教材管理中，有助于通过竞争机制促进教材质量的提高，但是在实际操作过程中，由于缺乏市场监督造成教材市场秩序的混乱，进而"挫伤了一些严格按照国家规定操作的出版单位乃至教材编写队伍的积极性"。[18]另一方面，我国教材评价体系不够健全。目前，我国教材管理主要"由政府部门直接组织的，很大程度上带有过去集中的计划管理模式的痕迹"[19]，同时，教材评价体系缺失。如存在评价主体单一、评价指标体系不完善等问题，严重影响了教材评价质量效果。最后，教材淘汰机制不够完善。淘汰机制有助于在有限的教育资源下尽可能生产出更多优质的教材，以最大限度满足人们对高质量教材的需要。但是，由于我国教材管理中缺乏有效的淘汰机制，一些存在问题的教材却难以退出课堂。

三、新时代基础教育教材制度改革的未来展望

教材体现国家意志，完善教材制度是党和国家落实立德树人根本任务的关键举措。面对新时代基础教育教材改革的重大需要，在回顾和借鉴改革开放 40 年基础教育教材制度建设的历史经验基础上，要为我国教材制度体系创新提供新的路径。

（一）明确教材制度建设的根本思想，把握教材制度改革的新方位

教材体现国家意志，是培养社会主义建设者和接班人的重要载体。美国学者阿普尔在《教科书政治学》中指出："教科书不仅仅是'事实'的'传输系统'，它还是政治、经济、文化活动、斗争及相互妥协等共同作用的结果。"[20]这表明，教材具有国家意识形态的政治属性。当前，教材制度改革必须以习近平新时代中国特色社会主义思想为根本指南，这是新时代我国教材制度改革的新方位。中国改革开放伟大实践证明，习近平新时代中国特色社会主义思想是马克思主义中国化的最新成果，是中国特色社会主义理论体系的重要组成部分，是我国社会主义各项事业发展的行动指南。将习近平新时代中国特色社会主义思想确立为教材改革的指导思想，是新时代教材制度改革的必然选择。习近平新时代中国特色社会主义思想博大精深，将其作为教材制度改革的根本指南，既是落实立德树人根本任务的现实要求，也是教材建设迈向新阶段的根本准则。因此，在教材制度改革中坚定以习近平新时代中国特色社会主义思想为根本遵循，将社会主义核心价值观教育、理想信念教育、爱国主义教育、文化自信教育、生态文明教育等内容系统融入教材建设之中，就必须在教材体制机制、教材管理环节改革创新上做足文章，全面推进教材制度体系现代化建设。

（二）落实地方和学校教材管理的主体责任，完善教材体制体系

明确教材管理主体责任是教材体制改革的应有内涵。为此，创新教材管理体制体系必须采用相应的措施。首先，要进一步落实国家宏观管理教材的主体责任，坚持教材整体规划、系统设计，整合利用各种资源，统筹协调多方力量，以形成教材建设的合力。其次，落实地方教材管理部门的主体责任，自主能动地制定和规划符合本地区的教材管理政策。最后，落实学校教材管理的主体责任，一方面学校要按照党和国家的教育方针，建设符合本校实际的校本教材；另一方面学校要担负起国家教材、地方教材

选用评价的职责。总之，只有国家、地方和学校三级教材管理主体责权明晰、协同发展，才能保障教材建设的高效与优质。

（三）优化教材管理过程，破解教材环节制度薄弱的瓶颈

教材编写、审定、选用和出版诸环节是教材管理的基本规章制度，它直接关涉教材建设的水平。因此，创新教材管理过程制度体系必须突破教材管理环节制度薄弱的瓶颈问题。首先，要完善教材编写人员资格认定制度，强化教材编写队伍建设。西方一些国家的教材出版商为了在激烈的竞争中求得生存和发展，对教材编写者的资格和水准提出了更高要求。例如"英国教科书执笔者多数是大学及学院的教师、中小学教师、教师中心专职职员、地方当局督学以及有经验的教育工作者"。[21]因此，建立教材编写人员资格认定制度，对保证教材编写质量，具有重要意义。其次，要落实教材编审分离制度。教材编审分离是实现教材管理公平性的重要原则。对此，要求教材的编写和审定独立进行，按受教材编写工作的单位及编写人员，不得参与教材的审定工作；负责教材审定工作的单位及其人员也不得参与教材的编写工作。同时，要完善教材审定标准，既要制定通识审定标准，又要研制学科审定标准，为教材审定提供科学的依据。最后，规范教材选用制度。一方面，要发挥各级教材选用委员会的职能；另一方面也要推进教材选用程序公开、透明，保证选用结果的公平性，保证广大师生选用到优质的教材。

（四）健全教材管理机制，激活教材建设的内驱力

建立教材管理机制是中小学教材建设的重要保障。教材管理机制创新应在如下几方面加以突破：首先，研制教材的准入资格标准。目前，国外一些国家有成熟的经验，如新加坡教材制度规定"有意编写课本的私人出版社，必须先到财政部注册，并持有良好的准时出版等记录"。[21]为此，国家应积极研制教材准入资格标准，并建立与之相配套的中小学教材准入实施细则，从源头把关，维护教材市场秩序，确保教材建设的质量。其次，完善教材评价机制。研究发现，日本政府非常重视教材评价监督机制，"文部科学省对教科书的文本进行静态分析和评价，并向教科书编写者反馈修改意见，同时汇总教科书目录和教科书编写宗旨，发送到教科书选用的关联机关。都道府县教育委员会组织教科书选定审议会、举办教科书展示会、向市町村教育委员、国立、私立学校提出建议"。[21]对此，我

国应积极创新教材评价机制，将其作为促进教材质量提升的重要策略。最后，建立教材的淘汰机制。淘汰机制是激发教材市场活力的必备条件。我国应对政治立场、价值导向、科学性等方面出现问题的教材予以淘汰，保证中小学师生选用到放心的优质教材。

参考文献

[1] 课程教材研究所. 教材制度沿革篇：上、下册 [M]. 北京：人民教育出版社，2004.

[2] 国务院法制局. 中华人民共和国现行法规汇编（1949－1985）：教科文卫卷 [G]. 北京：人民出版社，1987.

[3] 人教历史大事记 [EB/OL]. [2018-01-16]. http://www. pep. com. cn/rjgl/rjls/dsj/1977/.

[4] 国家教育委员会政策法规司. 中华人民共和国基础教育现行法规汇编（1949－1992）[G]. 北京：北京师范大学出版社，1993.

[5] 胡松柏. 中华人民共和国教育发展 1949—2009：中卷 [M]. 南宁：广西教育出版社，2009：518.

[6] 何东昌. 关于九年义务教育教材建设和教学问题——在 1993 年义务教育文科教材审查会开幕式上的讲话 [J]. 课程·教材·教法，1993（8）：3-5.

[7] 何东昌. 中华人民共和国重要教育文献：共三册 [G]. 海口：海南出版社，1998：3811，641.

[8] 教育部关于成立国家基础教育课程教材工作领导小组的通知 [EB/OL]. [2018-01-17]. http:// old. moe. gov. cn//publicfiles/business/htmlfiles/moe/A04 _ zcwj /201005/xxgk _ 87809. html.

[9] 潘景峰. 基础教育课程改革提要 [M]. 长春：吉林教育出版社，2001：123.

[10] 新闻出版总署出版管理司. 图书、音像、电子出版物出版管理手册 [K]. 北京：中国法制出版社，2013：140.

[11] 教育部办公厅关于调整国家基础教育课程教材工作领导小组的通知 [EB/OL]. [2018-01-16]. http://old. moe. gov. cn//publicfiles/business/htmlfiles/moe/s7051/201411/178342. html.

[12] 国务院办公厅关于成立国家教材委员会的通知 [EB/OL]. [2018-01-16]. http://www. gov. cn/zhengce/content/2017-07/06/content _ 5208390. htm.

[13] 教材局介绍 [EB/OL]. [2018-01-15]. http://www. moe. gov. cn/s78/A26/moe _ 2581/201703/t20170329 _ 301469. html.

[14] 郑富芝. 牢牢把握基础教育课程教材的正确政治方向 [N]. 中国教育报，2016-01-15（02）.

［15］教育部关于印发《中小学教科书选用管理暂行办法》的通知［EB/OL］. ［2018-01-16］. http:// old. moe. gov. cn//publicfiles/business/htmlfiles/moe/s5972/201410/176575. html.

［16］教育部启动全国大中小学教材建设五年规划和管理办法研制工作［EB/OL］. ［2018-01-16］. http://www. moe. edu. cn/jyb _ xwfb/gzdt _ gzdt/moe _ 1485/201705/t20170521 _ 305303. html.

［17］出版管理条例（2016 年修正本）［EB/OL］. ［2018-01-16］. http://www. gapp. gov. cn/sapprft/govpublic/6681/356061s. html.

［18］胡军. 中小学教材选用机制之我见［J］. 教育理论与实践，2004（10）：54-56.

［19］高凌飚. 关于教材评价体系的建议［J］. 全球教育展望，2002（4）：46-50.

［20］M. 阿普尔，等. 教科书政治学［M］. 侯定凯，译. 上海：华东师范大学出版社，2005：2.

［21］陈月茹，刘欣. 中外中小学教科书制度比较研究［M］. 济南：山东友谊出版社，2009.

［原文载于《课程·教材·教法》2018 年第 8 期（刘学智　张振）］

181

改革开放 40 年义务教育教材制度建设的
回顾与展望

教材是义务教育改革的重点领域和关键环节，强化教材建设对解决中小学对优质教材的需求与教材供给不均衡不充分之间的矛盾，具有非常重要的时代意蕴和现实价值。推进教材现代化建设要有科学、规范的教材管理制度为支撑，既要立足现实，探索教材现代化管理的发力点，也要以史为鉴，在历史的回溯中寻找教材制度改革的着力点，攻坚克难，从根本上解决中小学对优质教材资源供给的迫切需求。

一、改革开放 40 年义务教育教材制度建设的回顾

1978 年，伴随着中国改革开放的伟大进程，中小学教育工作开始步入正轨。1985 年，《中共中央关于教育体制改革的决定》指出，要"有步骤地实行九年制义务教育"。至此，实行九年制义务教育已经提到国家基础教育改革的日程。1986 年，我国颁布了《中华人民共和国义务教育法》，从而建立了九年制义务教育制度。在这一背景下，从国家到地方开始全面探索和建立义务教育教材管理制度（以下简称"教材制度"）。

（一）初步建立义务教育教材制度（1986－2000）

1. 建立国家和地方两级教材管理体制

国家把握教材管理的主导权，是教材管理的重要主体。1986 年，全国中小学教材审定委员会成立，并被赋予教材建设方向、建设质量的掌控权和审查权。1988 年，《九年制义务教育教材编写规划方案》（以下简称《编写规划》）指出，地方编写的全国通用教材，"要经全国中小学教材审定委员会审定后，向全国推荐由学校选用"。[1] 同时，国家赋予地方教材建设的权力，地方也成了教材管理的重要主体。一是国家将全国通用教材编写权让渡给地方，地方成为通用教材编写的主体。《编写规划》指出："省、市或教育科研单位，编写全国通用教材。"[2] 二是在地方教材建设上，国家向地方全权让渡，地方成为地方教材建设与管理的主体。《编写规划》

指出："乡土教材、小学劳动课和中学劳动技术课教材，以及本地区需要的补充教材，由地方编写，省、自治区、直辖市中小学教材审查委员会审查通过后，在本地区推荐使用。"[3] 三是建立地方教材选用审议委员会，指导地方和学校的教材选用工作。1995 年，《中小学教材编写、审查和选用的规定》（以下简称《编审选规定》）指出："各省、自治区、直辖市教育行政部门要积极创造条件尽快建立由熟悉中小学教学情况、具有一定课程理论水平的人员组成的教材选用审议委员会。"[4] 这一时期，国家和地方两级教材管理体制的建立，为义务教育教材制度建设提供了组织保障。

2. 初步建立编审分离等教材管理制度

第一，明确教材编写团队和人员要求。一是对教材编写队伍提出明确要求。《编写规划》指出："编写教材提倡专家、编辑、教学研究人员和教师三结合。"[5] 二是对教材编写人员的资格提出明确要求。《编写规划》从专业知识水平、教育学和心理学基础知识、教学实践经验以及写作能力等方面对教材编写人员资格做出了说明，此外还要求音像教材编制人员具备一定的电化教育工作经验。[6] 第二，建立编审分离等教材审定制度。一是实行教材编审分离。《编写规划》指出，要"实行编、审分开的原则，严格把好审查关"。[7] 二是建立教材审定标准。1987 年，国家教委制定了《中小学教材审定标准》，并从教材的内容、体系、组织呈现等方面做出了相关的要求与规定。[8] 三是切实开展教材审查工作。1992 年，全国中小学教材审定委员会在北京组织了对义务教育文、理科教学大纲和起始年级教材的审查工作。按照审查要求，审查委员们审查了小学阶段开设的 13 个学科共计 24 科教学大纲以及国家教委规划的人民教育出版社编写的义务教育"六三"学制和"五四"学制教材等 243 册教材。[9] 第三，建立选用目录制等教材选用制度。一是实行教材选用"目录制"。1992 年，《国家教委关于九年义务教育小学、初级中学教材选用工作的意见》指出："九年义务教育小学、初级中学教材中经全国中小学教材审定委员会审查通过的，由国家教委列入中小学教学用书目录，供全国各地选择试用。"[10] 二是支持地方选用本地编写的全国通用教材。《编审选规定》指出："承担国家统一规划教材编写任务的省（自治区、直辖市），可确定在本省（自治区、直辖市）使用这些教材的最低的保护性订数。"[11]

3. 竞争机制成为教材管理的重要手段

为符合教材统一性与多样性相结合的要求，教材管理引入了竞争机制。国家实行"一纲多本"，鼓励学校、科研院所、出版社或个人按照相关规定编写教材，择优推荐。《编写规划》指出："把竞争机制引入教材建设，通过竞争促进教材事业的繁荣和教材质量的提高。"[12]柳斌也强调指出："鼓励竞争，建立竞争机制。"[13]这一时期，竞争机制成为教材管理的重要调节手段。

（二）建立义务教育教材制度体系（2001－2011）

1. 建立国家、地方、学校三级教材管理体制

2001年，教育部印发的《基础教育课程改革纲要（试行）》指出，要"改变课程管理过于集中的状况，实行国家、地方、学校三级课程管理"。[14]在此背景下，我国基本建立了国家、地方、学校三级管理的教材体制。第一，加强国家教材管理的组织机构建设。2010年，《教育部关于成立国家基础教育课程教材工作领导小组的通知》指出："国家基础教育课程教材工作领导小组主要负责基础教育课程教材建设的领导决策。"[15]《教育部关于成立国家基础教育课程教材专家咨询委员会的通知》指出，为"提高课程教材建设水平，我部决定成立国家基础教育课程教材专家咨询委员会"。[16]国家基础教育课程教材工作领导小组和国家基础教育课程教材专家咨询委员会的成立强化了国家对教材的宏观管理。第二，明确地方教材管理主体的职责，成立地方教材审定委员会和教材选用委员会。一是成立省级中小学教材审定委员会，负责教材审定工作。2001年，《中小学教材编写审定管理暂行办法》（以下简称《编审管理办法》）指出："各省、自治区、直辖市教育行政部门成立省级中小学教材审定委员会，负责地方课程教材的初审和审定。"[17]二是成立教材选用委员会，负责教材选用工作。2005年，《教育部办公厅关于做好义务教育课程标准实验教材选用工作的通知》（以下简称《选用通知》）指出："地（市）教育行政部门应成立教材选用委员会，负责教材选用工作。"[18]第三，落实学校教材管理主体的职能。部分学校制定了本校教材管理制度，如吉林省长春市某学校依据《吉林省义务教育循环使用教科书管理办法》制定了《教科书循环使用管理制度》，由图书室负责保存和管理，各年级班主任组织，任课教师配合做好教材的循环使用工作。

2. 完善编写、审定等教材管理制度

第一，建立立项核准等教材编写制度。一是教材编写实行立项核准制。《编审管理办法》指出："编写教材须事先依本办法规定向相应的教育行政部门申请立项，经核准后方可进行。"[19]二是补充对教材编写人员的资格要求。可概括为三个方面：国家公务员以及教育行政部门不得以任何形式参与教材编写；教材审查人员在聘期内不得参与教材编写；每位编者只能参加一套教材的编写。[20]第二，搭建教材审定人员信息库，随机抽取审定人员审定教材，保证教材审定的公平性。《编审管理办法》指出："全国和省级中小学教材审定委员会应建立委员信息库，负责审定教材的委员应按随机抽取的原则，从信息库中选定。"[21]第三，完善教材选用制度，明确对教材选用团队、人员和流程的要求。一是对教材选用队伍提出要求。《选用通知》指出："教材选用委员会应由骨干教师、校长、学生家长代表及教育行政、教研人员组成。"[22]二是对教材选用人员资格提出要求。《选用通知》指出："教材选用委员会的成员要具有高级教师职务，在本地区有一定知名度，能秉公办事，且与教材编写、发行无任何关联。"[23]三是对教材选用程序提出要求。《选用通知》指出："教材选用委员会要通过民主程序产生，进行公示，并报上级教育行政部门备案。"[24]

3. 健全更新机制等教材管理机制

第一，为鼓励单位、团体、个人编写更为优质的教材，国家采用了教材奖励机制。《编审管理办法》指出："国家和各省、自治区、直辖市对优秀教材编写者给予表彰奖励。"[25]第二，为提升教材建设质量，建立监督评价机制。《编审管理办法》指出，"国家和省级教育行政部门定期对通过审定的教材进行评价"，[26]以促进教材质量的提升。第三，为保证教材内容的科学性、时代性和前沿性，教材管理引入更新机制。《编审管理办法》指出，要"促进教材及时反映经济、社会、科技的新发展，形成教材更新的机制"。[27]

（三）国家顶层设计义务教育教材制度体系（2012 至今）

1. 确立国家宏观管理的教材管理体制

这一时期，党和国家加强了对教材建设的宏观管理。2016 年，中办、国办联合下发了《关于加强和改进新形势下大中小学教材建设的意见》（以下简称《教材意见》），明确了新时代教材建设的方向。为落实《教材意见》精神，加强国家对教材建设的宏观管理，我国于 2017 年成立国家教材委员会、教育部教材局，2018 年 5 月成立课程教材研究所。其中，国家教材委员会负责指导和统筹全国教材建设工作，教材局承担国家教材委员会办公室工作以及拟订全国教材建设规划等，课程教材研究所负责开展课程教材建设重大理论和实践问题研究，为国家课程教材建设决策提供咨询服务等工作，从而形成了决策、实施、研究三位一体的工作格局。同时，为落实中央关于教材建设的决策部署，一些地方政府成立了地方教材委员会，统筹地方的教材建设工作。例如，《中共安徽省委教育工委安徽省教育厅 2018 年工作要点》指出，要"成立安徽省教材委员会，指导和统筹全省教材工作"。[28]

2. 进一步完善教材管理的各项制度

第一，完善教材编写制度。一是建立专业的统编教材编写团队。2012 年，教育部筹划统编意识形态属性较强的义务教育道德与法治、语文和历史三科教材，为使三科教材可以更好地贯彻党的教育方针、强化国家意志、全面落实立德树人根本任务，教育部在全国范围内遴选了政治立场坚定、学术造诣精深的一流专家担任总主编，同时调集全国知名学科专家、优秀教研员和一线教师组成了 140 多人的编写团队共同编写。二是废止立项核准制度。2015 年，为取消和下放行政审批事项，教育部对《编审管理办法》进行修订，删除了第四条中"编写教材事先须经有关教材管理部门核准"等内容。[29] 第二，教材审定实行"四审"制度。"四审"，即思想政治审查、学科审查、专题审查和综合审查。第三，教材选用制度更加完善。一是补充了对教材选用团队的要求。2014 年，《中小学教科书选用管理暂行办法》（以下简称《选用管理办法》）指出："教科书选用委员会应当由课程教材专家、教研员、中小学校长和教师等组成，其中一线教师不少于 1/2。"[30] 二是规范教材选用程序。《选用管理办法》中对教材选用流程进行了规定，应包括学科组初选、选用委员会讨论、选用结果公示等环节，且"教科书版本选定使用后，应当保持稳定"。[31]

3. 建立教材跟踪反馈机制

为切实了解教材的使用情况，判断教材的适切性和实用性，建立了教材跟踪反馈机制。郑富芝指出："要抓好国家统编教材使用推进工程。按照中央关于义务教育三科教材使用 3 年全覆盖的要求，稳妥推进教材统一使用，建立跟踪反馈机制，加强教师培训和解读，发挥好教材育人实效。"[32] 跟踪反馈机制的建立便于对教材建设进行宏观把控，进而做出合理的调整，同时为教材更新机制提供了有力的支持。

二、改革开放 40 年义务教育教材制度建设面临的主要问题

综观我国义务教育教材制度改革进程，教材制度改革已取得了突破性进展，但仍存在亟待解决的问题。

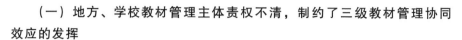

（一）地方、学校教材管理主体责权不清，制约了三级教材管理协同效应的发挥

改革开放以来，义务教育教材体制的不断健全，在一定程度上解决了国家教材管理政出多门、条块分割的弊端问题。但是，仍存在着一些突出问题。第一，地方教材管理主体责权不清，导致地方教材管理主体的"上情下达"和"下情上传"的渠道不畅，党和国家的相关教材政策存在落实难、执行不到位的问题，也挫伤了学校管理教材的积极性。如某省的教材审定委员会"身兼多职"，既负责教材的审定工作，又负责教材的征订、循环使用等工作；又如某省直接设立教材选审委，统一负责地方课程教材的编写、审查和选用以及研究决定全省中小学教材的各项重大事项。第二，学校教材管理主体责权不清，教材选用参与度不高。一是部分学校缺少专门管理教材的组织机构，导致学校对中央和地方的政策执行无力，"政策失真"现象频发。如大部分学校仍由教务处或教导处代为管理教材，仅负责教材的定购、发放、运输和保管等工作。二是许多学校在教材选用过程中不发声，直接选用上级"指定"的教材，导致选用教材时缺少学校反馈意见，更合适的教材不能被选用。第三，三级教材管理协同效应发挥不畅。充分发挥协同效应可以使整个系统的功能倍增，产生新的价值。然而，由于地方和学校教材管理主体责权不清，管理环节相对薄弱，导致中央和地方、地方和学校难以有效沟通配合，各级间共同目标不清晰，缺少教材管理合力作用，教材管理整体效率不高，难以发挥三级教材管理的协同效应。

（二）教材管理的各项制度不完善，制约了教材的规范化管理

改革开放以来，我国各项教材管理制度日臻完善，但仍与实现教材的规范化管理存在一定差距，难以满足教育改革对优质教材资源的迫切需求。第一，非统编教材编写程序不够清晰，导致教材编写质量良莠不齐，也为后续审定工作带来了困难。虽然义务教育阶段的三科教材已有严格规范的编写程序，但其他教材仍然只对教材编写人员的资格和条件做出了要求，缺少规范的编写流程说明。第二，教材审定过程不够规范，导致教材审定的公平公正性难以保证。一是编审分离制度落实不够好，仍有部分省份存在教材编写者同时担任教材审定者的情况，造成教材审查有失公平。二是教材审定标准不够完善，审定依据不够充分，造成教材审查不全面、不客观。当前，教材审查已有两级教材审定委员会和四个审查制度以及相应的具体标准，教材审查环节基本趋于完备。然而，由于缺少对意识形态属性较强的内容的审查标准，教材审查不够全面，教材质量难以保证。第三，教材选用程序不够完备，导致选用的教材难以满足教学需求。当前的教材选用程序仅包含选择和公示两个环节，缺少教材选用前的准备和规划，致使教材选用人员对教学需要了解不够充分，教材选用受主观因素影响，更符合教学需求的教材没有被选用。

（三）教材管理机制不健全，导致教材管理的动力不足

我国教材管理机制不够健全，亟待创新。第一，计划手段与市场手段并行实施教材管理不协调，导致计划手段和市场手段难以在教材管理中发挥合力作用。计划手段偏重导致国家宏观调控过死，市场手段偏重导致教材管理存在盲目性和滞后性，最终造成国家管理的有形手与市场调节的无形手难以有机结合。第二，教材准入机制不够完善，一方面会导致教材质量难以把控，另一方面会间接导致教材市场过度竞争现象严重。尽管我国教材编写的立项核准制中已提及准入机制，但仍有待完善。由于教材进入市场时缺少准入标准作为评价依据，评价过程不够客观，教材质量难以把控。第三，缺少劣质教材淘汰机制，制约整体教材质量的提升。淘汰机制的不够完善导致教材市场膨胀现象严重，且某些内容存在错误或有重复的教材混杂其中，给教材管理工作造成了很大困扰。

三、新时代义务教育教材制度建设的未来展望

在回顾和总结改革开放 40 年义务教育教材制度改革经验的基础上，应立足新时代党和国家关于教材工作的重大方针政策，探索义务教育教材制度改革的新方向。

（一）厘清地方和学校的管理职能，建立三级教材管理的责任体系

深化教材管理体制，不仅要明确地方、学校教材管理主体的职责和权力，更要使三级管理纵向衔接、协调配合，建立三级教材管理的责任体系，从而使整个教材管理体系有效运转。首先，厘清地方教材管理主体的责权关系。地方教材管理主体要正确把握国家政策方向和操作原则，按照执行和监督相协调的要求，承上解读和落实国家政策，启下指导和监督学校实施。其次，明确学校的教材管理责任。应组建专业的教材管理团队，

切实执行和落实国家和地方政策，按照学校实际情况选用教材，根据学校需要编写校本教材，切实做好教材的监管工作，并定期向地方反馈教材使用情况。由此，细化地方和学校的责任分工，建立起三级教材管理的责任体系，形成上下衔接、纵向贯通的管理体系，增强教材管理的系统性、整体性和协同性。最后，探索教材立法管理，为教材管理的责任落实提供有效保障。现阶段，我国已有十分成熟的《义务教育法》，且其中第三十八条至第四十一条对教材的内容、质量和编审分离制度做出了要求，但仍须对教材法律制度进行进一步完善。国外一些发达国家的教材立法经验值得我们借鉴，如美国《田纳西州法典注释》规定，要对教材编写人员、审定人员和出版商的行为进行严肃规范，一旦违反将受到法律处罚。[33]基于此，我国应积极推进教材制度立法工作，从法律层面上明确三级教材管理主体的角色定位和责权关系，未履行职责的教材管理部门要依法承担法律责任，从而全面推进义务教育教材制度的法治化建设。

（二）规范教材管理流程，保证教材管理程序的公正性

管理环节是管理的工作步骤与一般程序，教材管理环节主要包括编写、审定、选用等一系列环节，教材的规范化管理可以确保教材管理程序的公平公正性，从而促进教材质量稳步提升。而制度作为一个国家政治、经济和社会变迁的关键，其缺失会导致发展中国家的政治、经济和社会生活的规范化程度降低。[34]对此，要实现教材管理流程的规范化，最终还是要落到制度层面上。首先，规范教材的编写程序。可借鉴义务教育三科教材编写程序，即遵循研制大纲—编写样章—编写教材—试教试用—修改完成等，[35]严格规范其他教材的编写流程，以程序的完善为教材编写质量保驾护航。其次，完善教材审定标准，规范教材审定流程。加拿大安大略省发布的《教科书审定条例的规定》和《教科书审定提交程序》就对审定的标准和流程提出了要求。《教科书审定条例的规定》表明，教科书审定委员会必须根据省教育部制定的标准来评定教科书，其审定标准包括健康安全、种族偏见等内容。[36]《教科书审定提交程序》表明，符合审定标准的教科书由教科书委员会向省教育部推荐，经省教育部批准通过的教科书会在教育部网站上公布。[37]可借鉴安大略省制定教材审定制度的经验，一是在制定教材审定标准时，将国家主权、国家安全、国家价值导向等意识形态属性较强的内容融入教材审定标准，保证教材审定的全面性；二是在教材审定过程中，要严格规范教材的审定程序，以统一的标准和规范的程序

保证教材审定的公平公正性。最后，要根据实际教学情况和教学需要，完善教材选用流程，使真正适合的教材走进课堂。我国台湾学者黄儒杰将教科书选用过程划分为准备规划、分析比较、决定版本与追踪评价四个阶段。[38]可借鉴其研究成果，进一步规范教材选用程序。一是学科组在给出教材初选结果前，先制定工作进度表，对课程教学需要加以评估，做好选用的准备规划工作；二是在选用过程中制定教材评选标准，选用委员会根据标准投票选用教材；三是将选出的教材在部分学校进行试教，征求试用教师和学生的意见；四是将最终的选用结果公示并备案。

（三）创新教材管理机制，激发教材管理的新动力

在教材管理中，体制是基础，制度是保障，除此之外还需要机制的推动。创新教材管理机制就会给教材管理注入新动力，从而使其获得更大的"加速度"，促使教材制度改革大踏步前进。为此，可以从两方面入手：一方面，完善教材管理中计划手段与市场手段的协同机制。应寻找计划手段与市场手段的平衡点，在运用市场手段时，既要以价值规律为基础，还要注重国家的宏观调控，克服仅依靠市场调节的不足，引导市场健康发展；在运用计划手段时，要以市场为基础，总体上应当是指导性计划，综合协调、宏观管理。由此，以国家宏观管理为主，市场调节为辅，在国家宏观指导下发挥市场手段在教材管理中的调节作用。另一方面，实行"限源开流"两步走，建立"准入—淘汰机制"。一是健全教材准入机制，从"源头"严抓教材质量。准入机制的建立相当于编织了一张"网"，通过制定准入标准调卞网孔尺寸，从而过滤掉劣质教材，有效避免内容存在错误或重复度较高的教材进入市场。二是完善教材淘汰机制，从"出口"控制教材数量。制定可操作的教材淘汰标准，参照淘汰标准定期对教材体系进行排查，及时淘汰过时或内容存在政治性、科学性错误的教材，这样既可以缓解教材市场膨胀现象，也可以降低教材管理的工作难度。

参考文献

[1] [2] [3] [5] [6] [7] [12] 国家教委. 国家教育委员会关于颁发《九年制义务教育教材编写规划方案》的通知 [EB/OL]. （1988-08-21）[2018-03-10]. http://www.chinalawedu.com/falvfagui/fg22598/20663.shtml.

[11] 国家教委. 中小学教材编写、审查和选用的规定 [EB/OL]. （1995-05-03）[2018-03-13]. http://www.docin.com/p-134810960.html.

[8] 国家教委. 国家教育委员会中小学教材审定标准 [EB/OL]. (1987-10-10) [2018-03-12]. http://www. chinalawedu. com/falvfagui/fg22598/20765. shtml.

[9] 《中国教育年鉴》编辑部. 中国教育年鉴1993 [G]. 北京：人民教育出版社，1994：245.

[10] 国家教委. 国家教委关于九年义务教育小学、初级中学教材选用工作的意见 [EB/OL]. (1992-11-14) [2018-03-15]. http://www. chinalawedu. com/falv fagui/fg22598/19864. shtml.

[13] 柳斌. 关于义务教育教材建设的几个问题 [J]. 课程・教材・教法，1988，(7)：5-7.

[14] 教育部. 基础教育课程改革纲要（试行）[EB/OL]. (2001-06-08) [2018-04-20]. http://old. moe. gov. cn/publicfiles/business/htmlfiles/moe/moe 309/200412/4672. html.

[15] 教育部. 教育部关于成立国家基础教育课程教材工作领导小组的通知 [EB/OL]. (2010-02-21) [2018-04-25]. https://www. ehs. cn/law/6567. html.

[16] 教育部. 教育部关于成立国家基础教育课程教材专家咨询委员会的通知 [EB/OL]. (2010-04-15) [2018-04-25]. http://www. moe. gov. cn/srcsite/A26/s8001/201004/t20100415 _ 91784. html.

[17] [19] [21] [25] [26] [27] [29] 教育部. 中小学教材编写审定管理暂行办法 [EB/OL]. (2001-06-07) [2018-04-28]. https://baike. so. com/doc/6961311-7183822. html.

[18] [22] [23] [24] 教育部. 教育部办公厅关于做好义务教育课程标准实验教材选用工作的通知 [EB/OL]. (2005-02-02) [2018-04-28]. http://www. moe. gov. cn/srcsite/A26/moe _ 714/201006/t20100611 _ 177733. html.

[20] 邓凯. 基础教材出版要适应教育改革需要——访教育部基础教育司教材管理处处长臧爱珍 [J]. 中国编辑，2003 (2)：6-10.

[28] 安徽省教育厅. 中共安徽省委教育工委安徽省教育厅2018年工作要点 [EB/OL]. (2018-03-16) [2018-05-15]. http://www. ahedu. gov. cn/170/view/21856shtml.

[30] [31] 教育部. 教育部关于印发《中小学教科书选用管理暂行办法》的通知 [EB/OL]. (2014-10-09) [2018-05-20]. http://www. moe. gov. cn/srcsite/A26/moe _ 714/201410/t20141009 _ 176575. html.

[32] 郑富芝. 促内涵抓保障，让十九大精神落地生根 [N]. 中国教育报，2017-11-15 (01).

[33] Lexis Nexis. Tennessee Code at Lexis Nexis [EB/OL]. (2015-06-10) [2018-06-12]. http://www. lexisnexis. com/hottopics/tncode.

[34] 张侃. 制度视角下的我国义务教育均衡发展 [J]. 教育科学，2011，27 (3)：

1-5.

[35] 靳晓燕. 铸国之重器育时代新人 [N]. 光明日报，2018-02-28（07）.

[36] Guidelines for Approval of Textbooks [EB/OL]. （2008-02-15）[2018-06-13]. http：//www. trilliumlist. ca/files/Textbook _ Guide _ English _ 2008. pdf.

[37] Submission Procedures for Textbooks for The Trillium List [EB/OL]. （2008-02-15）[2018-06-13]. http：//www. trilliumlist. ca/files/Trillium _ Submission _ English _ 2008. pdf.

[38] 詹正信. 台湾教科书选用制度之研究 [C]. 教科书制度研讨会资料集，2000：215.

［原文载于《教育科学》2018 年第 10 期（丁浩然　刘学智）］

教育综合改革视域下教材制度体系建设的困境与路径

大中小学教材管理制度（以下简称"教材制度"）改革是教育综合改革的热点和难点。党的十九大报告指出："中国特色社会主义进入新时代，我国社会主要矛盾已经转化为人民日益增长的美好生活需要和不平衡不充分的发展之间的矛盾。"就教育领域而言，这一主要矛盾集中表现为人民群众对公平而有质量教育的迫切需求和优质教育资源不平衡不充分的发展之间的矛盾。要解决好这一矛盾，就要全面深化教育综合改革。"深化教育领域综合改革是满足人民群众对多样化高质量教育需求的可靠保障"[1]，为此，要取得教育综合改革的成功，就必须在教育的重点领域和关键环节上取得重大突破。教材作为国家教育改革的一项基础性和战略性工程，其建设优劣直接关系着立德树人根本任务的落实，关系着国家创新创业人才的培养。为破解大中小学教材供给不优质不充分的矛盾，有必要深化教材制度改革，为大中小学教材建设提供制度保障。

一、加强大中小学教材管理制度建设是教育领域综合改革的重点工程

首先，立德树人是深化教育领域综合改革之魂。党的十八大报告指出："把立德树人作为教育的根本任务，培养德智体美全面发展的社会主义建设者和接班人。"立德树人的本质目的是解决为谁培养人、培养什么样的人以及怎样培养人的重大问题。落实立德树人根本任务就是坚持引导学生正确的政治导向，培养学生社会主义核心价值观。教育综合改革的核心是落实立德树人根本任务。《中共中央关于全面深化改革若干重大问题的决定》明确指出："全面贯彻党的教育方针，坚持立德树人，加强社会主义核心价值体系教育，完善中华优秀传统文化教育，形成爱学习、爱劳动、爱祖国活动的有效形式和长效机制，增强学生社会责任感、创新精神、实践能力。"为此，要落实立德树人根本任务，就必须把深化教育综合改革摆在突出位置，在教育的重大领域、重点环节实施攻坚战，为实施

素质教育扫清障碍。

其次，加强教材改革是教育综合改革的应有内涵。深化教育领域综合改革就是要"在对教育全局进行深入分析和把握的基础上，抓住重点、抓住难点，找出牵一发而动全身的严重阻碍教育发展的重大问题，找到教育综合改革的切入点和突破点"[2]。教育领域综合改革主要包括考试招生制度改革、课程内容改革、培养模式改革以及办学体制改革等多个领域。其中，最重要、最核心的问题是课程内容改革。因此，深化教育领域综合改革必须牢牢抓住课程内容改革这一核心问题。深化课程内容改革，必然对教材建设提出新的要求，即在教材改革中将立德树人根本任务贯彻到教材建设全过程，为大中小学课程教学提供优质的载体和媒介。

最后，完善教材制度体系是大中小学教材制度改革的紧迫任务。教材制度体系作为教材制度改革重要维度，对各级各类教材建设具有重要的保障作用。2016年中办、国办印发《关于加强和改进新形势下大中小学教材建设的意见》提出，要整体规划教材，推进教材的系统建设，实现教材体制机制创新，形成教材建设合力。这使得大中小学教材制度体系建设被提到重要的改革日程。因此，要从大中小学教材制度的现状出发，遵循大中小学教材制度改革的总体逻辑，以综合改革的视野推进教材制度创新，进而形成体制健全、环节协调、机制完善的大中小学教材制度体系。

二、大中小学教材制度改革面临的主要困境

（一）三级教材管理体系高效运行与地方、学校教材管理主体责任落实不到位的矛盾问题

"体制是制度发起者关于机构设置、权力划分、职责分配的制度安排。"[3]就教材制度而言，我国逐步形成了国家、地方和学校三级教材管理体制。2001年，教育部印发《基础教育课程改革纲要（试行）》（以下简称《纲要》）指出，要"改变课程管理过于集中的状况，实行国家、地方、学校三级课程管理，增强课程对地方、学校及学生的适应性"。同年，教育部颁布《关于"十五"期间普通高等教育教材建设与改革的意见》（以下简称《意见》）指出，"各省、自治区、直辖市教育行政部门和国务院有关部门，要加强教材建设的宏观管理"，"充分发挥高等学校在教材建设中的主体作用"。由此，确立了我国三级管理的教材体制。在三级教材管理体制中，国家宏观调控的主体责任得到充分的落实。至今已经形成了

以国家教材委员会为统领，专家委员会、教材局、课程教材研究所等各司其职、紧密配合的"多位一体"的国家教材管理体制。但是，地方和学校教材管理的主体责任还未得到有效落实，导致三级教材管理体制运行不畅。

首先，地方教材管理主体的责权关系亟待厘清。地方教材管理部门作为教材制度改革推进的重要主体，在教材制度改革中发挥着联系国家和学校的中介作用，其主体责任的落实直接关涉国家教材政策的落实以及本地区教材建设的成效。《中小学教材编写、审查和选用的规定》指出："地方各级教育行政部门按分工主管本行政辖区内中小学教材（包括民族文字教材）的编写、编译、审查、选用工作。"同时，《意见》指出："贯彻落实中央和教育部有关方针政策，制定适合本地区高教教材建设工作的政策和办法。"但是，某些地方政府过多地关注于自身的利益而忽视了对国家教材政策的有效落实。例如，虽然国家制定了地方一级的教材编写审定管理办法等一系列规定，但是"许多地方的教育行政部门违反规定，强势介入国家课程的教材编写，并把持着本地的教材使用市场，学校自主选用教材名存实亡"[4]。

其次，学校教材管理机构不健全，教材建设主动性缺失。完善学校教材管理制度是优质教材进入课堂的重要保障。《纲要》提出，要"改革用行政手段指定使用教材的做法"，但是在基础教育教材的选用中，"绝大多数教材的使用者只是被动地接受已选择好的教材，没有做到教材选用的多元化、民主化"[5]。同时，《意见》指出，要"充分发挥高等学校在教材建设中的主体作用"，但是现实中部分高校教材管理的主体性缺失，"教材管理模式单一，适应性差，教材供应与教学管理脱节，教材管理者不研究教学规律，不关注各学科的发展动态，不了解教材内容的科学体系等"[6]。实践表明，某些学校教材管理主体责任落实的不到位，导致教材管理中漏洞频频出现，严重影响了大中小学教材质量的提高。

（二）教材管理规范化与教材管理环节制度不完善的矛盾问题

首先，教材编审不分。编审分离是保证教材质量的重要措施。教材编审分离制度是我国教材制度建设的重要目标。早在1985年，教育部颁布的《全国中小学教材审定委员会工作条例（试行）》中就规定："中小学教材编写和审查分开。"但是，"由于受长期执行编审合一制度的影响，教材编辑指导思想往往就是审定指导思想的基础，教材的审定标准常在编辑指导思想上体现出来"[7]。同样的问题也存在于高等教育中，高等教育教材的一些编写人员担任着审定工作，使得教材审定的公平性难以有效保证。教材编审不分的问题，严重地影响了教材管理的公平性。

其次，大中小学教材审定标准不够完善。教材审定标准是教材审定的依据，是保障各教材之间公平竞争的有效手段。但是，我国大中小学教材审定标准不够完善。在基础教育教材审定过程中，虽然早在1987年国家教育委员会就发布了《中小学教材审定标准》，但是"教材的审定标准只是笼统的十几条原则要求，至今缺乏既符合总的审定标准精神，又体现本学科特点的具有可操作的各科审定标准"[8]。同时，在高等教育中，由于高等教育所具有的学术自由的特点，因此，高等教育的教材能够得到更多的"宽容、特权和豁免"，这种豁免体现在对高等教育教材审查的空缺以及审定标准的缺失。教材审定标准的不完善造成教材审定过程中主观性和随意性较大，教材审定的公正性难以得到保障。

最后，大中小学教材选用目录不统一，目录制落实难。一是教材目录混乱。教材选用目录是教材选用的依据，它直接决定着高水平的教材是否能够进入课堂教学中。由于我国教材目录管理较乱，一部分质量低劣的教材进入课堂教学之中。在基础教育教材管理中，"教育行政部门和新华书店两个目录并行，容易造成教科书管理上的混乱，并在很大限度上降低了教育行政部门用书目录的权威性"[5]。在高等教育教材管理中，高校教材选用的依据则包括新华书店教材目录、高校联合书目教材目录以及其他各种教材图书目录等，不同的教材选用目录导致高校教材选用存在盲目和随意的现象。大中小学教材选用目录的混乱，直接导致教材选用的过程中透明性缺失。二是教材选用目录执行不到位。在教材管理实际中，一些地方教材选用目录形同虚设，学校并没有真正的教材选用权，教材选用权掌握在各地教育行政部门手里，学校选用权严重缺失。

（三）提升教材管理效率与教材管理机制滞后之间的矛盾问题

首先，教材准入机制执行不足。教材的准入机制主要是针对教材产品进入市场、学校和课堂而实施的管理方式。2016年，国务院颁布的《出版管理条例（2016修正版）》规定："对出版物的出版、印刷、复制、发行、进口单位进行行业监管，实施准入和退出管理。"但是，我国大中小学教材准入机制的执行存在不足。在基础教育教材管理中，虽然我国在中小学教材编写、审定和出版发行等方面建立了一系列的准入标准，但是由于准入机制执行不足，仍会出现一些同质化和低水平的教材。同时，在高等教育教材管理中，由于高校教材准入机制执行不足，进入教学领域的门槛较低，高校教材思想性、科学性、时代性等要求难以完全实现。总体上，大中小学教材准入机制在整体上执行不足，缺少相应的教材准入标准体系，导致教材管理中缺乏对大中小学教材质量的严格把关，不同程度上造成大中小学教材的质量低下，影响了大中小学教材育人功能的有效发挥。

其次，教材监督评价机制不完善。在大中小学教材建设的过程中，逐步认识到教材监督评价机制的重要性。2001年，教育部颁布的《中小学教材编写审定管理暂行办法》规定："国务院教育行政部门负责对教材试验进行跟踪评价。"同时，教育部颁布的《普通高等学校教材工作评估实施办法》中也明确规定："国家教委对普通高等学校教材工作评估实行宏观指导。"但是总体上，我国大中小学教材评价机制依然不够完善：一方面，大中小学教材的评价大都包含在其他的教育评价中，缺少专项的大中小学教材评价指标体系和标准；另一方面，高校和中小学教材的评价各自独立进行，缺乏统一规划和整体建设。大中小学教材监督评价机制的不够完善直接影响了教材质量的提升。

最后，教材淘汰机制不够健全。健全教材淘汰机制是优化教材资源配置的重要保障。完善教材淘汰机制有助于在有限的教育资源下尽可能生产出更多优质的教材，以最大限度满足大中小学校对优质教材的需要。

三、大中小学教材制度体系建设的现实路径

（一）在国家宏观管理指导下，推动地方政府和学校教材管理主体责任的落实

教育不只是教育部门的事，只有国家、地方、学校和市场共同努力、通力协作，才能实现中国特色社会主义教育制度的现代化。2015年，《教育部关于深入推进教育管办评分离促进政府职能转变的若干意见》提出："推进管办评分离，构建政府、学校、社会之间新型关系，是全面深化教育领域综合改革的重要内容。"因此，在教材管理中有必要明确地方和学校教材管理的主体责任，保证国家、地方和学校教材管理机构的有效协同和管理权的统一。一是中央做好教材管理的宏观指导，抓好基层整体规划和顶层设计。要加强教材管理的法治化建设，减少对地方和学校的行政干

预，协调各方力量，调动不同教材建设主体的积极性。二是地方政府要有效组织国家课程在地方的切实贯彻执行，充分保障地方能够有效地落实其职责。三是学校要按照党和国家的教育方针，结合本校教育教学课程改革实际开发和审议学校自主开发的校本课程。同时，要以落实学校办学主体地位、激发学校办学活力为核心任务，加快健全学校自主发展、自我约束的运行机制。

（二）优化教材管理过程，推动教材管理环节制度规范化

首先，要健全编审分离制度。编审分离是教材管理贯彻公平性原则的重要措施。教材编审分离要求教材的编写和审定由专门的人员或机构独立进行，并且接受教材编写工作的单位及其编写人员不得参与教材的审定工作。其次，完善教材审定标准。教材审定标准是国家教育行政部门对教材进行鉴定和评价的主要依据，是保证教材公平的重要措施。世界各国都非常重视教材审定标准建设。例如，加拿大安大略省教育部教材审批指南（2008 年），对教材审批要求和审批规程都有详细和严格的法律规定[9]。针对我国大中小学教材审定标准只有框架性要求的问题，迫切需要建立科学的教材审定标准。一方面，要细化教材审定标准，明确审定程序和审定内容。另一方面，要在充分论证和完善的基础上将评审标准转化为评审工具（包括评审报告），通过定量与定性相结合的方式，对教材做出公正的评审结论，避免教材审定程序的不公正和审定结果的不科学性。最后，要落实教材选用目录制。一方面，针对我国大中小学教材选用目录混乱的问题，有必要整合大中小学各级各类教材的选用目录，以化解大中小学教材各选用目录之间的冲突，增强教材目录的透明性。另一方面，要抓教材目录制的落实，避免学校教材选用权的丧失。对此，国家要定期向社会发布合格的大中小学教材目录信息，同时，汇编"教材信息"，介绍不同教材的特点，以便大中小学校及时掌握教材编写、出版的信息，强化公众对大中小学教材选用情况的了解和监督。

（三）增强教材管理活力，推动大中小学教材管理机制的创新

机制是"为了调动制度承受者按照制度设计者的意图积极行动所设计的一整套规范体系"[3]。可以说，机制决定着系统自身的活力，是系统能否健康发展的关键因素。因此，要促进大中小学教材的均衡发展、协调发展，就必须探索大中小学教材管理机制的创新。

首先，要建立大中小学教材的准入机制。教材的准入机制是保证教材质量的重要措施，是制约同质化教材泛滥、规范教材审定程序的基础。各个国家都重视教材准入机制的建立，例如，新加坡在教科书的选用上规定，有意编写教材的私人出版社，必须先到财政部注册，并持有良好的准时出版等记录[10]。对此，我国必须整体构建大中小学的教材准入机制，为大中小学教材进入教学领域设置一定高度的门槛，保证大中小学教材的质量。为此，建立大中小学教材准入机制要以国家教材委员会为管理主体，进一步完善大中小学教材的准入年限、准入条件、准入审计和准入反响等规章制度，并建立与之相配套的大中小学教材准入实施细则，从源头把关，确保大中小学教材的质量，维护教材市场秩序。

其次，要完善教材的监督评价机制。市场监督机制是保证教材市场规范有序发展的必要条件。在教材监督机制方面，发达国家已经有了先行的做法。我国有必要建立整体的大中小学教材监督评价机制，一方面，要制定涵盖大中小学教材质量的监督评价管理体系。要在国家教材委员会下成立教材质量评估委员会，制定大中小学教材质量标准，统筹领导大中小学教材监督评价工作。另一方面，国家要建立大中小学教材监测体系。根据国家教材委员会、教育部教材局制定的相关教材政策，基于大中小学教材质量标准，完善教材监测体系，全面促进教材质量的提升。

最后，要建立大中小学教材的淘汰机制。淘汰机制是激发教材市场活力的必备条件。关于教材的淘汰机制，一些国家已经进行了有益的探索。例如，加拿大安大略省在《教科书审定提交程序》中规定：教科书从书单上移除两年后，学校不再使用该教科书[11]。针对我国某些大中小学教材内容陈旧、质量差和缺乏特色的问题，有必要建立大中小学教材淘汰机制。一方面要制定具体的、可操作的教材淘汰标准，为淘汰大中小学的劣质教材提供依据；另一方面要依据教材淘汰标准，定期对大中小学使用的教材严格进行审查，及时淘汰在政治立场、价值导向、科学性等方面存在问题的教材，保证大中小学校能够选用到优质的教材。

参考文献

[1] 袁贵仁. 深化教育领域综合改革 [EB/OL]. [2018-03-06]. http://old. moe. gov. cn/publicfiles/business/htmlfiles/moe/moe_176/201311/159604html.

[2] 卢彩晨. 切实把握好教育综合改革的内涵和实质 [J]. 中国高等教育，2016

（13）：64-67.

[3] 邬志辉. 当前我国城乡义务教育一体化发展的核心问题探讨 [J]. 教育发展研究，2012（17）：8-13.

[4] 余进利. 我国基础教育三级课程管理体制刍议 [J]. 当代教育科学，2003（10）：23-25，27.

[5] 张恰. 我国中小学教科书选用制度现状分析与改革策略研究 [J]. 现代中小学教育，2005（8）：21-23.

[6] 刘科，刘爱英. 推进高校教材管理改革与制度建设的思考 [J]. 中国成人教育，2010（9）：41-42.

[7] 田慧生，曾天山. 中小学课程教材改革与实验 [M]. 成都：四川教育出版社，1997.

[8] 郭晓明. 分级课程管理体制改革的几个迫切问题 [J]. 教育理论与实践，2001（1）：15-18.

[9] Ministry of Education. Guidelines for Approval of Textbooks [EB/OL].[2018-04-15]. http://www.edu.gov.on.ca.

[10] 陈月茹，刘欣. 中外中小学教科书制度比较研究 [M]. 济南：山东友谊出版社，2009.

[11] Submission Procedures for Textbook for The Trillium List [EB/OL]. [2018-05-20]. http://www.edu.gov.on.ca.

［原文载于《东北师大学报（哲学社会科学版）》2018 年第 6 期（刘学智　张振　王佳楠）]

推进教材制度创新的着力点

建立健全教材管理体制机制是提升教材建设质量的制度保障。教材管理制度（以下简称教材制度）作为教材体系建设的保障体系起着保驾护航的作用。应构建与新时代人才培养体系、教材体系相适应的教材管理体系，补齐教材建设短板，全面推进教材治理的现代化。

一、教材制度创新的时代价值

教材制度是指政府有关部门在一定的教育发展战略目标下，制定的有关教材编写、审查、出版、发行、选用和使用等一系列的方针、政策和规则的总称。教材制度完善与否，直接反映国家教育制度发展的水平。健全教材制度是推进教育管理体系现代化的关键环节。建设新时代富有中国特色的教材管理体系，对推进教材建设理念、机制和方法的创新，形成教材建设合力具有重要的现实意义。

教材质量是教材建设的核心任务，教材制度建设要紧紧围绕教材质量这一主线展开，健全教材编写、审查、推广、使用等体制机制，为教材质量提升提供制度保障。教材建设须在教材制度上突破，通过对各项教材制度的综合分析，考察影响教材体制机制创新的因素，揭示教材制度建设的内在规律，不断满足社会变革对教材制度建设的需求。建设具有中国特色的教材体系，须增强教材制度供给能力，通过建立宏观调控的国家教材管理体制，完善教材编写、审查、选用和出版发行等法律法规制度，创新教材管理的机制，释放教材管理的制度红利。

首先，厘清三级教材管理主体角色定位及其管理权责。现代化教材制度改革的核心问题就是如何明确不同管理主体的权责关系，以实现教材管理职能的现代化。其次，健全教材各项管理措施。为实现教材管理目标，必须结合教材管理的实际情况，系统地策划教材管理的各个环节，形成一个相互关联或相互作用的有机整体。另外，完善教材管理机制。破除教材管理中面临的主要问题和矛盾，是当前教材制度改革的主要任务。要抓好

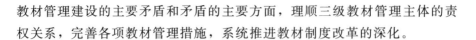

教材管理建设的主要矛盾和矛盾的主要方面，理顺三级教材管理主体的责权关系，完善各项教材管理措施，系统推进教材制度改革的深化。

二、教材制度创新的主要思路

制度创新是制度变迁的主要标志。2018年，全国教育大会把教材管理体系建设作为教育改革的关键环节。对此，教材制度建设应以立德树人为统领性目标，破解教材制度建设的瓶颈，从而构建适应新时代要求、具有中国特色的教材管理体系。

（一）明确教材管理的价值导向，把握教材改革的方位感

教材制度的价值导向，能够引导教材建设参与者朝着正确的方向行动。新时代教材制度改革要形成一个科学合理的价值目标，使其既能够准确反映教材建设的本质、规律和时代特征，又能为教材建设实践指明方向。明确教材管理的价值导向，要以落实人才培养目标为目的，将德智体美劳全面发展要求全面、系统、有机地融入大中小学教材，并将理想信念、爱国情怀、品德修养、知识见识、奋斗精神与综合素质等要求作为教材编写、审查的基本原则和重要标准，切实保障教材建设为新时代人才培养服务。

（二）发挥教材管理的主体作用，提升教材管理的协同性

治理的核心问题在于设计和构建各治理主体的公共权力，明确治理主体之间的责权边界，实现各治理主体间合作的有序化和结果的最优化。建立完善的教材管理体系，教材管理体制探索要先行。明确政府、学校和社会相关教材管理主体的权责关系，拧紧责任螺丝，挖掘改革潜力，是教材制度改革的重中之重。

首先，加强国家宏观调控，统筹协调多元治理主体。教材制度建设必须坚持统一领导，充分发挥党和国家对教材管理的宏观调控作用，凸显落实国家事权功能。通过对教材管理的整体规划、系统设计，为政府、学校和社会多元主体参与教材建设提供共同的行动目标和行为准则，化解多元主体的利益分歧，构建政府依法宏观管理、学校依法自主办学、社会有序参与、各方合力推进的教材治理新格局，保证教材公共利益最大化实现，更好地为建设新时代教材体系提供制度支撑。同时，要对中小学校国家课程、职业学校和高等学校中的公共基础必修课程以及学科专业核心课程的

教材建设实行统一规划与管理。

其次，厘清地方政府的权责关系，发挥地方政府的协调职能。地方政府发挥协调职能主要表现在：地方政府既要直接对中央政府负责，积极贯彻和落实国家的教材政策；也要对所管辖地区的教材建设负责，因地制宜地制定本地区的教材建设方案，促进地方教材的高质量建设。此外，地方政府还要制定学校层面校本教材开发的相关政策，保障校本教材建设的质量。

另外，学校要积极参与教材管理，发挥学校教材建设的主体性。学校作为教材管理的重要主体，应当在国家教材的统筹规划下，结合学校实际情况，主动承担起相关教材管理的职责，发挥好学校对教材的评价和监督功能。

（三）健全教材管理措施，推进教材管理的规范化

首先，完善教材编写制度。一要强化编写统一组织管理。对意识形态较强的教材，实行国家统一编写、统一组织，相关部门密切配合的管理制度，保证教材编写的方向。二要建立编写人员资格认定制度，把好教材编写人员选拔关。实行教材编写人员资格认定，是优化教材编写队伍，促进教材编者能从培养德智体美劳全面发展的社会主义事业建设者和接班人这一新时代教育方针立意，保证所编写的教材符合教育规律、符合人才成长规律，使之成为育人育才的重要载体。三要落实主编负责制。主编负责制是强化教材编写责任的重要制度，它由教材编写机构指定有资历的专家担任教材主编，对教材政治立场、教材内容选择、教材组织及教材编辑工作负责，体现高度的教材编写责任意识和法律责任。四要建立专业化的教材编写队伍。教材编写是一个艰苦的再创造过程，应当优化编写团队结构，吸收有专业造诣的学科专家、课程专家、教学经验丰富的教研人员、优秀一线教师及熟悉教材建设规律的专家等相关人员参与教材编写，提高教材编写队伍的专业化水平。同时，要进一步完善教材编写程序，分工负责、协同工作，在过程中保证教材编写的质量。

其次，完善教材审查制度。建立规范化的教材审查制度是保证教材质量的重要手段。完善教材审查制度，一要完善教材的编审分离制度。教材编审分离要求接受教材编写工作的单位及编写人员与负责教材审查工作的单位及其人员独立进行。同时，教材编写人员不参与同类教材审查。二要制定完善的教材审查标准。教材审查既要有通识的审查标准，在教材审查

中要体现马克思主义指导地位，体现国家和民族基本价值观，体现立德树人要求等；要有学科审查标准，对教材的课、单元、模块等各个层面都要有细化的审查指标，使之具有一定的可操作性。三要完善教材审查程序。教材的审查必须建立一套公正而严密的审查程序，以保证教材审查的效果。完善教材审查程序，要把教材盲审、审读等作为教材制度建设的重点，保证教材建设公平而有质量。

另外，完善教材的选用制度。教材选用事关千校万生，是教材建设的重要一环。完善教材选用制度，一要有专门的教材选用组织机构。切实保证优质的教材能进入课堂教学，需要成立由一线教师、教研人员和教育行政人员组成的各级教材选用委员会，由教材选用委员会确定使用的教材版本。二要完善教材选用目录制。国家和地方要定期发布教材选用目录，保证学校教材选用与国家规定的教材选用目录一致。三要健全教材选用的程序。建立公平而透明的教材选用程序是广大师生能用到放心教材的重要保证。因此，要规范教材选用程序，提高教材选用的公正性和民主性，保障学校和社会的参与权、知情权。

（四）创新教材管理机制，激发教材治理的内驱力

教材建设是国家教育治理的基础性工程，完善教材管理机制是教育治理的重要目标和使命。创新教材管理机制是激发教材建设的内驱力、推动教材管理增效提质的重要保证。

首先，完善教材准入机制。教材准入机制是教材建设的第一道防线。完善教材准入机制，就要把控教材准入的资质和条件。例如，明确出版单位、教材编写者、教材编辑等教材建设机构和人员的资质条件，严把教材资格关。

其次，完善教材评价机制。教材评价机制是监测和提升教材建设质量的重要手段。健全教材评价机制，一是要坚持政治导向，对中小学统编教材、高校"马克思主义工程"等意识形态较强的教材，应采取政府行政督导的方式加以检查，保证国家教材进学校、入课堂。完善教材督导制，要赋予各级教材管理机构以督导评估、检查验收、质量监测的法定职责；依法加强教材督导，强化教材督导的结果运用，推进教材评价依法进行。二是要推进教材评价管评结合。在教材评价实践中，探索"管办评"有效结合的新机制，为教材评价改革提供新的路径。对非统编教材应采取国家购买服务方式，委托社会专业评估机构，对教材编写、审查、出版发行及选

用等环节进行跟踪调查，全面促进教材建设质量的提升。

另外，健全教材淘汰机制。建立有效的教材淘汰机制是把住教材建设关口的根本保障。完善教材淘汰机制，对不符合立德树人要求，不符合德智体美劳全面发展教育方针的教材坚决予以淘汰，充分彰显教材体现国家意志的主旨。对学校使用的教材进行周期性审查，规定不同类型教材的审查周期和审查要求。对明显存在政治性、思想性、科学性等缺陷的教材，对不适合教师教、学生学的教材坚决予以淘汰，坚守教材建设的底线，更好地满足学生全面发展对优质教材的需要。

三、教材制度创新的保障措施

（一）加强教材建设的领导力，为教材制度创新提供组织保障

教材制度建设是一项艰巨而复杂的工作，必须调动各方主体参与教材建设的积极性，形成教材建设的合力。一要加强对教材制度改革的领导，这是我国教材建设顺利进行的坚实保证。要将教材制度改革纳入重要议事日程，加强领导和指导，形成既能把握正确方向，又能激发教材建设活力的组织保障。二要健全教材制度改革的领导责任制。各级政府要成立相应的领导机构和工作机构，并建立整体协调、分工明确、各负其责的工作规章制度，明确教材制度改革的具体任务和政策措施。三要加强宣传引导，创新管理方式。各级政府要加大教材建设的宣传力度，充分利用各种媒体资源，采取多种方式广泛宣传教材建设工作，切实提升教材管理人员的制度创新意识、大局意识，为新时代教材建设营造积极的氛围。

（二）建设高质量的教材管理队伍，为教材制度创新提供人力支撑

提高教材管理者的素质，是教材制度建设的人力保障。教材管理者的能力主要包括教材的理解力、执行力和创新力三个维度。教材理解力，即教材建设者能够将教材法律法规知识融会贯通，主动地构建教材建设新理念的能力；教材执行力，即教材管理者能够依据相关教材法律法规，去解决教材建设中面临的突出问题和矛盾的能力；教材创新力，即教材管理者不断地创造新思想、新理论、新方法，为教材建设服务的能力。教材管理者的"三维"能力相互联系、相辅相成，共同指向教材管理者的素质要求。其中，教材理解力是教材管理者参与教材建设的认知基础，教材管理者只有充分理解教材才能凝聚正确的教材建设方向。教材执行力是教材管

理者参与教材建设的实践操作基石，教材建设者只有在教材制度的形成、实施与调适过程中才能不断发现新问题，以实现教材建设的重大理论与实践的突破；教材创新力是教材建设者创造性参加教材工作的活力，是教材建设的不竭动力。

总之，教材管理者的"三维"能力，成为教材制度建设的人力支撑。同时，要优化教材管理团队，通过选拔专业造诣精深、教学经验丰富、熟悉教材建设规律的人员参与教材建设，打造一支政治立场坚定、适应时代要求的高素质、专业化的教材编审队伍。

（三）加强教材信息化建设，为教材管理制度现代化提供技术助力

加快信息化发展，建设数字国家已经成为全球共识，教材建设信息化须成为推动教育现代化的重要环节。一是开发教材信息资源，释放数字红利。当前，我国教材信息资源开发利用不足与无序使用的现象并存，因此，要全面提升教材信息采集、处理、传输、利用、安全等能力，构筑国家掌控教材信息的新优势。二是统筹规划建设国家教材数据平台。要逐步开展社会化、服务型教材数据备份和认证，确保教材数据可追溯、可恢复。三是提高教材信息资源利用水平。建立教材公共信息资源开放目录，构建统一规范、互联互通、安全可控的国家教材数据开放体系，实现教材信息资源的开放共享。四是建立教材信息资源基本制度体系。实施教材信息资源分级、分类管理，形成重点教材信息资源全过程管理体系。

[原文载于《教育研究》2019 年（刘学智　张振）]

美国田纳西州教材审定制度研究

教材是人才培养的关键载体，在课程改革中居于重要的基础性地位。20 世纪 80 年代伊始，美国相继出台了《不让一个孩子掉队法案》（*No Child Left Behind Act*，简称"NCLB"）、《州立共同核心标准》（*Common Core State Standards*）、《每一个学生成功法案》（*Every Student Succeeds Act*，简称"ESSA"）等一系列教育改革法案和文件。尤其《每一个学生成功法案》让"每个孩子都成功"目标的提出，进一步引导美国基础教育课程改革走向深入。在这一背景下，美国各州把教材建设作为课程改革的重要领域和环节加以实施。作为美国州立教材审定协会主要成员的田纳西州，为提升教材建设质量，全面深化基础教育教材管理制度（以下简称"教材制度"）改革，其建立的教材审定制度颇具特色。

一、田纳西州建立教材审定制度的缘起

（一）美国基于标准的课程改革的推动

课程标准是课程实施的起始环节，对推进课程改革意义非凡。在美国，"标准"被当作解决国家教育质量危机的重要手段从而与教育改革紧密联系在一起。1983 年，里根政府颁布的《国家在危机中：教育改革势在必行》（*A Nation At Risk：The Imperative For Educational Reform*）报告指出："在教育中应该期待学校制定真正高的标准，而不是最低标准。"[1]这标志着美国基于标准的课程改革的全面启动。2001 年，美国政府颁布了 NCLB 法案，以提高学生学业成绩为根本目的，"要求各州建立适用于本州所有公立学校学生的州课程内容标准（Academic content standards）和学业进步标准（Academic achievement standards）"。[2]但是，由于各州课程内容标准不统一，各州教育质量良莠不齐。为解决基础教育质量低下的状况，2010 年，美国《州立共同核心标准》颁布，制定了 K—12 年级的课程标准，以保障学生能够为升学与就业做准备。[3]2015

年，美国政府签署了 ESSA 法案，再次强调建立州标准的重要性，允许各州根据实际情况选择合适的课程标准。为此，美国州立教材审定协会成员州为深化课程教材改革，相继建立了具有各州特色的教材管理制度。例如，2011 年弗吉尼亚州依据课程改革要求，修订了教材审定程序与教材审定标准；2016 年佐治亚州在立法会议期间，修订了教材相关法律规定，允许各学区参与教材采用的各项决策。由此可见，美国基础教育教材管理制度改革与其基于标准的课程教材改革紧密相连，美国基于标准的课程教材改革必然触及教材管理制度的变革和完善，为各州的基础教育教材建设保驾护航。

（二）美国 ESSA 法案对田纳西州传统教材审定制度的挑战

美国 ESSA 法案的出台，赋予各州对中小学课程教材的管理权，各州可以根据实际情况继续沿用州立共同核心标准或者研制新的州立课程标准。2017 年，美国各州分春、秋两个批次先后向联邦教育部提交了 ESSA 的州执行计划。[4] 田纳西州教育厅（Tennessee Department of Education）于春季提交了《田纳西州 ESSA 执行计划》（*Every Student Succeeds Act : Building on Success in Tennessee ESSA State Plan*），美国联邦教育部审批并通过了这一计划。《田纳西州 ESSA 执行计划》指出："田纳西州制定的'为大学学习和就业做准备'的州立课程标准，旨在描述学生大学课程学习和为就业做准备应然需要获取什么样的知识与技能。"[5] 新的田纳西州数学和英语语言文学课程标准在 2017—2018 学年度正式实施，修订后的科学标准在 2018—2019 年实施。以数学学科为例，新修订的数学课程标准减少了数学主题的数量，以便让学生深入挖掘数学主题；以"情境问题"代替了原标准中的"现实世界"；在 9～12 年级，将代数 Ⅱ 的内容转移到其他年级中，以便更多关注大学课程学习和为就业做准备的必备技能等。[6] 课程标准是教材编写、审定和评价的重要依据，也是教材各项管理制度构建的重要依据。田纳西州课程标准的新变革，必然带来对优质教材的需求，也必然要求建立与之相适应的教材审定制度。

二、田纳西州教材审定制度的框架性内容阐释

教材审定制度是田纳西州基础教育教材管理制度的重要组成部分，其框架性内容包括如下三大方面。

（一）明确各级教材审定机构的基本职能

明确教材审定机构的职能是教材审定公平、高效的重要保证。田纳西州基础教育教材审定工作主要由出版商、州级教育组织与地方教育委员会三级管理机构共同负责。在教材审定过程中三级教材审定主体责任分工明确，从而保障了教材审定的有序进行。

1. 出版商的教材审定职能

田纳西州基础教育教材由出版商负责组织编写与出版。州教育厅在网站公布征订教材的通知，出版商自行准备投标的教材材料并支付审定过程中产生的费用。2015 年，田纳西州教育厅召开的"教科书与指导材料出版商投标前说明会"（Textbook and Instructional Materials Publishers Pre-Bid Conference）指出，出版商在提交投标教材前，要自行审查所编写的教材，确保投标的教材无质量问题。如果提交投标材料后发现错误，出版商须承担相应责任，并支付相关费用。[7]因此，出版商要对其所编写的教材进行自我审查。在自我审查的过程中，出版商要聘请至少 3 位具有资格的专家对教材进行审查与评定，并向州级教材审定组织提交专家的资格证明材料，以证明出版商对教材自我审查的可靠性。

2. 州级教材审定机构的职能

田纳西州的州级教材审定工作主要由州教材质量委员会（State Textbook and Instructional Materials Quality Commission）与田纳西州教育委员会（Tennessee State Board of Education）负责。

①州教材质量委员会的审定职能。州教材质量委员会是田纳西州基础教育教材审定的重要主体，主要负责审定出版商提交的教材。田纳西州东西地域跨度较大，需要审定的教材涉及多个年级，为确保教材审定结果的公正性，田纳西州召集来自不同地区、不同学段、不同职业的成员，组建了州教材质量委员会（见表 4－1）。

表 4－1　田纳西州教材质量委员会成员构成表

成员结构	委员任期	地区
县学校负责人	2015.1－2016.12	东部
城市学校负责人	2017.9－2018.12	西部
校长	2015.1－2017.12	中部
幼儿园到三年级的教师或教学主管	2017.9－2018.12	西部

续　表

成员结构	委员任期	地区
四年级到六年级的教师或教学主管	2015.1—2017.12	中部
七年级到九年级的教师或教学主管	2016.3—2018.12	东部
东部非教育系统工作成员	2017.10—2019.12	东部
中部的非教育系统工作成员	2015.1—2017.12	中部
西部的非教育系统工作成员	2015.1—2016.12	西部
教育专员	2015.1—	中部

资料来源：Tennessee State Government. State Textbook and Instructional Materials Quality Commission［EB/OL］. ［2017-10-23］. https：//www.tn.gov/education/textbook-services/textbook-commission.html.

从表 4-1 可以看出，田纳西州教材质量委员会共计 10 名成员，分别为县学校负责人、城市学校负责人、校长、幼儿园到三年级的教师或教学主管、四年级到六年级的教师或教学主管、七年级到九年级的教师或教学主管，以及田纳西州东部、西部、中部的非教育系统工作成员和 1 名教育部门工作人员。其中，前 9 名委员分别由参议员代表、众议员代表和州长从田纳西州东部、西部、中部三大地区选定，另外 1 名委员则主要从教育委员会委员长、副委员长或秘书中选定。并且，不在教育系统工作的 3 名委员必须是田纳西州的公民，且要熟悉本州教育事务。委员的任期通常为 1～3 年，当委员任期结束后，须重新推选新任委员，并经教育行政部门批准后上任。

州教材质量委员会的宗旨是为全州学校提供高质量的教材。其主要职能包含两大方面[8]：一是制定教材审定规则与流程，主要包括：审定教材是否与州批准的课程标准保持一致；制定教材的投标和签约规则；与出版商签订教材合同；选用适合教材长久使用的物理材料规格和标准等。二是向州教育委员会推荐适合全州公立中小学使用的官方教材目录，并公示审核通过的教材清单。田纳西州教材质量委员会拥有规范的工作流程，为教材审定工作提供了制度保障。州教材质量委员会定期召开官方会议，会议拥有严格的流程，教材各项事务的决定均须投票完成。例如，2017 年田纳西州教材质量委员会在州政府召开的常规会议上，听取了出版商对其提交的教材审查材料的说明，然后出席会议的委员投票决定推荐或淘汰出版商提交的教材，以及是否同意出版商在下次会议上解释等事项。

由于审定的教材分不同学科与年级，委员会需要各学科、各年级的专家与教师为审定与选择教材提出专业建议。为此，州教材质量委员会主席会根据当前审定教材的学科与年级，召集相关学科、年级的专家和教师，经专业的教材审定规则培训后，组建州教材顾问小组（State Textbook Advisory Panels）。其主要职能是为州教材质量委员会提供关于教材内容与课程标准一致性、教材可用性、教材规范性以及教材物理特征等方面的专业咨询建议。与州教材质量委员会相比，州教材顾问小组主要负责教材内容、规格、样式的审查，州教材质量委员会主要负责教材审定工作的管理、决策与规则制定等工作。

②州教育委员会的审定职能。经州教材顾问小组审查后，州教材质量委员会投票决定推荐的教材名单，然后将审定结果交由州教育委员会公布。田纳西州教育委员会的成员由田纳西州 9 个国会选区的 9 名代表、1 名田纳西州高等教育委员会（Tennessee Higher Education Commission）执行董事以及 1 名学生代表组成。每个成员都由州议会任命，委员的任期为 5 年，学生代表的任期为 1 年。州教育委员会的主要职能是：审核并公布由州教材质量委员会推荐的教材目录，并有权规定教材的使用方法及用途；为有关教材所需要的所有资金问题提供相关政策、规则和指导方针；审查出版商递交给州教育厅教材中所存在的事实性和编写性错误的修改方案等。

3. 地方教育委员会的审定职能

一般来说，地方教育委员会（The Local Boards of Education）应当从州教育委员会批准的教材目录中为本地区公立学校选用教材。为了确保选用的教材更适用于本地区的学生与教师，在确定选用的教材前，地方教育委员会要组建审定委员会对选用的教材进行审查。为了能够选用到适应不同学科、不同年级的教材，审定委员会成员的构成是多元化的，既有不同年级、不同学科的在职教师、教学主管，也有家长和学科领域的专家。地方教育委员会依据审定委员会提出的审查建议，决定本区学校将选用何种教材。

（二）建立三级教材审定标准

教材审定标准是教材审定工作的基本依据。田纳西州各级教材审定机构基于州课程标准制定了相应的教材审定标准，从而形成了三级教材审定标准体系。

1. 出版商教材自我审定标准

出版商教材自我审定标准主要包括教材内容、文字编辑、排版设计等维度。第一，教材内容的审定要求。主要审查教材内容的准确性、科学性以及教学内容是否能满足学生的发展需要等。第二，教材文字编辑的审定要求。主要审查教材的语法、语言表述、词语拼写、写作格式、其他会影响学生学习的因素以及文字是否符合学生认知发展水平等。第三，教材排版设计的审定要求。主要审查排版设计是否能够启发学生的思维和创造力等。出版商只有严格按照标准进行自我审查，才能向州教材质量委员会提交有信度的审定教材。出版商的教材审定标准不仅提高了教材审定的效率，而且为约束出版商出版优质教材提供了制度保障。

2. 州教育行政教材审定标准

（1）州教材质量委员会审定标准。田纳西州教材质量委员会审定标准主要包含两方面内容：第一，教材物理材料的审定。主要包括对教材开本、重量、厚度、纸张、插图、印刷等方面做出的规定。该部分主要依据由州教材审定委员会（State Instructional Materials Review Administrators）、美国出版商协会（Association of American Publishers）和书籍制造商协会（Book Manufacturers' Institute）联合制定的《教材生产标准细则》（*Manufacturing Standards and Specifications for Textbooks*）进行审查。第二，教材内容审查。主要包含四个维度：首先，教材内容与课程标准一致性，要求州教材质量委员会依据田纳西州新的学科课程标准对教材内容进行审查，将教材内容与课程标准逐条对应，确保教材内容与课程标准相一致。其次，教材内容的指导性。要求教材为教师改进教学提供数据；要包含多种公平的评估形式，并提供评估标准，为学生学习和教师教学提供监控工具；提供整个年级的背景信息和文本，为单元、课程和年级的整合提供指导；为教师在教学设计方面提供策略和指导。再次，教材内容的科学性。要求教材符合相应年级标准，不能包含超越年级标准范围的内容，并且内容要符合田纳西州课程标准中规定的学科核心思想；要求包含社会背景分析、讨论与实践，为学生提供现实情境下的阅读、写作、词汇、口语、听力等技能的训练机会；要求提供现实的问题和任务，激发学生的兴趣，引导学生批判性思考和解决问题；要求遵守安全法规，提供教材中可能需要的所有材料清单；体现不同学科之间的联系；能够为特殊学生群体提供支持；为不同学生群体以及具有浓厚兴趣的学生提供差异化素材。最后，教材内容的连贯性。要求教材中的单元与内容编排符合先前学习的知识与技能的逻辑基础，并为学生发展学科核心素养提供连贯的学习经历，为学生提供现实情境下的训练，等等。由此可见，无论是教材的物理属性还是教材内容，州教材质量委员会都有详细、严谨的审定标准，并且严格基于新课程标准展开教材审定，以保障教材建设的优质化。

（2）州教育委员会教材审定标准。州教育委员会的教材审定标准主要用于复核州教材质量委员会提供的教材审定材料。主要包含四个维度：第一，教材要符合州教育委员会选用的各学科及各学段课程标准；第二，教材中不能有任何明显的、实质性的、事实性的或文法性错误；第三，教材要符合由州教材质量委员会确定的可确保教材长久使用的物理材料规格和标准；第四，教材要包含美国历史和政府、党派历史方面的内容，并符合美国与田纳西州法典中所表达的价值观。教材不只是学生认识世界和学习知识的资料来源，也是帮助学生提高自身修养，培养爱国情操，认同国家信仰的有效工具。因此，州教育委员会更注重教材的思想性、政治性审查，保障基础教育教材符合《田纳西州法典注释》（Tennessee Code Annotated）等法律法规的相关要求。

3. 地方教育委员会教材审定标准

尽管田纳西州各地方教育委员会制定的选用审定标准各不相同，但各地方委员会都会依据田纳西州课程标准制定审定标准，并据此开展教材选用的审定工作。例如，2017 年田纳西州梅肯县（Macon County）按照园艺科学课程中的植物科学课程标准开展综合高中植物科学教材审定工作，逐条审查教材与课程标准的一致性。如果课程标准中要求的内容在教材中没有体现，则会标注出来供决策人员参考。[9] 马里恩县（Marion County）教育委员会则从课程与学生需要、教材内容选择等方面规定了教材选用审定标准。该审定标准强调："教材要提供有利于学生日常生活中做出明智判断的内容，以及有利于形成学生批判性思维的争议性问题等。"[10] 虽然马里恩县教材审定标准并不是从教材内容与课程标准一致性角度出发，但其审查标准也要切合田纳西州课程标准对培养学生解决问题能力和批判分析能力的要求。除此之外，各地方教育委员会遵照《美国法典注释》（United States Code Annotated）、《田纳西州法典注释》规定的内容，还对受质疑教材的复审标准进行了统一的规定。教材复审标准主要包括：教材的大众接受度、教材对课程的支撑度、教材内容的优点与价值等。其中，教材对课程的支撑度则主要从课程标准入手，审查教材是否体现了课程标准的内容要求。

（三）完善教材审定的各项机制

教材审定机制在教材审定工作中具有不可替代的作用。田纳西州重视基础教育教材审定机制建设，在明确出版商、州教育行政部门、地方教育行政部门的责任与权力的基础上，建立了教材审定各项机制，从而保障了教材审定工作的规范、高效开展。

1. 建立教材审定的周期机制

定期对教材进行审定，可以促进教材内容及时更新，确保教材内容能够反映社会、经济、科技的新发展。田纳西州课程标准每 6 年修订一次。因此，田纳西州基础教育教材也每隔 6 年重新审定一次，以保障教材内容与州当前使用的课程标准保持一致性。例如，2015 年田纳西州对计算机应用、键盘打字与教育技术教材进行了审定，该学科教材将在 2021 年进行新一轮教材审定。由于田纳西州教材编写采用出版商投标制，每次教材审定则需要出版商重新投标并提交更新后的教材。各学科教材的审定周期会在田纳西州教育部门的网站公布，出版商可以查看审定周期，计划编排下轮投标的教材。[11]教材审定的周期制不仅保证了教材内容的前沿性与科学性，也促使出版商主动修订教材，为州内学生提供更为优质的教材。

2. 建立教材审定的公众监督与评议机制

公众监督与评议机制是保障公共权力合法运行，维护程序正义的必要措施。田纳西州的公民可以在州级教材审定和批准过程、地方教材审定过程、教材清单批准并公布后的整个教材使用周期中行使教材审定的监督与评议权。在教材审定过程中，所有的审定材料和信息都会在田纳西州教育厅的网站公布。社会公众有责任对公示的教材书目进行评价和审核，并在州教材委员会召开秋季大会之前将他们的评议意见提交给委员会。公众可在网络上填写两类教材评议意见表，对教材进行网上评定与审核。一是公众可向田纳西州教育厅提交《教材评议意见表》，对州教育委员会网上公示的教材发表评议，该意见表主要包括背景信息、教材信息、公众评论和指导信息等四项评议指标；二是公众可以通过查阅网络材料或联系当地学校去看教材的副本，对州教育委员会已审核通过的教材进行评议，主要通过提交《教材纠正错误意见表》对州教育委员会审核通过的教材继续发表评议意见。该纠错意见表主要包括背景信息、教材信息、叙述修改部分及修改建议等 4 项评议指标。此外，公众还可以申请参加州教材质量委员会或州教育委员会的教材审定会议，并在会议上发表自己的教材评议意见。[12]

3. 建立教材审定的反馈机制

完善教材审定反馈机制是落实各级教材审定主体责任，实现审定结果公平、公正的重要保障。田纳西州公众意见经由州教育厅提交给州教材质量委员会、州教材顾问小组、出版商、各学区教育部门、州教育委员会以及田纳西州议会，并在网站公开这些公众评议。州教材顾问小组在向州教材质量委员会提交审定结果前，必须逐条查看公众提出的评议并给予答复。然后，州教材质量委员会将公众的评议意见反馈给出版商，州教材质量委员会在审查教材时会充分参考公众的评议意见。[13]州教育委员会公布可选择的教材清单时，会附上每本教材的审定意见反馈表，供出版商、学校和公众参考。在审定反馈意见表中，首先呈现了教材审定的标准，然后在每条标准后给出该本教材是否符合标准的判断结果，并给出相应判断结果的证据。如果教材未通过州教材质量委员会与州教育委员会的审查，州教材质量委员会召开会议，听取出版商对教材未通过审查的解释。之后由州教育部下发整改通知，并要求出版商在30天内向州教育部提交教材中错误的修改方案，供州教育委员会再行审核。

三、结　语

教材审定制度是教材制度的重要构成。田纳西州致力于教材审定制度创新，为其公平而有质量的教材建设提供了制度保证。田纳西州教材审定制度特色鲜明，有以下几点：

首先，厘清了教材审定机构主体责任，提升了教材审定的效能性。教材审定主体及其责权关系是教材审定制度建设的应有内涵。为此，田纳西州教材审定制度体系中十分强调各级教材审定机构的主体责任。田纳西州中小学教材实行出版商、州级教育行政部门、地方教育委员会三级教材审定制度，每一种教材编写后都会经过出版商的自我审查、州级教育行政部门的教材正式审定与地方委员会的选用审定，各级教材审定主体责任与权力划分清晰，各负其责，层层把关，确保为中小学校供给优质的教材。

其次，基于标准制定教材审定标准，促进了教材审定的科学性。教材审定标准是田纳西州教材审定制度的核心内容，田纳西州各级教材审定机构依据课程标准制定教材审定标准，这在制度层面保障了各级教材审定标准与州课程标准的一致性，促进了州各学科课程标准中所要求的课程目标和学习内容在教材中得到充分体现。

再次，赋予公众监督和评议权，增强了社会对教材审定的监督力。教材审定公众监督机制是推进教材审定程序公开、透明的制度前提。为此，田纳西州致力于教材审定监督机制的创新。田纳西州在教材审定过程中充分尊重公众对教材审定的监督与评议权，对公众参与教材审定监督的时间、内容与规则等进行了详细规定。公众可以在教材审定的任何环节对教材进行监督与评议，赋予其全过程参与教材审定监督和评议的权力，从而实现了教材审定程序的公开和透明。

最后，完善反馈机制，保证了教材审定的公正性。田纳西州非常重视教材反馈机制的建立，一方面，公众教材审定的评议意见也会成为田纳西州教材质量委员会实施教材审定的重要参考依据，以保证教材审定的公正性；另一方面，田纳西州教材质量委员会的审定反馈意见会敦促出版商基于田纳西州课程标准与教材审定标准对其编写的教材加以修订，从而保障了教材编写的质量。

参考文献

[1] U. S. Department of Education. A Nation At Risk：The Imperative For Educational Reform [EB/OL]. （1983-04） [2018-01-29]. https：// www. ed. gov/ pubs/NatAtRisk/risk. html.

[2] U. S. Department of Education. Laws & Guidance/ELEMENTARY & SECONDARY EDUCATION Table of Contents [EB/OL]. （2008-03-28） [2017-09-01]. https：//www. ed. gov/policy/elsec/leg/esea02/index. html.

[3] 周琴，杨登苗. 为升学和就业做准备：美国"共同核心州立标准"述评 [J]. 比较教育研究，2010（12）：13-17.

[4] U. S. Department of Education. ESSA State Plan Submission [EB/OL]. （2018-01-04 ） [2018-01-04]. https：//www. ed. gov/admins/lead/account/ stateplan17/statesubmission. html.

[5] [6] [10] Tennessee State Government. Tennessee's ESSA Plan [EB/OL]. （2017-10-23） [2017-10-23]. https：//www. tn. gov/education/essa. html.

[7] Tennessee State Government. Information for Publishers [EB/OL]. （2018-03-10） [2018-03-10]. https：//www. tn. gov/content/dam/tn/education/textbook/txtbk _ prbid _ conf. pptx.

[8] [11] [12] [13] Tennessee State Government . State Textbook and Instructional Materials Quality Commission [EB/OL]. （2017-10-23） [2017-10-23]. https：//www. tn. gov/education/textbook services/textbook commission. html.

[9] Macon County Schools. Plant Science Textbook Information [EB/OL]. （2017-10） [2018-01-09]. http：//images. pcmac. org/Uploads/Macon County TN/Macon County TN/Sites/Documents Categories/Documents/Plant _ Science _ Textbook _ to _ Standards _ Coorelation _ 2017. pdf.

[原文载于《比较教育研究》2018 年第 11 期（刘学智　张祎　王馨若）]

一致性问题篇

基础教育领域一致性理论研究

　　一致性（alignment）是进化论学者首倡的概念，它指某一系统诸要素融合为有机的整体。一致性植入课程领域最早源于美国，是指课程系统诸要素之间的吻合度。目前，在基于标准的课程改革背景下，一致性概念已经成为国际课程改革的热门话语，一致性理论受到国际课程学者的普遍认同和关注。

　　进入 21 世纪，世界各国基于标准的课程改革运动方兴未艾。2001 年我国拉开了新课程改革的序幕，以课程标准替代教学大纲为标志的新课程改革必然对课程评价理论与实践产生方向性的影响。通常来讲，标准是衡量工作质量、发展水平的尺度和规范。新时代，以立德树人为导向，以核心素养为依据，修订和完善国家课程标准是课程教材改革的重点工程。课程标准规定了官方知识组织和选择的基本原则，它是教材编写、课堂教学、学业成就的主要根据，在课程实施中发挥着示范、指导作用。当我们用课程标准去规定课程、教材、教学、评价时，课程目标能否在实践中得到很好的落地就变成课程改革不可回避的问题，开展课程实施程度检测就显得非常必要，因此，建构有效的课程实施程度检测理论就成为课程研究的重要任务。研究一致性理论与方法，不仅有助于促进中小学校忠实执行国家课程标准，按照国家确立的育人育才方向和要求，开展教学和评价活动，整体提高教育质量，同时，通过课程实施程度检测，可以发现课程标准建设上存在的问题和不足，为下一轮课程标准修订提供新鲜的数据，回应基于标准的课程改革的需要。由此来看，研究一致性理论与方法，其实质就是寻找课程标准、课堂教学与学业成就在系统关联上存在的问题，破除系统协调与配合的壁垒，为课程的整体实施提供有效的理论支撑和方略。

美国基础教育领域中评价与课程标准
一致性的建构

评价与课程标准的一致性是指评价与课程标准之间的吻合程度。评价与课程标准具有高度的一致性，能够导引评价目标回归课程标准的内在要求，保证评价活动指向学习内容标准。笔者拟对美国研究基础教育中评价与课程标准一致性标准（以下简称一致性标准）的缘起、经验加以探讨，期望给我国课程评价改革与实践以有益启迪。

一、美国研究一致性标准的缘起

（一）教育政策的推动：基于标准的课程改革

中小学学生基础知识薄弱、学业能力水平低下一直困扰着美国的基础教育改革。多项调查统计显示：[1] 1988 年，在由 9 个国家的 13 岁学生共同参加的国际科学学科知识的测试中，美国学生的成绩倒数第二；而在另一项为 18—24 岁青年举办的国际测试中美国青年的成绩列倒数第一。为改变人才质量难以适应国际竞争的现状，1989 年、1991 年、2000 年美国相继出台了《国家教育目标》《2000 年的美国———一种教育战略》《基于标准的教育改革案》，确定和调整了美国教育改革的发展方向和具体目标。依据上述指导文件，美国把开发中小学课程标准作为改革的关键任务。1991 年美国国会设立了全国教育标准与检测委员会（NCEST）机构，指导开发新的课程标准和评价标准。由于 NCEST 组织把评价标准作为检视课程标准实施的重要尺度，由此，引起美国课程研究学者对评价与课程标准一致性问题的关注。1998 年美国教育部与科学教育国家委员会（NISE）合作，组建了课程与评价一致性分析协会。该协会指出："评价应当与课程标准相一致，且应当基于课程标准提供关于学生学业成功的持续的、一致的信息，应当把评价、课程与教学的一致性作为州、社区、学校努力实现有挑战性课程标准的一项关键性指标。"[2] 这一政策性导向强化了美国课程理论与实践者对评价与课程标准的一致性标准的研究。

（二）教育实践的需求：一致性检视程序与工具的研发

美国教育评价与课程标准一致性的研究始于 20 世纪 60 年代布鲁姆对评价任务和行为目标一致性的分析。其观点是：如果评价活动等同于教学活动，评价任务等同于行为目标，就表明实现了课程与评价之间精确的一致。这一理念导致在实际评价中，学习目标简单地被窄化为行为目标。2000 年美国出台了《基于标准的教育改革案》之后，几乎每个州都致力于对评价与课程标准一致性程度的检视。但是对大部分州来说，一致性程度检视的效果并不好，还停留在布鲁姆时代的只要设计或选择评价工具时在某种程度上考虑学习目标，就认为标准和评价是在较高一致性的水平上，而且绝大部分州缺少判断评价与课程标准一致性程度的系统程序，尤其缺少判断评价与课程标准一致性水平的具体标准，这给客观地判断评价与课程标准的一致性程度带来了困难。因此如何构建一致性具体标准，成为美国在评价实践中有效检视评价与课程标准一致性水平的核心程序和工具，成为美国评价理论与实践迫切需要解决的现实课题。

二、美国建构一致性标准的基本经验

美国在研发有效检视一致性水平的有效程序和工具过程中，积极致力于开发评价与课程内容标准一致性的具体判断标准，以此作为美国各州政府、教育行政组织从州或一所学校的视角，评估教师是否依据课程标准实施教学以及学生学业是否达到满意效果的重要准绳。

（一）在理念上，建构"金字塔"形课程内容目标体系

诺曼·韦伯主张，建构"评价与课程标准"一致性标准，需要对课程内容标准加以具体化的目标描述，这样就形成了"金字塔"形的课程内容目标层级体系：[3]首先，金字塔的顶部是对课程内容目标的最一般的描述即内容主题，如美国科学教育标准中的物质科学、生命科学等；其次，金字塔的中部是内容主题下位的目标即单元目标，如物质科学中的"能量及其利用""力及其作用"；再次，金字塔的底部是学习单元中更为具体的目标，如"利用恰当的语言描述物理等方面的一些科学探索""描述热能、光能、声能在传播和反射时的特性与应用"等。一般来说，分析评价与课程标准一致性水平，应该依据"金字塔"形状的课程内容层级目标体系来进行。韦伯以美国数学为例指出，在分析评价与课程标准一致性时，如果

判断知识种类的一致，应该看评价与数学课程内容标准是否描述了相同的内容主题范畴，即如测量、几何及空间等是否相一致；如果判断知识广度的一致，则要看课程标准中所涉及的知识范围与学生为了正确回答评价项目所需的知识范围是否相一致；如果判断知识深度的一致，则要看评价与期望学生掌握的知识深度水平，如记忆、概念与技能、策略思维和拓展思维等是否相一致；如果判断知识样本平衡性的一致，则要看知识在评价和内容标准两者之中是否均等地分布。因此，评价与每一个层级的课程目标要求的匹配程度，就成为构建评价与课程内容标准一致性具体标准的基础。

（二）在内容上，确定"四维度"一致性具体标准

美国课程专家构建一致性标准主要从四个维度，即从知识种类、知识深度、知识广度、知识样本平衡性等方面去确立一致性标准。具体标准如下：[4]

1. 知识种类一致性标准

知识种类一致性标准用来判断评价项目涉及的内容主题范畴与课程内容标准中描述的内容主题范畴是否一致。也就是说，如果在评价和课程内容标准中有相对应的内容主题范畴，这种情况下评价和课程内容标准在知识种类上是一致的。例如，美国国家科学教育标准表述了在整个 K—12（从幼儿园到 12 年级）教育阶段，对学生知识与能力的期望目标，其内容范围包括八个学习领域：科学探究、物质科学、生命科学、地球与空间科学、科学与技术的联系、从个人与社会角度看科学、科学史与科学的性质等新的学习领域。为了使评价与国家科学教育标准在知识种类上保持一致，评价标准中的内容主题要求，大致上应与国家科学教育标准中的八个学习领域相一致。具体而言，判断知识种类一致性时，就要把评价活动及评价结果与课程标准的内容主题相比较，进而确定知识种类的一致性程度。具体标准见表 5-1。

表 5-1　知识种类一致性标准

内容标准：期望的内容主题。
评价：与一系列期望的内容主题相关的评价项目。
一致性程度： 完全一致：评价项目与期望的内容主题一一对应。 基本一致：评价项目与主要的期望的内容主题相对应。 不一致：评价项目与重要的期望的内容主题不相对应。

2. 知识深度一致性标准

知识深度的一致性标准被用来判断所评价的认知要求与内容标准中期望学生"应当知道什么"和"应当做什么"的目标是否一致。评价和内容标准的一致不仅要求知识种类的一致，而且要求不同内容主题范畴内知识的复杂水平上相一致，即评价和内容标准中知识深度的一致。知识的深度包括四个水平，即回忆、技能或概念、策略思维和拓展思维。一般而言，如果评价中学生所获得的知识深度水平与课程标准中期望的知识深度水平要求相符合，就说明评价与课程标准在知识深度上是一致的。例如，全美数学教师委员会 1989 年颁布的《数学课程标准和评价标准》指出，对 9～12 年级的学生的学习进行数据分析和统计，目的是让学生能进行统计实验设计、操作实验和解释实验结果。因此，评价项目不应限于学生能解释一个存在的数字集合，还必须要求学生能解释实验设计和实验过程，这样评价与课程内容标准在知识深度要求上才能达到一致。同时，要准确判断评价与课程内容标准之间在知识深度上的一致性，还必须借助内容标准的具体化水平和核心行为动词来进行。一般而言，内容目标描述得越具体，课程标准和评价暗含的知识深度要求就会越清晰。美国 9～12 年级的科学标准指出，"学生知道并且能理解能量是以多种形式存在的，并且会相互转化"，这种目标表述就过于笼统，不能清晰地判断知识深度是如何从学生身上体现的。因此，美国一些学校对内容标准的这种一般性目标进行了具体的陈述。例如，把内容主题目标描述为：探究压力、体积和温度之间的关系；界定物理、化学的变化；测量、计算、比较电流、阻力与电压的关系；等等。借助探究、测量、计算、比较、对比等行为动词可以帮助我们更加清晰地理解课程内容目标，更好地分析知识深度的一致性程度。具体标准见表 5 - 2。

表 5 - 2　知识深度一致性标准

内容标准：期望学生掌握的知识深度水平，包括回忆、技能或概念、策略思维和拓展思维等。
评价：与一系列期望学生掌握的知识深度水平相关的评价项目。
一致性程度： 完全一致：评价项目与期望学生掌握的知识深度水平一一对应。 基本一致：评价项目与期望学生掌握的知识深度水平基本相对应。 不一致：评价项目与期望学生掌握的知识深度水平不对应。

3. 知识广度一致性标准

知识广度的一致性标准被用来判断课程标准中所涉及的知识范围与学生为了正确回答评价项目所需的知识范围是否一致。知识广度一致性具体标准，要求对课程标准中的每一目标至少要有一个评价项目与之相对应。评价知识的广度是十分复杂的，时间、评价工具等因素都会影响学生知识广度的评价。因此，必须精心设计评价活动来增加评价和内容标准在广度方面的一致性。一般而言，对评价与课程内容标准中描述的知识广度的一致性判断，必须借助抽样技巧，确定知识范围的评价范阶和原则。如果设计的评价活动确保在每一个内容主题内合理的知识范围得到评价，这表明评价与课程标准在知识广度上是一致的。如果设计的评价活动仅对内容主题或单元的特殊情况进行评价，这说明评价和课程标准没有达到一致性。具体标准见表5-3。

表5-3　知识广度一致性标准

内容标准：期望学生掌握的概念、观点和知识类型。
评价：与一系列期望学生掌握的概念、观点和知识类型相关的评价项目。
一致性程度： 完全一致：评价项目与期望学生掌握的全部概念、观点和知识类型一一对应。 基本一致：评价项目与期望学生掌握的主要概念、观点和知识类型基本对应。 不一致：评价项目与期望学生掌握的重要概念、观点和知识类型不对应。

4. 知识样本平衡性一致性标准

知识样本的平衡性标准被用来判断知识在评价和内容标准两者之中是否均等地分布，如果获得均等的分布或均等的权重，则表明样本知识平衡性是一致的。知识广度和种类的一致性标准仅仅考虑课程内容标准中目标的数目与评价项目相对应，评价项目并没有考虑课程内容目标是如何分布的，样本知识的平衡性一致性标准则标明了评价项目对应课程内容目标的分布程度。一般而言，课程内容标准中所频繁描述的"学生应当知道什么，应当能做什么"的具体目标的重要性程度在总体上是没有区别的，除非直接指出某一目标的特殊性，否则所有目标都是同等重要的，因此评价项目必须给予同等的权重。以美国科学教育课程标准为例，若达到知识样本平衡性的完全一致，科学教育标准中的八个内容主题在评价中必须是有同等权重的。同时，判断知识样本平衡性的一致性必须依据课程标准的学段要求来设定评价项目的权重。如科学教育标准中"地球与太空科学"内容主题，四年级学生重点要放在发展观察力和描述技能，以及基于观察的解释上；而在八年级，重点要放在建构一种模式来解释空间和物理的关系。因此，四年级评价的重点是关注学生能否观察和描述地球或太空中物体的性质；而八年级评价重点则要关注学生能否阐明地球系统中各个要素之间的关系。因此，我们必须考虑学段要求对建构知识样本平衡性一致标准的影响。具体见表5-4。

表5-4　知识样本平衡性一致性标准

内容标准：在内容标准中设置各个内容主题的权重为100，各个主题的重要性比值总和为100。
评价：反映内容主题权重的评价项目。
一致性程度： 完全一致：评价项目的权重与全部内容主题的权重完全相对应。 基本一致：评价项目的权重与主要内容主题的权重基本相对应。 不一致：评价项目的权重与主要内容主题的权重不对应。

（三）确定一致性标准可接受水平

从美国研发的一致性标准框架来看，主要采用四个标准，即知识种类、知识广度、知识深度、知识样本平衡性等来判断评价和课程标准的一致性水平，并且给每个一致性具体判断标准界定了可接受的水平。

1. 知识种类一致性标准可接受水平

知识种类一致性这一标准是通过判断评价项目是否评价了标准中的内容主题来确定的。检测知识种类一致性的一个重要标志是评价项目和课程内容标准是否有相同的内容表述范畴。知识种类一致性标准的可接受水平的设定，是基于内容主题数目来确定评价项目，从而来确定知识种类一致性可接受水平。确定一个合理的评价项目数目需要考虑多种因素，包括学生掌握知识标准的信度、平均数、限度值等。一般而言，确定知识种类一致性可接受水平时，可以这样假定：最小评价项目数是评价与内容标准相关内容知识的最小值（最小评价项目数是根据内容主题的数目来确定的），最小评价项目数与内容主题数目二者之间的系数即是知识种类标准一致性水平。以美国数学课程为例，美国数学课程有6个内容主题，因此在判断知识种类一致性标准可接受水平时，应根据6个内容主题确定6个评价项目数，即确定评价项目的最小值。假定限度值是平均数，每一评价项目的信度是 0.1，就能确定这 6 个评价项目的一致性系数是 0.63。那么，0.63 就是知识种类一致性标准的可接受水平。如果标准差的限度值是 1，那么一致性系数是 0.77，如果标准差是 1.5，那么一致性系数是 0.88。

2. 知识深度一致性标准可接受水平

在判定知识深度一致性标准可接受水平时，若课程标准中的知识目标对应的评价项目中有 50% 达到或略高于内容标准中的知识水平，即视为达到可接受水平。这里的 50% 是知识深度一致性程度可接受水平的最低基准，是根据测试中学生正确回答的评价项目超过半数，达到及格的限度值确定的。例如，假定一个评价包括 6 个项目，这 6 个项目与一个内容主题有关，如果学生能 100% 正确地回答评价项目，可以判定知识深度完全一致；如果学生能正确回答其中的 4 个（回答正确率为 67%）评价项目，即认为达到知识深度一致性可接受水平；如果学生只能正确回答 3 个以下，回答正确率不足 40%，可以判定没有达到知识深度一致性标准可接受水平。

3. 知识广度一致性标准可接受水平

知识广度一致性标准被用来判断课程标准中所涉及的知识范围与学生为了正确回答评价项目所需的知识范围是否一致。判定知识广度一致性标准可接受水平的指标是：学生被测试的知识内容应超过标准中知识领域的一半以上，即至少 50% 的内容目标有相应的评价项目与之对应。这里的 50% 被认为是知识广度一致性程度的可接受的水平的最低基准。这一基准的确定是基于这样的假设：评价项目与至少 50% 的内容标准的目标相关。这一要求会增加学生展示多个关于目标的知识的机会，因此更有可能达到及格的限度值。考虑到知识样本的平衡性分布，与每一内容标准相关的评价项目应少一些，如果评价项目过多，知识广度的一致性标准则难以达到。

4. 知识样本平衡一致性标准可接受水平

知识在评价和内容标准两者之中均等地分布，即达到知识样本平衡性一致性标准。判定知识样本平衡性一致性程度，主要采用特定的指数值来判断评价项目的分布情况。知识样本平衡的一致性标准可接受水平的指标是：确定指数值 0.7 为判定知识样本平衡一致性标准可接受水平。这一指数的确定是以内容标准中的每一个目标至少应有两个评价项目与之对应为假设，进而通过目标的比例与目标相对的评价项目的比例的计算得出这一指数。在对知识样本平衡性一致性水平的具体分析中发现，指数值为 1，评价项目均等地分布在给定的内容标准的具体目标中，知识样本平衡性会达到完全一致。例如，一个数学内容标准有 12 个具体目标，每一具体目标被评价两次，那么就会有 24 个评价项目，与内容标准相关的评价项目就均等地分布在给定的内容标准的目标中，这时知识样本平衡性会达到完全一致；指数值为 0，大部分评价项目只是与内容标准中的一个或两个目标相对应，知识样本平衡性完全达不到一致；指数值是 0.7 或略高，每一内容目标就会至少有一个评价项目与之相对应，这时达到了知识样本平衡一致性标准可接受水平；指数值低于 0.5，绝大部分评价项目只与一个内容目标相关，而只有很少的评价项目与其他内容标准相关，这种情况下，基本达不到知识样本平衡一致性标准。

三、启示与建议

（一）我国开发一致性标准的必要性

长期以来，我国教师往往从对课程标准的理解和自己的专业水平出发，采用纸笔测验等方式了解学生知识的掌握状况和能力发展水平。但是由于教师只是依据自己对课程标准的理解去建构评价标准并去评价学生，因而教师难以检测到学生是否学会了课程标准所规定的学习内容；同时，某些教师设定的评价项目和课程标准之间存在较大的偏离，或遗漏课程标准的某些重要内容，或超出课程标准的要求，就无法得到有效的学生学习成果评价信息，因而影响了下一步的教学实践。美国构建一致性标准的成果与经验，为我国探究如何依据课程标准改进评价效能改革提供了新的路径。我国应从改进评价政策、改善评价实践出发，积极进行一致性标准的研究，为我国教育决策者了解学校执行课程标准的状况提供有价值的信息，为检视评价的有效性提供科学的方法与手段。

（二）构建一致性标准应立足于本土化

从美国的经验来看，构建一致性具体标准是开发评价与课程标准一致性系统程序与工具的关键环节。因此，我们应当把一致性具体标准构建作为开发评价与课程标准一致性系统程序与工具的核心步骤。但是在本土化的一致性标准过程建构中，不应照搬美国的做法，应该考虑我国课程标准与美国的课程标准存在的差异性，从本土化的视野研制适应我国教育体制与政策的一致性标准框架。具体建议是：

　　首先，美国是教育分权型国家，国家课程标准对各州只起指导作用，各州还要制定具有本州特色的课程标准。我国是教育集中型国家，课程标准与美国课程标准相比较，在知识种类、知识的广度与深度以及知识样本平衡性等方面都存在着一定的差异，我们不能照搬美国的一致性标准。但是，美国建构一致性标准的基本理念、一致性标准的主要维度以及所确立的一致性标准可接受水平，对我们构建本土化的一致性标准具有很大的借鉴价值。

　　其次，美国课程标准一般包括课程内容标准和评价标准等多项标准，这为其建立评价与课程标准一致性具体标准提供了重要基础。但是，我国目前的课程标准还只是"看似一个缺少学习成果评价标准的课程内容框架"[5]，就是说，我国国家课程标准还只是给评价实践提供可以遵循的宏观建议，并没有相应配套的评价标准，评价标准在课程标准中是缺失的。借鉴美国的经验，我国应弥补课程标准中评价标准缺失的不足，这是建立一致性具体标准的前提所在。

参考文献

　　[1] 钟启泉，张华. 世界课程改革趋势研究——课程改革国别研究 [M]. 北京：北京师范大学出版社，2001：300.

　　[2] U. S. Congress. House of Representatives. Improving America's Schools Act. Washington，D. C. ：U. S. Government Printing Office，1994：8.

　　[3] Norman L. Webb. Criteria for Alignment of Expectations and Assessments in Maths and Science Education [M]. National Institute for Science Education University of Wisconsin-Madison and Council of Chief State School Officers Washington，D. C. ，1997：22.

　　[4] Norman L. Webb. Alignment of Science and Mathematics Standards [M]. Madison，WI：National Institute for Science Education University of Wisconsin-Madison，1999：11-18.

　　[5] 胡军. 学生学习成果评价标准不能在课程标准中缺失——澳大利亚科学课程内容与标准给我们的启示 [J]. 课程·教材·教法，2005（9）：12.

　　　　　　　　　　　　[原文载于《全球教育展望》2006年第9期（刘学智）]

美国基础教育中"SEC"一致性分析范式的
诠释与启示

　　一致性分析范式是指判断、分析课程系统各个要素之间吻合程度的理念、程序与方法的总和。[1]实践表明，课程要素之间的良性匹配和具有吻合性是课程系统有效运行的基本前提。进入 21 世纪，美国全面开展基于课程标准的教育改革，美国一些课程研究组织开始关注评价与课程标准一致性分析范式的研究。目前，成功研制的"SEC"等分析范式已经在美国各州应用和推广。笔者拟就美国基础教育中"SEC"一致性分析范式研究的缘起、基本理念、程序与方法等加以探讨，期望给我国课程评价改革以有益的启迪。

一、"SEC"一致性分析范式研究的缘起

（一）教育政策的推动：基于课程标准的教育改革的兴起

　　20 世纪 80 年代以来，美国教育一直受到中小学生基础知识薄弱、学业能力水平低下等问题的困扰。例如，1988 年，在由 9 个国家 13 岁学生共同参加的国际科学学科知识的测试中，美国学生的成绩倒数第二；而在另一项 18～24 岁青年参加的国际测试中，美国青年的成绩列倒数第一。[2]为改变美国国民素质难以适应国际社会竞争的现状，2000 年在全美数学教师委员会（NCTM）等教师专业组织推动下，联邦政府启动了基于课程标准的教育改革。之后，几乎每个州都设计和采纳了某种形式的课程标准。许多州都以课程标准为基础开发评价工具。2001 年，美国颁布了《不让一个孩子掉队法案》（NCLB），进一步强化了基于学科内容标准进行评价的重要性。目前，美国 49 个州制定了学科内容标准，已经有 48 个州依据这些标准进行课程评价，充分反映了美国基于课程标准的教育改革方向。

（二）教育实践的需求：评价与课程标准一致性分析程序与工具的研发

　　为改善美国基础教育质量低下以及各州、学校教学要求偏低的状况，

1998 年美国教育部与科学教育国家委员会（NISE）合作，组建了课程与评价一致性分析协会。该协会指出："评价应当与课程标准相一致，且应当为课程决策者提供关于学生学业成就的持续信息，应当把评价、课程与教学的一致性作为检测州、学校是否有效落实课程标准的一项关键性指标。"[3] 由此，美国各州都纷纷开展评价与课程标准一致性分析的研究与实践。但是对大部分州来说，一致性分析的效果并不理想，还只停留在布鲁姆时代的认识水平上，即认为只要设计或选择评价工具时在某种程度上考虑学习目标，标准和评价就具有较高一致性；而且绝大部分州缺少判断评价与课程标准一致性程度的系统程序和方法，这无疑给客观判断评价与课程标准的一致性程度带来了困难。适应教育实践的需求，研制评价与课程标准一致性分析范式成为美国基础教育课程领域中的重要课题。

二、美国"SEC"一致性分析范式的诠释

20 世纪 90 年代以来，在美国政府的资助下，威斯康星州教育研究中心学者安德鲁·帕特（Andrew Porter）、约翰·史密森（John Smithson）共同开发和研制了评价与课程标准一致性水平分析程序和方法，即"SEC"一致性分析范式。

（一）"SEC"一致性分析范式的理念
1. 对评价与课程标准本质关系的理解
安德鲁·帕特和约翰·史密森认为，在课程运行过程中存在着四种课程水平，即预期课程（Intended Curriculum）、实施课程（Implemented Curriculum）、达成课程（Attained Curriculum）和评价课程（Assessed Curriculum），并指出："课程不应该表现为一种课程水平或类型，而应该体现在多层次、多维度上，并实现多向的一致性，这样才能保证课程的有效性。"[4] 从不同课程水平之间的一致性来理解课程运行的本质是安德鲁·帕特等学者理解课程的重要取向。因此，评价与课程标准之间的一致性应当成为理解评价与课程标准本质关系的重要视角。
2. 对诺曼·韦伯一致性标准的吸纳
安德鲁·帕特和约翰·史密森在研制"SEC"一致性分析范式的过程中，借鉴和吸纳了美国学者诺曼·韦伯（Norman L. Webb）在评价与课程标准一致性领域的研究成果。诺曼·韦伯主张从四个维度构建一致性分析标准，具体包括：[5]

（1）知识种类（Categorical Concurrence）一致性标准，即判断评价项目涉及的内容主题范畴与课程内容标准中描述的内容主题范畴之间一致程度的尺度。

（2）知识深度（Depth-of-Knowledge Consistency）一致性标准，即判断认知要求（回忆、技能或概念、策略思维和拓展思维）与内容标准中期望学生"应当知道什么"和"应当做什么"的目标之间一致程度的尺度。

（3）知识广度（Range-of-Knowledge Correspondence）一致性标准，即判断课程标准中所涉及的知识范围与学生为了正确回答评价项目所需的知识范围之间一致程度的尺度。

（4）知识样本平衡性（Balance of Representation）一致性标准，即判断评价项目对应课程内容目标的分布程度的尺度。

安德鲁·帕特在吸纳韦伯的一致性观点后认为：[6]仅仅使用知识种类一致性标准，即韦伯所称的"直接标准"衡量一致性存在着很大的问题，即当评价项目仅仅集中到一部分课程内容标准，而将另一部分排斥在外时，评价项目既符合知识样本平衡性一致性标准，又符合知识种类一致性标准，用知识种类一致性标准来衡量评价与课程标准一致性是不充分的，而利用知识广度一致性标准就可以很好地解决该问题。知识广度一致性标准可以为我们探究内容标准中的主题范围与评价测试涉及的主题范围之间的相关性提供平台。同时，安德鲁·帕特进一步认识到，知识深度一致性标准是分析评价与课程标准一致性的核心维度，全面分析评价与课程标准之间的一致性还必须从知识深度标准入手。

（二）"SEC"一致性分析程序与方法

1. 确定描述学习内容主题和认知要求的同一语言："描述符"（descriptor）

安德鲁·帕特和约翰·史密森等人通过对教师的课程内容决策的研究，提出分析学习内容和评价一致性的三种方法：[7]教师对教学内容的回顾；教学资源的内容分析；一致性指数描述等。安德鲁·帕特、约翰·史密森使用这些方法的主要指导思想是建立描述内容的同一语言，从而使一致性分析成为可能。他们在研究中使用的同一语言，包括学习内容主题和认知要求的同一"描述符"，即用该二维度"描述符"来表示数据处理中的主题项目和表示认知要求的分类项目，教师通过这些"描述符"可以描述教学内容的二维矩阵。

（1）学习内容主题"描述符"。安德鲁·帕特以美国数学课程的学习内容为例，即按照数与运算、代数、几何、测量、数据分析和概率等主题设定"描述符"。主题由内容领域决定，内容领域的主题数目随着年级和学科的变化而变化。

（2）认知要求"描述符"。安德鲁·帕特以数学学科为例指出"SEC"认知要求应包含 5 种水平：[8]第一种水平为识记，识记基本的数学事实，回忆数学术语及概念、公式等；第二种水平为运算程序，用数计算、排序、表示，做一些计算程序，进行度量，使用公式、方程式解决常规问题，读取数据并生成表格、图表等；第三种水平为阐明、解释，解释、分析数据结果，解释概念间的关系，解释模型与图表等直接的关系，用不同的表达方式来建构数学观点、交流数学概念等；第四种水平为推测、归纳、证明，写下正规或非正规的证明步骤，进行数据分析，能运用空间推理、演绎推理或归纳推理，识别错误的证据或数据的错误表征，确定数学命题的正确与否等；第五种水平为应用，包括解决非常规问题，建构情境联系等。

2. 描述学习内容主题与认知要求在教学实施中的表现水平

安德鲁·帕特和约翰·史密森认为，确定同一语言及其"描述符"之后，教师为收集学生学习信息，还要交叉地描述学习内容主题和认知要求之间在教学实施中的表现水平，即要求教师指出过去的一学年分配到每个学习内容主题的时间（关联程度）之后，对于每一学习内容主题给予学生认知要求的对应重视程度。它具体关注两个维度：[9]首先，确定学习内容主题的关联程度：没有关联；少许关联，即少于 1 节课；适度关联，即 1~5 节课；不断地关联，即多于 5 节课。其次，确定认知要求的重视程度：没有重视；轻度重视，即分配到该主题的时间小于 25%；适度重视，即分配到该主题的时间在 25%~33%之间；持续重视，即分配到该主题的时间高于 33%。在实际研究中，安德鲁·帕特和约翰·史密森依据上述两个维度的水平指标，把收集的这些基本数据转化到二维矩阵的单元格中，每一个单元格表示一个评价项目，对每一个单元格都选择对应的具体内容标准。

3. 一致性分析的具体方法

安德鲁·帕特和约翰·史密森认为，使用描述内容标准、教学和评价的一致性的描述符，为建立有意义的一致性指数奠定了基础，并使一致性分析成为可能。他们计算一致性是根据二维内容矩阵进行的，矩阵表示对内容的描述。在使用这一方法的过程中，通过内容分析和对教师评价项目的调查，生成内容矩阵中的比例数据，根据二维内容矩阵的匹配程度来衡量一致性。安德鲁·帕特等人研究并验证了不同的一致性指数方法，下面是得到研究者认可并行之有效的一致性指数计算公式：[10]

$$一致性指数 = 1 - \frac{\sum |X - Y|}{2}$$

（其中 X 表示一个矩阵中的评价单元比例；Y 代表另一个矩阵中的标准单元比例）

安德鲁·帕特和约翰·史密森等研究者分别对 7 年级春季、秋季的两次成绩测试结果的统计数据进行一致性分析。通过该公式得到的结果与通过复杂的计算机程序处理两种方法的数据结果所获得的一致性指数均为 0.86。由此验明，通过这种方法就可以计算出两个内容矩阵的相关性，结果可以表示评价与标准之间的一致程度。

三、启示与建议

（一）评价与课程标准一致性策略是调适课程运行偏差的重要手段

我国在新课程改革中，由于受教师专业水平等因素的制约，教师实施的评价活动与课程标准是有偏差的。我国教师往往从对课程标准的领悟和自己的专业水平出发，采用纸笔测验等方式了解学生知识的掌握状况和能力发展水平。但是由于教师设定的评价项目和课程标准之间存在较大的偏离，或遗漏课程标准的某些重要内容，或超出课程标准的要求，导致教师无法得到有效的学生学习成果评价信息，因而影响了下一步的教学实践。所以，在评价实践中就要对这种偏差加以不断调适。以往我们通过对教师的培训，提高教师的专业评价知识和技能，增强教师对课程标准的领悟水平，期望缩小评价与课程标准之间的偏差，但是实际效果并不理想。美国在课程政策层面上借助"SEC"等一致性分析程序与工具，检视评价与课程标准之间的一致性水平，指导学校和教师基于课程标准实施评价的经验，为我们提供了改善评价与课程标准之间偏差的新途径。

（二）评价与课程标准一致性分析程序和方法的研制应立足本土化

我国应该从本土化视野研制适应我国教育体制与政策的一致性检测程序与工具，充分考虑我国与美国基础教育的差异性。

首先，美国是教育分权型国家，各州都制定了具有本州特色的课程标准，国家课程标准对各州只起参考作用；各州、各学校、各学科的教学有很大的自由度和自主权。这种国情在某种程度上导致美国各州在课程内容要求上或高或低，很不一致。而且美国学校的教学要求偏低，甚至很多基本的课程内容在教学中都没有涉及。这表明，美国在课程标准执行上是不统一的，因此必须在政策上引导学校遵循统一课程标准进行教学。美国研发"SEC"等分析评价与课程标准一致性程序与工具的意图也在于此，即推动美国学校教学回到统一的国家课程标准上来。我国是教育集权型国家，全国基本执行统一的课程标准，这保证了学校课程内容要求的同一性。但是我国受"应试教育"的影响，学校往往追逐课程的上限标准。课程标准要求学校和教师培养学生达到其最低要求。但是在实际课程实施中发现，多数学校主观上都努力争取达到标准所要求的上限，而较少考虑学校的实际条件是否适合，唯恐自己的学校教少了，学生学少了，担心在将来的考试竞争中吃亏，纷纷拔高教学，瞄准供选择的拓展性的较高要求。其结果是只有少数"精英"学生能达到课程标准的上限要求，牺牲了其他学生的发展。就是说，一些学校本来通过努力可以使学生达到课程标准的基本要求，许多学生却难以达到。因此，我国研发检视评价与课程标准一致程序与工具的主要目的应定位于推动学校执行课程标准的公平性，为全体学生提供达到国家课程标准最低要求的机会。

其次，美国无论国家课程标准还是州的课程标准，一般都包括课程内容标准和评价标准、机会标准等多项标准，这是其分析评价与课程标准一致性的重要基础。但是，我国国家课程标准只是给评价实践提供了可以遵循的宏观建议，并没有相应配套的评价标准，评价标准在国家课程标准中是缺失的。借鉴美国的经验，我国应弥补课程标准中评价标准缺失的不足，唯此，我国构建本土化的评价与课程标准一致性分析范式才有可能。

参考文献

［1］Norman L. Webb. Alignment of Science and Mathematics Standards and Assessments in Four States. Council of Chief State School Officers. Washington，D. C.，1999：23.

［2］钟启泉，张华. 世界课程改革趋势研究——课程改革国别研究［M］. 北京：北京师范大学出版社，2001：300.

［3］U. S. Congress. House of Representatives. Improving America's Schools Act. Washington，D. C.：U. S. Government Printing Office，1994：8.

［4］［6］［7］［9］［10］ Porter. How SEC Measures Alignment ［J］. Educational Researcher，1997 (5)：2，12，9，5，8.

［5］ Norman L. Webb. Criteria for Alignment of Expectation and Assessment in Mathematics and Science Education. Washington. D. C. ：National Institute for Science Education University of Wisconsin-Madison and Council of Chief State School Officers，1997：14-22.

［8］ Porter A. C. . Creating a System of School Process Indicators ［J］. Educational Evaluation and Policy Analysis，1991 (1)：29.

［原文载于《比较教育研究》2007 年第 5 期（刘学智）］

学业评价与课程标准的一致性：
韦伯模式本土化探究

　　学业评价与课程标准的一致性是指学业评价与课程标准之间的吻合程度。学业评价与课程标准具有良好的一致性，能够引导学业评价回归课程标准的内在要求，保证学业评价活动指向学习内容标准。笔者拟对美国学者韦伯（Norman L. Webb）研发的学业评价与课程标准一致性（以下简称"一致性"）分析模式，即韦伯模式加以探讨，期望给我国学业评价改革以有益的借鉴。

一、韦伯模式研究的背景

　　学业评价与课程标准一致性的研究最早起源于美国。1965 年，美国各州在联邦教育部的资助下，开始要求学校使用国家的常模测试，这意味着学生的表现应当参照国家的常模样本。但是由于忽视测试是否与课程标准相一致的分析，因而常模测试不能提供足够的、反映学生知识和技能掌握情况的信息。在这一背景下，美国学者布鲁姆（B. S. Bloom）在研究学业评价问题时开始关注学业评价任务和行为目标一致性的分析和认识。但进入 20 世纪 90 年代，一致性分析理论还停留在布鲁姆时代——只要设计或选择评价工具时在某种程度上考虑学习目标，就认为评价和课程标准之间具有较高一致性水平的认识；而且绝大部分州缺少判断评价与课程标准一致性程度的系统程序和方法，这无疑给分析评价与课程标准的一致性水平状况带来了困难。适应学业评价实践的需求，研制学业评价与课程标准一致性分析模式成为美国基础教育课程领域中的重要课题，为此 1998 年美国成立了课程与评价一致性分析协会。该协会指出："评价应当与课程标准相一致，且应当基于课程标准提供关于学生学业成功的持续的、一致的信息，应当把评价、课程与教学的一致性作为州、社区、学校努力实现有挑战性课程标准的一项关键性指标。"[1] 在美国政府的资助下，各州先后进行了学业成就评价与课程标准一致性的研究与实验。其中具有代表性的一致性分析模式就是韦伯模式。大量研究表明，韦伯模式具有很高的价值。一方面，在理论上韦伯模式是其他各种一致性分析模式构建的母体。美国"州学校领导委员会"（Council of Chief State School Officer，简称CCSSO）指出："近年来，韦伯模式已经成为理解学业评价和课程标准之间关系的最重要、最具有创新性的模式。"[2]美国研究"评价与课程标准一致性"的权威著作《州标准和评价体系：一致性指南》在全面研究韦伯分析模式后，也给予韦伯模式高度评价，1997—2005年，韦伯对一致性的研究不断深入，该模式已经备受关注并日益完善。[3]

实践表明，美国近几年纷呈的多元一致性分析模式，如成功分析模式等，都是在借鉴韦伯分析模式的主体思想基础上形成的。另一方面，在实践中韦伯分析模式更具有广泛的应用价值。美国"州评价和标准合作项目研究组"（State Collaborative on Assessment and Student Standards，简称SCASS）指出，韦伯分析模式目前已在17个州和其他国家使用，该模式在课程评价实践中推广、应用的范围是其他一致性分析模式无法比拟的。[4]这种迅速传播和广泛应用的现实，充分表明该模式在分析评价与课程标准一致性上起到十分重要的作用。到2005年底，韦伯分析模式已经被美国许多州作为分析学业评价与课程标准一致性水平的重要方法。

二、韦伯模式的基本框架

美国学者韦伯系统阐释了学业评价与课程标准一致性的分析程序与方法。韦伯模式的基本框架包括如下几部分。[5]

（一）描述"金字塔"结构的课程内容目标体系

韦伯主张，判断学业评价与课程标准的一致性首先要对课程标准的各级目标加以描述，这样就形成了"金字塔"形的课程内容目标层级体系。金字塔的顶部是对课程内容目标的最一般的描述，即学习领域，如美国科学教育标准中的"物质科学""生命科学"等；金字塔的中部是"学习领域"的下位目标，即"主题目标"，如"物质科学"中的"能量及其利用""力及其作用"等；金字塔的底部是课程标准的操作目标，即"具体目标"，如"物质科学"的"能量及其利用"中"描述热能、光能、声能在传播和反射时的特性与应用"等。一般来说，分析学业评价与课程标准一致性水平，应该依据"金字塔"结构的课程内容层级目标体系来进行。

（二）在内容上，确定判断一致性的"四个维度"

在教育领域，一致性研究主要表现为5个维度，即情感态度维度、知识技能维度、认知要求维度、教育公平维度和教学维度。韦伯关于学业评价与课程标准一致性的研究，主要关涉知识技能和认知要求两大维度。而学业评价与课程标准一致性的判断，则主要关注知识种类、知识深度、知识广度、知识样本平衡性等"四个维度"。[6]

1. 知识种类（Categorical Concurrence）一致性

知识种类一致性被用来判断评价项目涉及的学习内容范围与课程标准中描述的学习内容范围是否一致。即，如果学业评价很好地反映了课程标准中的学习内容范围，这说明，学业评价和课程标准在知识种类上是一致的。例如，美国国家科学教育标准表述了在整个K－12（从幼儿园到12年级）教育阶段对学生知识与能力的期望目标，其学习内容包括八个学习领域：科学探究、物质科学、生命科学、地球与空间科学、科学与技术的联系、从个人与社会角度看科学、科学史与科学的性质等。如果在知识种类上要求学业评价与国家科学教育标准保持一致，学业评价反映的学习内容范围要求大致上应该与国家科学教育标准中的八个学习领域相一致。因此，判断知识种类一致性时需要把学业评价关涉的学习领域与课程标准相比较，进而确定知识种类的一致性程度。

2. 知识深度（Depth-of-Knowledge Consistency）一致性

知识深度的一致性被用来判断所评价的知识技能、认知要求与课程标准中期望学生"应当知道什么"和"应当做什么"的目标是否一致。评价和课程标准的一致不仅要求知识种类的一致，而且要求不同学习领域内，知识技能在复杂水平上相一致。一般而言，知识深度包括四个水平，即回忆、技能或概念、策略思维和拓展思维。如果学业评价考查学生的知识深度水平要求与课程标准中期望学生获得的知识深度水平要求相符合，就说明学业评价与课程标准在知识深度上是一致的。例如，1989年全美数学教师委员会颁布的《数学课程标准和评价标准》中指出，9～12年级的学生学习的数据分析和统计，目的是让学生能进行统计实验设计、操作实验和解释实验结果。因此，评价项目不应该限于学生能解释一个存在的数字集合，还必须要求学生能解释实验设计和实验过程，这样学业评价与课程标准在知识深度要求上才能达到一致。同时，要准确判断学业评价与课程标准之间在知识深度上的一致性，还必须借助内容标准的具体化水平和核心行为动词来进行。一般而言，内容目标描述得越具体，课程标准和评价暗含的知识深度要求就会越清晰。

3. 知识广度（Range-of-Knowledge Correspondence）一致性

知识广度的一致性被用来判断课程标准中所涉及的概念、观点与学生为了正确回答评价项目所需的概念、观点是否一致。知识广度一致性具体标准要求对课程标准中的每一具体目标至少要有一个评价项目与之相对应。评价知识的广度是十分复杂的，时间、评价工具等因素都会影响学生知识广度的评价。因此，必须精心设计学业评价项目来增加学业评价和内容标准在广度方面的一致性。一般而言，对学业评价与课程标准中描述的知识广度的一致性判断，必须借助抽样技巧，确定所要评价的概念、观点。如果设计的学业评价工具确保在每一个学习领域内合理的概念、观点都得到评价，这表明学业评价与课程标准在知识广度上是一致的。如果设计的评价项目仅仅对学习领域的特殊情况进行评价，这说明学业评价和课程标准没有达到很好的一致性。

4. 知识样本平衡性（Balance of Representation）的一致性

知识样本的平衡性主要考察评价项目在各个具体目标之间分布的均匀程度。知识种类和知识广度一致性标准，仅仅考虑评价项目是否与课程标准中学习领域、具体目标相对应，并没有考虑评价项目在课程标准具体目标中是如何分布的。如果评价项目在各个具体目标之间获得均匀的分布或权重，则表明知识样本平衡性是一致的。因此，评价项目必须给予同等的权重。以美国科学教育课程标准为例，若达到知识样本平衡性的完全一致，科学教育标准中的八个学习领域的每个具体目标在学业评价中必须是同等权重的。同时，判断知识样本平衡性的一致性，评价者还必须依据课程标准的年级要求来设定评价项目的权重。如科学教育标准中"地球与太空科学"学习领域，4 年级学生重点要放在发展观察力和描述技能，以及基于观察的解释上；而在 8 年级，重点要放在建构一种模式来解释空间和物理的关系。因此，4 年级评价的重点要关注学生能否观察和描述地球或太空中物体的性质；而 8 年级评价重点则要关注学生能否阐明地球系统中各个要素之间的关系。

（三）在方法上，确定判断一致性的可接受水平

针对上述内容，韦伯构建了判断一致性的"四个"可接受水平。

1. 知识种类一致性的可接受水平

韦伯认为，在知识种类上判断学业评价与课程标准是否相一致，主要看学业评价的学习内容范围是否与课程标准描述的学习内容范围相一致。由此，韦伯设定了判断知识种类一致性的可接受水平，即学业评价至少有 6 道测验题目测量来自每一个课程标准的内容，才能满足知识种类一致性

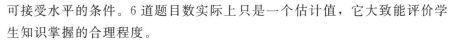

可接受水平的条件。6道题目数实际上只是一个估计值，它大致能评价学生知识掌握的合理程度。

2.知识深度一致性的可接受水平

学业评价与课程标准不仅应该在知识种类上相一致，在其每一个测验题目的知识复杂程度上也要相一致。如果学业评价体现的知识复杂程度与课程标准所期望学生掌握的知识复杂程度在认知水平上一致时，我们称学业评价与课程标准之间在知识深度水平上是一致的。韦伯设定的知识深度一致性可接受水平为：在学业评价工具中，与课程标准知识深度目标对应的测验题目至少要有50%符合该目标的知识深度水平。

3.知识广度一致性的可接受水平

知识广度一致性是指某一"学习领域"期望学生具有的知识范围与学生正确回答测验题目所必须具备的知识范围相同或对应。学业评价与课程标准的知识广度一致性可接受水平是对于课程标准的某一"学习领域"，至少有50%的具体目标且每一个具体目标至少与一道评价项目有关，才能认定其知识广度一致性是可接受的，即在某一学习领域内，评价项目"击中"课程内容标准的具体目标数占总击中目标数的50%。这里的50%被认为是判断知识广度一致性的可接受的水平。

4.知识样本平衡性的可接受水平

知识样本的平衡性是指考察各个测验题目在各项具体目标之间分布的均匀程度。计算知识样本平衡的一致性指标时，应该考虑具体目标的分布与对应该目标的题目"击中"比例之间的差异。指标值为1，表示完美的平衡性。如当与某一主题领域有关的测验题目的"击中"目标数相同地分布于该学习领域的各个目标之间时，就可以得到一致性系数1。如果某一个数学学习领域的12个具体目标被击中，而共有24个"击中"（每一具体目标被"击中"两次），那么就可以达到完美的平衡性。指标值接近于0，代表大比例的测验题目的"击中"只针对所有具体目标中的一两个，这表明知识样本平衡性极其不一致。

三、韦伯模式的本土化

（一）韦伯分析模式在我国具有很好的适用性

1.一致性分析的基准相似

基于课程标准实施学业评价是中美两国的共同取向。从韦伯分析模式研发背景来看，自美国颁布《不让一个孩子掉队法案》（NCLB）以来，基于课程标准的教育改革（standards-based education reform）就成为美国课程改革的主旋律，这奠定了美国一致性研究的基础。一方面美国积极制定课程标准，即制定多层级的、缜密的课程标准。美国的"课程标准"以州课程标准和学区课程标准为特色，这成为美国学业评价的重要依据。我国 2001 年实行新课程改革以来，颁布了 18 个学科的课程标准，完成了由"教学大纲"向课程标准的转变。从这一点来看，我们推行的也是基于课程标准的教育改革，并把课程标准作为各学科学业评价的依据。这表明，我国一致性分析范式的研究所依赖的课程改革基础与韦伯模式所植根的土壤是十分相似的，两国的学业评价基准具有相似性。

2. 一致性分析的目的相似

随着基于课程标准的教育改革的不断深入，美国越来越多的组织和个人开始转向研究基于课程标准的教育改革的效果。如舒波韦茨（Supovitz）和泰勒（Taylor）对此进行了深入的研究，他们在 2003 年 5 月发表的《1999－2002 佛罗里达丹佛区基于标准改革的效果》一文中，对 1999－2002 四年间丹佛区基于标准改革的效果进行了系统研究。怎样衡量基于课程标准的教育改革效果？美国课程专家把研究的视角定位在学生在州学业考试中的表现上，这进一步引发了美国课程学者对州学业评价效能的思考，用州学业评价检测学生的学习表现真的可靠吗？这直接导致美国对学业评价与课程标准一致性的研究。我国从 2001 年开始课程改革以来，教育决策者从学业评价入手分析课程实施的效果，这遭遇到与美国教育改革同样的质疑：用来检测学业水平的测验试题能够检测到学生真实的学业成就表现吗？为了回答这个问题，课程评价研究者有必要对学业评价的有效性加以研究，而韦伯模式正是解决该问题的有效工具。基于此，我国一致性分析的目的与美国一致性分析的目的具有一定的相似性。

3. 一致性分析的内容相似

上述研究表明，韦伯的一致性水平分析是以美国各州学业水平测验试题中呈现的测验题目为分析对象，重点分析知识和技能等课程内容；我国进行一致性水平分析也是以各省的学业水平测验试题中呈现的测验题目为分析对象，其分析重点也是知识与技能方面的内容。从这一点看，在一致性分析内容上两国一致性分析也具有较高的相似性。

（二）对韦伯分析模式的调整

借鉴韦伯分析模式还必须结合我国的课程评价具体情况加以改造。

第一，针对课程标准之间差异的调整。美国教育是分权型的，各州都具本州特色的课程标准；各州、各学校、各学科的教学有很大的自由度和自主权。我国教育是集权型的，国家制定了统一课程标准，课程内容要求具有同一性，只是教材编写"一标多本"。另外，美国各州的课程标准，一般都包括学习内容标准和学生学习表现标准等，而我国课程标准框架中只规定了学习内容标准，没有规定学习表现标准。就是说，我国课程标准还只是"看似一个缺少学习成果评价标准的课程内容框架"，[7]即只有学业评价的宏观建议，并没有相应配套的评价内容标准。但是，我国课程内容标准与教材联系相当紧密，这些因素在借鉴韦伯模式时必须加以思考，应当结合我国课程评价改革的实际情况加以调整。

第二，针对学业评价目标和评价项目类型差异的调整。首先，对学业评价的目标的差异进行调整。中美两国学业评价的目标不同。美国各州课程标准不统一，有一些州学业评价目标要求偏低，学生学业表现也不理想，连最低的学业标准都难以达到，严重影响了美国的教育质量。我国执行统一的课程标准，学业评价的依据是共同的。但是受"应试教育"的影响，多数学校评价瞄准课程标准的拓展性要求，追求最高标准的达成，这牺牲了很多学生的发展，从而导致学业评价偏离课程标准的状况非常严重。因此，必须对学业评价的目标加以调整；二是对学业评价题目类型的调整。学业评价的题目类型存在差异：韦伯分析模式所分析和编码的学业评价题目类型，一般包括多项选择题、开放反应题和自由回答题型。在这几种评价题目类型中，多项选择题型所占比例最大。韦伯模式检测的A、B、C三个州测验试题结构中，绝大多数州多项选择题型占80%以上，最多甚至达到100%，相比之下，开放反应题目和自由回答题目所占比例较小。而我国学业评价项目的类型结构要比美国的评价项目题型多，有开放反应题、自由回答题，还有单项选择题、计算题、画图题等。但选择题、填空题、判断题等客观题型的比例不足50%。这说明，我国的学业评价项目的题型与美国的评价项目的题型差异较大，因此有必要刈韦伯模式的测验项目编码方法进行改造。

第三，针对韦伯分析模式局限性的调整。韦伯分析模式本身也存在一定的问题，需要调整。主要表现在：一是韦伯在编码和资料的统计过程中发现，一些学业评价项目与多个年级水平相关，评价项目所测量的年级水平存在一定的交叉。这说明韦伯分析模式程序设计本身就有一些问题。二是韦伯分析模式不要求编码专家评价课程标准的质量，只要求判断评价项目是否与课程标准的要求相匹配。因此，在报告分析结果时，不能很好地表征编码专家对课程标准的理解水平，不利于获得改进课程标准的信息。三是韦伯分析模式没有判断评价项目与所对应目标的最佳程度。例如，一个小学数学目标要求学生描述、形成、扩展一个图形，而一些评价项目并没有要求"描述""形成"一个图形，只要求学生扩展一个图形，但是评价专家也认为评价项目与课程标准是一致的。这反映出韦伯分析模式只是在具体目标层次上区别评价项目，而没有指明这些评价项目是否反映这个目标的最佳评价项目，因而需要调整。

参考文献

[1] U. S. congress. House of Representatives improving America's Schools Act [M]. Washington D. C. : U. S. Government Printing Office, 1994: 8.

[2] Council of Chief State School Officer. Aligning Assessment to Guide The Learning of All the Students [S]. 2006: 45.

[3] Paul Marca, Doris Redfield & Phoebe Winter. State Standards and State Assessment Systems: A Guide to Alignment Council of chief states school officers [S], 2000: 32.

[4] Porter A.. Curriculum assessment [A]. J. Green, G. Camilli, &P. Elmore (Eds.), Complimentary methods for research in education [C]. Washington, D. C. : American Education Research Association, 2004: 29.

[5] Norman L. Webb. Criteria for Alignment of Expectations and Assessments in Mathematics and Science Education [M]. National Institute for Science Education University of Wisconsin-Madison, 1997: 14-22.

[6] Norman L. Webb. Alignment of science and mathematics standards [M]. Madison, WI: National Institute for Science Education University of Wisconsin-Madison, 1999: 11-18.

[7] 胡军. 学生学习成果评价标准不能在课程标准中缺失——澳大利亚科学课程内容与标准给我们的启示 [J]. 课程·教材·教法, 2005, (9): 10-14.

[原文载于《外国教育研究》2009 年第 12 期（刘学智　张雷）]

美国基础教育中"成功分析模式"的诠释与启示

　　评价与课程标准的一致性是指评价与课程标准之间的吻合程度。评价与课程标准具有高度的一致性，能够引导评价目标回归课程标准的内在要求，保证评价活动指向学习内容标准。在美国基于课程标准的教育改革的背景下，引导学业评价指向课程标准的实践要求，使得研制学业评价与课程标准一致性（以下简称一致性）分析模式成为美国基础教育课程领域中的重要课题。"成功分析模式"是美国课程研究者开发的一种重要的一致性分析模式。笔者拟对"成功分析模式"研究的缘起、模式的基本框架加以探讨，期望给我国学业评价改革与实践以有益的启迪。

一、美国研发"成功一致性分析模式"的缘起

（一）基于课程标准的教育改革的驱动

　　20 世纪 80 年代以来，美国基础教育一直受到学生基础知识薄弱、学业能力水平低下等问题的困扰。例如，1988 年，在一项 18～24 岁青年参加的国际测试中，美国青年的成绩为倒数第一。[1]这使得美国的有识之士开始反思国家基础教育的发展问题。为改变美国国民素质难以适应国际社会竞争的现状，2000 年，在全美数学教师委员会（NCTM）等教师专业组织推动下，联邦政府启动基于课程标准的教育改革。之后，几乎每个州都设计和采纳了某种形式的课程标准。许多州都以课程标准为基础开发评价工具。2001 年，美国颁布了《不让一个孩子掉队法案》（NCLB），进一步强化了基于学科内容标准进行评价的重要性。目前，美国已有 49 个州制定了学科内容标准，已经有 48 个州依据这些标准进行学业评价，这充分反映了美国基于课程标准的教育改革方向。

（二）学业评价实践的需求

　　1965 年，美国各州在联邦教育部的资助下，开始要求学校使用国家

的常模测试，这意味着学生的表现应当参照国家的常模样本，但是由于忽视测试是否与课程标准相一致的分析，常模测试不能提供足够的、反映学生知识和技能掌握情况的信息。在这一背景下，美国学者布鲁姆（B. S. Bloom）在研究学业评价问题时开始关注学业评价任务和行为目标一致性的分析和认识。但进入20世纪90年代，一致性分析理论还停留在布鲁姆时代——只要设计或选择评价工具时在某种程度上考虑学习目标，就认为评价和课程标准之间具有较高一致性水平的认识，而且绝大部分州缺少判断评价与课程标准一致性程度的系统程序和方法，这无疑给分析评价与课程标准的一致性水平状况带来了困难。适应学业评价实践的需求，研制学业评价与课程标准一致性分析模式，成为美国基础教育课程领域中的重要课题。为此，在美国各级政府的资助下，各州先后进行了学业成就评价与课程标准一致性的研究与实验。目前，已经开发、研制出"成功分析模式"等各种一致性分析模式，为进一步拓展学业评价与课程标准一致性的研究和实践，提供了框架性理论基础。

二、"成功分析模式"的基本框架

Achieve公司（全美教育高级议会建立的非营利性组织的简称）是美国采用评价与课程标准一致性分析方法较早的研究机构。其所研究的成功分析模式的核心思想主要包括以下方面：

（一）研发"成功分析模式"的目的

Achieve公司研发一致性分析模式的目的，可以概括为三个方面：[2]

1. 基准测试的目的

主要希望通过基准测试帮助各州回答以下问题：①我们的课程标准的执行水平与那些高度执行的州和国家相比如何？对我们学校和学生的要求足够高吗？②我们的评价很好地测量了课程标准中要求的知识和技能吗？

2. 剖析课程标准的适切性

基于上述目的，"成功分析模式"把一个州的课程标准与其他州、国家和国际的参照课程标准进行比较，并回答如下问题：①课程标准详细说明了一个面向全体学生的综合的、便于管理的核心课程内容吗？关键的概念和技能在课程标准中没有遗漏吗？②课程标准体现学生应该掌握的知识与技能的广度和深度要求了吗？确定对学生来说哪些是最重要的学习内容以及何时去学习的要求了吗？③课程标准是严格的吗？州的课程标准要求能有效地与所要参照的课程标准进行比较吗？④课程标准详细说明了学生应该掌握什么（如知识内容）和学生应用这些知识能做什么吗？学生的推理能力和问题解决能力得到充分发展了吗？或者是在忽略其他内容的情况下过于强调某一方面的内容了吗？⑤课程标准是明确、清楚的吗？教育者和家长能够理解和使用它提高学生的学习成绩吗？

3．分析评价与标准的一致性

"成功分析模式"下的学业评价与课程标准的一致性分析是为了回答以下问题：[3]①每项学业评价只是测量课程标准中要求的内容，还是评价内容与标准不同？测试中的每项内容都涵盖在州课程标准中了吗？②每项学业评价都测量课程标准中的知识技能的广度和深度了吗？每项学业评价都测量一个年级水平的关键性知识和技能了吗？③随着年级的变化，学业评价项目对学生有足够的挑战性吗？

（二）厘定一致性判定标准

"成功分析模式"的评价者按照课程标准或目标审查测试的每一个项目，如果州或测试公司没有测试方案，"成功分析模式"的评价者会提出一个新的测试方案。如果测试开发者提出的方案没有通过审查，"成功分析模式"的评价者会通知该州。"成功分析模式"的一致性判定标准的主要框架如下：[4]

1．内容一致标准

这个标准检验每个测验项目的内容和相关标准的内容之间的一致程度。评价者判断测验项目的内容和相关标准联系的紧密程度，然后确定这个测验项目是从"不一致"到"非常一致"四类中的哪一类。

2．表现一致标准

每个评价项目都代表对学生某一认知类型的要求（如学生要进行"辨别"或"分析"），如果某一个测验项目要求学生进行"辨别"，而相应的标准却是要求学生进行"分析"，这两个表现就不一致。评价者根据一致性程度判断每个项目是从"完全一致"到"不一致"三类中的哪一类。

3．挑战性标准

这条标准可以应用于测量单独评价项目和一整套的评价项目，目的是确定是否把这些评价项目作为学生要掌握的挑战性的学科内容。在单独项目水平上，Achieve的评价者考虑了两个因素：知识来源的挑战性水平和认知要求的水平；在一整套项目水平上，评价者考虑了评价项目整体的挑战性水平。

（三）"成功分析模式"的分析方法

"成功分析模式"是分析学业评价和课程标准之间一致性的深度质性研究方法。"成功分析模式"是由教师、课程专家、学科专家来参与分析的。"成功分析模式"中编码专家作为一个整体进行内容分析。具体包括三个阶段：[5]

1. 第一阶段： 检测评价项目和课程标准的匹配程度

在这一阶段，检测评价项目和课程标准的匹配程度的具体步骤如下：①关注知识、技能（content centrality）。编码专家判断评价项目的知识、技能与课程标准中要求的知识、技能的匹配程度。②关注认知要求（performance centrality）。编码专家比较评价项目的认知要求与标准中的认知要求的匹配程度。例如，评价项目的认知要求是选择、（鉴别、比较、分析、应用等）应用该标准时编码专家编码情况同上，即关注知识、技能标准。

2. 第二阶段： 对评价项目的难度（challenge） 进行判断

在这个阶段，编码专家应该通过两个步骤进行：①判断单个评价项目的难度来源（source of challenge）。判断评价项目的难度来源的标准包括：第一，恰当的难度来源，即评价项目的最大难度是标准中知识、技能、认知要求所要求的；第二，不恰当的难度来源：知识、技能和认知要求与课程标准不一致；评价项目在技术方面有缺陷，通常的情况是多个正确答案或没有答案或出现数字错误等。②判断评价项目的难度水平。编码专家从整体上来判断该测试对一定年级的学生是否难易合适。检测是否大部分评价项目的难度水平与标准中要求的相吻合。

3. 第三阶段： 检测知识样本平衡性和评价项目涉及的知识广度

在这个阶段，具体通过两个步骤进行：①编码专家基于课程标准判断哪些具体课程目标被过多地评价；哪些具体课程目标在学业评价中很少或未被评价。②知识广度检测的是评价项目涉及知识的范围（coverage），即每个课程标准至少有一个相关的评价项目与之相对应。知识广度值高于0.67就是很好的，0.50～0.66被认为是可以接受的。

三、"成功分析模式"的启示

"成功分析模式"为我们研究评价与课程标准的一致性提供了系统的

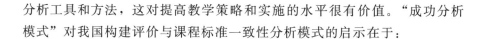

分析工具和方法，这对提高教学策略和实施的水平很有价值。"成功分析模式"对我国构建评价与课程标准一致性分析模式的启示在于：

（一）一致性分析策略是调适学业评价效能偏差的重要方法

从国外构建一致性模式的成果与经验看，有效实施评价与课程标准一致性分析是调适评价效能的重要过程与方法。从美国的经验来看，检视评价与课程标准一致性是美国改进课程实施质量的政策性策略。美国许多州借助"成功分析模式"的一致性程序和方法，分析评价与课程标准之间的一致性水平，进而为教育决策者提高课程评价的有效性提供了可靠的信息。我国在新课程改革中学业评价的命题者往往从对课程标准的领悟和自己的专业水平出发，采用纸笔测验等方式了解学生的知识掌握状况和能力发展水平。但是由于他们只是依据自己对课程标准的领悟去设计学业评价工具，因而难以判断该检测工具是否与课程标准所规定的学习内容相吻合：评价项目是否偏离课程标准？是否遗漏课程标准的某些重要内容？是否超出课程标准的要求？这使人们对学业评价所反馈的学习成果信息是否可靠、有效提出质疑。所以，在评价实践中就需要对这种偏差加以不断调适。以往我们通过对教师的培训，提高教师的专业评价知识和技能，增强教师对课程标准的领悟水平，期望缩小评价与课程标准之间的偏差，但是实际效果并不理想。美国在课程政策层面上借助一致性分析程序与工具，检视评价与课程标准之间的一致性状况，引导评价者基于课程标准实施评价的经验，为我们提供了改善评价与课程标准之间偏差的新途径。借鉴美国的经验，我国应从改进评价政策、改善评价实践出发，积极进行一致性程序与工具的研究，为检视评价的有效性提供科学的方法与手段，推动课程系统的和谐运行。

（二）基于标准实施学业评价，必须构建本土化的一致性分析模式

美国通过研发学业评价与课程标准一致分析模式，为教育决策者检视不同地区的学业评价与课程标准之间的匹配性提供了有效分析方法，进而推动美国基于课程标准进行改革。但是，我国开发和研制学业评价与课程标准一致性分析模式，应该考虑我国与美国基础教育存在的差异性，从本土化的视野研制适应我国教育体制与政策的一致性分析方法。

第一，美国是教育分权型国家，没有国家课程标准，因此，美国各州执行的课程标准是不统一的，因此美国学者致力于在政策上引导学校遵循州课程标准进行教学。美国研发的一致性成功分析模式目的在于推动美国学校教学能够回到州课程标准上来。而我国是教育集权型国家，全国基本执行统一的课程标准，这规定了学生必须达到的最低学业要求。但是，在实际课程实施中发现，多数学校主观上都努力争取达到课程标准所要求的上限，而较少考虑学校的实际条件是否适合，唯恐自己的学校教少了，学生学少了，担心学校在教学质量评比中吃亏，纷纷超纲教学，瞄准供选择的拓展性的较高要求。其结果只有少数"精英"学生能达到课程标准的上限要求，却牺牲了其他学生的发展。就是说，一些学校本来通过努力可以使学生达到课程标准的基本要求，许多学生却难以达到。因此，我国研发检视评价与课程标准一致性程序与工具的主要目的应定位于推动学校执行课程标准的公平性，为全体学生提供达到《国家课程标准》最低要求的机会。

第二，美国各州的课程标准一般都包括课程内容标准、评价标准、机会标准等多项标准，这为其分析学业评价与课程标准一致性提供了具体的参照依据。我国国家课程标准既有内容标准，也有课程实施建议，包括教学建议、评价建议和教材编写建议。教材的内容编写得比较详细且与课程内容标准之间的联系比较紧密，这为构建本土化的学业评价与课程标准一致性分析模式奠定了基础。

参考文献

[1] 钟启泉，张华. 世界课程改革趋势研究— 课程改革国别研究 [M]. 北京：北京师范大学出版社，2001：300.

[2] [3] [4] [5] Robert Rothman, Jean B Slattery. Benchmarking and Alignment of Standards and Testing. CSE Technical Report 566. National Center for Research on Evaluation, 2002：5，6，7，9-20.

[原文载于《比较教育研究》2010 年第 8 期（范立双　刘学智）]

专题六

基础教育领域一致性实践探索

在教学改革的进程中，任何意义的生成都是教学要素各主体之间达成一致性理解的过程。为了生成价值，实现课程评价同课程标准的一致性，就要运用科学的评价工具作为调节与改进课程的杠杆，促使文本化的课程标准成为学生现实学力与素养转化的动力。开展课程中的学业评价同课程标准的一致性研究，是新课程目标的集中体现，它回应了时代对教学改革的诉求，对于促进教学与学生发展有着重要的学术价值和实践意义。借助诺曼·韦伯的学业评价与课程标准一致性的分析程序与方法，我们得以有机会进行学业质量的研究与监测，以此为一致性工具的应用与完善提供一定的实践支撑。本专题选取 J 省为个案研究地区，以 J 省某县小学、J 省初中化学教师为研究对象进行一致性工具的考察与测量，希望在一定程度上能反映不同学科、不同学段的学业评价与课程标准的一致性水平差异状况，为课堂教学质量的提升提供新的分析路径与依据。

小学数学学业水平测试与课程标准
一致性研究

学业水平测试是各县区教育行政部门监测学业质量的重要方法。课程改革的本质在于基于课程标准的教育改革，如何让学生学业成就评价建立在课程标准的基础之上，是国家、地方或学校实施基于标准的学业成就评价过程中必须解决的关键问题。[1]在实践中发现，各县区教育行政部门非常重视学生学业水平测试分数的解释，而忽视对学业水平测试是否反映课程标准要求的一致性推论，因而导致学业水平测试偏离课程标准的问题比较突出。本研究借鉴美国学者诺曼·韦伯（Norman L. Webb）研制的学业评价与课程标准一致性的分析程序与方法（以下简称"一致性"），即韦伯模式，对某县 2010 年小学三年级数学学业水平测试，即对学业水平测试试卷进行一致性分析，为县区层面在实施学业质量监测过程中基于课程标准（以下简称"基于标准"）编制学业水平测试工具提供必要的建议。

一、研究过程与方法

本研究以 J 省某县 2010 年小学三年级数学学业水平测试试卷为监测对象。分析方法主要采用韦伯的一致性分析模式。韦伯分析模式是美国监测学业水平测试工具质量的重要方法。近年来，韦伯模式已经成为理解学业评价和课程标准之间关系的最重要、最具有创新性的模式，目前该模式已经在美国 24 个州推广和应用。[2]本研究借鉴和改造韦伯一致性分析模式旨在对基于标准的小学数学学业水平测试质量进行监测与分析，即依据韦伯构建的一致性分析框架，从知识种类、知识深度、知识广度和知识样本平衡性等四个维度[3]，分析小学三年级数学一致性水平状况。

（一）确定编码"标准"

本研究采用数学课标中刻画的数学知识技能的目标动词为判定依据，即把了解、理解、掌握和灵活运用"四级"水平[4]，作为一致性数据的编

253

码参照标准。

（二）选择编码者及编码

确定由课程专家、学科专家（小学数学骨干教师）、教研员三人组成编码小组。在共同编码过程中，不同类型的编码者分工明确，课程专家负责对课程标准的具体目标进行分析与解读，使编码小组成员很好地理解课程标准内容的难易程度。学科专家负责向编码小组提供课程实施中的学业评价状况，进一步辅助编码小组深刻理解评价项目。教研员集理论与实践知识于一身，在共同编码过程中，协调课程专家和学科专家在编码讨论过程中产生的分歧。本研究具体编码过程如下：编码小组依据了解、理解、掌握和灵活应用"四级"水平，对课程标准下的具体目标进行"水平等级"分析，在此基础上，对小学三年级数学学业水平测试的测验题目进行独立编码。

（三）数据整理

采用描述统计的方法生成知识种类、知识深度、知识广度和知识样本平衡性等"四维度"一致性可接受水平统计表。

（四）确定一致性可接受水平判定标准

表 6-1　学业评价与课程标准一致性水平判断标准[5]

一致性维度	判断一致性可接受水平的指标
知识种类	击中领域目标的测验题目的平均数大于或等于 6 个题目
知识深度	符合具体目标深度水平测试题目平均数的百分比大于或等于 50%
知识广度	测验题目击中水平下目标数的平均数的百分比大于或等于 50%
知识样本平衡性	知识样本平衡性指数的平均数大于或等于 0.70

二、小学数学学业水平测试与课程标准一致性的基本状况

（一）一致性可接受水平状况分析

1. 知识种类的一致性可接受水平

知识种类一致性是指用来判断评价项目涉及的学习内容范围与课程标

准中描述的学习内容范围是否相一致。[6]表 6 - 2 显示，小学三年级数学学业水平测试试卷中数与代数、空间与图形、统计与概率、实践与综合运用四大学习领域的测验题目平均数分别为 13、9.33、6.33、0.33。按照表 6 - 1"击中领域目标的测验题目的平均数大于或等于 6 个题目"即可判定知识种类达标，达到一致性可接受水平的判断标准，数与代数、空间与图形、统计与概率三大学习领域其测验题目平均数均超过 6 个，因此我们有理由判定该三大学习领域知识种类均到达一致性可接受水平；而实践与综合运用领域击中领域目标的测验题目仅为 0.33，其测验题目的平均数不足 6 个题目，由此可以判定该学习领域知识种类没有达到一致性可接受水平。

表 6 - 2　知识种类一致性可接受水平统计表

课程标准			目标水平			击中领域目标的题目数		知识种类一致性可接受水平
学习领域	主题	具体目标数	水平	水平下的目标数	目标水平百分比	M≥6	S. D.	
数与代数	4	19	1	5	26	13＞6	2.65	是
			2	7	37			
			3	3	16			
			4	3	16			
空间与图形	4	18	1	6	33	9.33＞6	1.15	是
			2	7	39			
			3	4	22			
统计与概率	2	11	1	4	36	6.33＞6	2.08	是
			2	2	18			
			3	4	36			
实践与综合运用	1	3	0	2	67	0.33＜6	0.58	否
			4	1	33			

2. 知识深度一致性可接受水平

表 6 - 3　知识深度一致性可接受水平统计表

课程标准					击中领域目标的题目数	与目标对照的深度水平（%）						知识深度一致性的可接受水平
						低于		符合		高于		
学习领域	主题	具体目标数	水平	水平下的目标数	目标水平百分比	M	M	S.D.	M≥50	S.D.	M	S.D.	
数与代数	4	19	1	5	26	13	3	4	64＞50	15	35	8	是
			2	7	37								
			3	3	16								
			4	3	16								
空间与图形	4	18	1	6	33	9.33	7	12	58＞50	27	36	16	是
			2	7	39								
			3	4	22								
统计与概率	2	11	1	4	36	6.33	10	18	62＞50	42	26	18	是
			2	2	18								
			3	4	36								
实践与综合运用	1	3	0	2	67	0.33	0	0	100＞50	175	0	0	是

　　知识深度一致性被用来判断所评价的知识技能、认知要求与课程标准中期望学生"应该知道什么"和"应当做什么"目标是否一致。[7] 表 6 - 3 显示，小学三年级数学学业水平测试试卷中数与代数、空间与图形、统计与概率、实践与综合运用等四大学习领域符合具体目标深度水平测验题目数百分比分别为 64%、58%、62%、100%。按照表 6 - 1 "符合具体目标深度水平测验题目平均数的百分比大于或等于 50%"即可判定知识深度具有一致性的判断标准，四大学习领域符合具体目标深度水平测验题目数的百分比均大于 50%，因此我们有理由判定数与代数、空间与图形、统

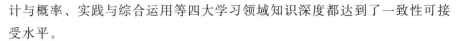

计与概率、实践与综合运用等四大学习领域知识深度都达到了一致性可接受水平。

3. 知识广度的一致性可接受水平

表 6 - 4　知识广度一致性可接受水平统计表

课程标准			目标水平			击中领域目标的题目数	目标击中数				知识广度一致性可接受水平
							目标击中平均数		目标击中百分比		
学习领域	主题	具体目标数	水平	水平下的目标数	目标水平百分比	M	M	S. D.	M≥50	S. D.	
数与代数	4	19	1	5	26	13	8.67	1.528	58.1>50	8.64	是
			2	7	37						
			3	3	16						
			4	3	16						
空间与图形	4	18	1	6	33	9.33	7	1.732	51.2>50	10.2	是
			2	7	39						
			3	4	22						
统计与概率	2	11	1	4	36	6.33	3.33	0.577	38.8<50	8.91	否
			2	2	18						
			3	4	36						
实践与综合运用	1	3	0	2	67	0.33	0.33	0.577	33.3<50	57.7	否
			4	1	33						

　　知识广度一致性是指被用来判断课程标准中所涉及的概念、观点与学生为了正确回答评价项目所需要的概念、观点是否相一致。[8]表 6 - 4 显示，数与代数、空间与图形、统计与概率、实践与综合运用等四大学习领域目标击中百分比分别为 58.1%、51.2%、38.8%、33.3%。按照表 6 - 1 "测验题目击中水平下目标数的平均数的百分比大于或等于 50%"即达到知识广度一致性可接受水平的判断标准，四大学习领域仅有数与代数、空间与图形达到可接受的一致性水平，而统计与概率、实践与综合运用等学习领域则难以达到知识广度一致性可接受水平。

4. 知识样本平衡性的一致性水平

表 6 - 5　知识样本平衡性可接受水平统计表

课程标准			目标水平			击中领域目标的题目数	平衡指数（1 完全平衡－0 没有平衡）				知识样本平衡性可接受水平
							目标击中数占总击中数数的百分比		平衡性指数		
学习领域	主题	具体目标数	水平	水平下的目标数	目标水平百分比	M	M	S.D.	M≥0.7	S.D.	
数与代数	4	19	1	5	26	13	44.83	9.11	0.746＞0.7	0.08	是
			2	7	37						
			3	3	16						
			4	3	16						
空间与图形	4	18	1	6	33	9.33	32.2	3.98	0.364＜0.7	0.103	否
			2	7	39						
			3	4	22						
统计与概率	2	11	1	4	36	6.33	21.8	7.17	0.548＜0.7	0.179	否
			2	2	18						
			3	4	36						
实践与综合运用	1	3	0	2	67	0.33	0.01	0.02	0.132＜0.7	0.523	否
			4	1	33						

　　知识样本平衡性是指考察评价项目在各项具体目标之间分布的均匀程度。[9]表 6 - 5 显示，数与代数、空间与图形、统计与概率、实践与综合运用等四大学习领域知识样本平衡性指数分别为 0.746、0.364、0.548、0.132。按照表 6 - 1 当"知识样本平衡性指数的平均数大于或等于 0.70"，即达到一致性可接受水平的判断标准，该领域只有数与代数领域的知识样本平衡性达到了一致性可接受水平，其余各学习领域均未达到一致性可接受水平。

（二）研究结论与分析

探究小学数学知识种类、知识深度、知识广度和知识样本平衡性的一致性可接受水平状况，我们发现小学三年级数学学业水平测试与课程标准一致性水平具有如下特征：

1. 数与代数领域一致性水平最高

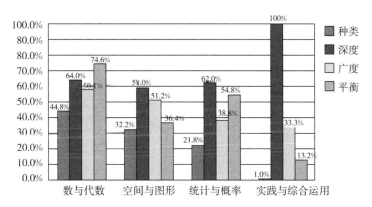

图 6-1 小学三年级数学（上）学业评价与课程标准一致性总体水平统计图

从图 6-1 发现，在四大学习领域中，数与代数领域在四个维度上均达到指标要求，可以得出其一致性水平最高的结论。在小学阶段，数与代数是课程标准内容目标下的基本学习领域，是进一步学习其他数学知识的载体，同时，该领域在课程标准中所占内容比例大，所涵盖的知识点比较多，因而在编制试题时更倾向于数与代数领域，其一致性水平自然要高于其他领域。

2. 空间与图形领域一致性水平较高

从图 6-1 发现，空间与图形领域前三个维度的一致性水平可以接受。该领域的测验题目直接体现了小学数学第一学段要求学生能够认识简单几何体以及平面图形，初步感受平移、旋转等现象，能够运用直尺等工具进行简单测量，与现实生活中儿童所接触到的各种实物有着密切的联系的内容，反映了数学课程标准关注学生生活实际的理念，因而一致性程度较高。

3. 统计与概率领域一致性水平较低

从图 6-1 发现，统计与概率领域仅在知识种类及知识深度两个维度上的一致性水平可以接受，可见其一致性水平较低。数学课程标准中明确规定，统计与概率领域旨在帮助学生逐步建立起数据分析观念，了解随机现象及其发生概率以及可能性事件概念等，在现实社会中应用广泛。因此，从小学开始传授统计与概率知识具有极强的现实性和必要性。但由于该领域首次出现在新课标中，教师及试卷编制人员对其重视程度不高，进而在试卷编制时受到人为因素、检测时间、版面以及题型的影响及局限，很难把该领域更多的具体目标编排到需要考察的范围之内。

4. 实践与综合运用领域一致性水平最低

从图 6 - 1 发现，实践与综合运用领域仅有知识深度一致性水平可以接受。该领域在试卷中测验项目只有一个题目，知识深度一致率为 100%，说明该学习领域知识深度达到较高的一致性水平。同时，除知识深度以外，其他维度均未达标，这说明该学习领域一致性水平仍然较差。实践活动是小学数学第一学段呈现的主要形式，课程标准中关于数学实践的目标旨在让学生在数学学习中经历观察、操作、推理等活动，了解数学在日常生活中的简单应用。这一部分对纸笔测验的要求较高，不易把握，因而在实际教学中，教师对这一领域的学业评价主要放在课堂教学和日常学习生活中，而未将其作为纸笔测验内容。可见，试卷编制者对这一领域的领悟还不够深刻，未能很好地把握该领域的开放性、综合性等要求。

三、结 语

本研究表明，J省某县小学三年级数学学业水平测试试卷具有数与代数领域一致性水平高于其他领域，空间与图形领域次之，统计与概率领域较低，而实践与综合运用领域一致性水平最低等特征。这表明，小学数学学业水平测试试卷的编制人员对数与代数和空间与图形领域的试卷内容把握比较好，而对统计与概率、实践与综合运用领域把握程度不够，存在偏离课程标准内容要求的问题。究其原因，在于我国数学课程标准中虽然明晰了内容标准，却未能制定出科学严谨的学业评价标准，导致试题编制者在编制试题时无学业评价标准可依据。同时，以学业质量检测为目的的学业水平测试虽然具有一定的公平、公正性，但是避免不了会受到考试利害相关者的干预，比如试题编制者在编制试卷时要综合考虑来自学区或学校领导部门、教师以及家长的分数期望。各级领导受来自社会各方面的压力，不得不对课程编制施以权威影响；大多教师认为学习哪些知识就应该考察哪些知识，因而对教材中未能凸显，但在课程标准中却有所强调的某些具体目标不予理会；家长和学生对考试成绩的高期望，也会对试题的编制产生一定程度的影响，这些因素或多或少会导致试卷编制者在编制试卷内容时偏离课程标准的倾向。同时，各级教育部门过于重视对学生考试结果的监测与分析，而忽视对于学生学业水平测试工具质量的监测的做法，也会造成学业水平测试质量不高的问题，面对学业评价中的一系列问题，我们有必要借鉴韦伯等研究的一致性分析模式，创新具有本土化的学业水平测试质量监测方法，推动各地忠实于课程标准编制学业水平测试工具。

参考文献

［1］崔允漷，王少非，夏雪梅. 基于标准的学生学业成就评价 ［M］. 上海：华东师范大学出版社，2008：16.

［2］Council of Chief State School Officer. Aligning Assessment To Guide The Learning of All the Students，2006：45.

［3］Norman L. Webb. Alignment of science and mathematics standards ［M］. Madison，WI：National Institute for Science Education University of Wisconsin-Madison，1999：11-18.

［4］中华人民共和国教育部. 全日制义务教育数学课程标准（实验稿）［M］. 北京：北京师范大学出版社，2002：3.

［5］刘学智. 小学数学学业评价与课程标准一致性的研究 ［D］. 长春：东北师范大学教育科学学院，2008：64.

［6］［7］［8］［9］刘学智. 论评价与课程标准一致性的建构：美国的经验 ［J］. 全球教育展望，2006（9）：36，36，37，37.

［原文载于《当代教育科学》2011 年第 14 期（刘学智　曹小旭）］

小学数学学业水平检测试卷与课程标准
一致性研究

一致性是指学业水平测试与课程标准之间的吻合程度。课程改革的本质是基于课程标准（以下简称"标准"）的教育改革，基于标准的学业水平测试已经成为检测学业质量是否达到课程标准要求的关键指标[1]。目前，在义务教育阶段各省（市）普遍采用区域性学业水平测试方法监测义务教育学业质量，但是由于忽视区域性学业水平测试试卷是否基于标准的一致性水平分析，公众对区域性学业水平测试结果往往产生怀疑。为此，笔者拟借鉴美国学者诺曼·韦伯（Norman L. Webb）研发的一致性分析模式，即"韦伯模式"，分析区域性小学数学学业水平测试与课程标准一致性水平状况和特征，期望给我国探究区域性学业水平测试质量提供新的分析路径。

一、研究对象与方法

（一）确定研究对象

本研究确定样本地区依据人教版数学教材设计的小学 2、3、5 年级的学业水平测试试卷为分析对象。

（二）确定研究方法

本研究以韦伯模式为工具，分析我国小学数学学业水平测试与课程标准的一致性水平状况。韦伯模式分析程序和方法包括：

1. 确定一致性判断标准

韦伯确定"四维度"一致性判断标准[2]：①知识种类标准：用来判断的评价项目所涉及的学习内容范围，是否与课程标准中描述的学习内容范围相一致；②知识深度标准：用来判断的评价项目所涉及的知识技能、认知要求，是否与课程标准中期望学生"应当知道什么"和"应当做什么"的目标相一致；③知识广度标准：学生正确回答评价项目所需的概念、观

点，是否与课程标准中所涉及的概念、观点相一致；④知识样本平衡性标准：用来判断的评价项目在各个课程具体目标之间分布的均匀程度。

2. 确定判断一致性的可接受水平指标

韦伯确定下列一致性可接受水平指标[2]：①知识种类一致性可接受水平指标：指向课程标准各学习领域的评价项目至少有 6 道题目；②知识深度一致性可接受水平指标：评价项目的深度水平符合课程标准具体目标的深度要求的百分比大于或等于 50%；③知识广度一致性可接受水平指标：评价项目"击中"某一学习领域的具体目标数占总击中目标数的 50%；④知识样本平衡性的一致性可接受水平指标：知识样本平衡性指数大于或等于 0.70，略低于该指数则可认为是弱标准。

3. 确定一致性分析的程序

韦伯模式的一致性分析程序主要包括下列步骤：

（1）分析课程标准的内容目标。韦伯认为课程标准的内容目标呈现为"金字塔"形的层级体系，金字塔的顶部是对课程内容目标的最一般的描述，即学习领域；金字塔的中部是"学习领域"的下位的目标，即"主题"；金字塔的底部是课程标准的操作目标，即"具体目标"[3]。

（2）开展编码工作。一是以我国《数学课程标准（实验稿）》描述的小学数学课程学习表现"四级水平"，即了解、理解、掌握、灵活运用为参照标准[4]，二是由课程专家、学科专家、省市级数学教研员组成编码团队，对评价项目进行编码。

（3）采用描述统计方法整理数据。主要包括：描述知识种类数据的整理，即以"学习领域下评价项目"总数的平均值（M）为依据，描述知识种类一致性水平；描述知识深度数据的整理，即以评价项目的深度水平是否小于、符合和大于具体目标的深度水平的百分比，描述知识深度的一致性水平；描述知识广度数据的整理，即以评价项目"击中目标数"的平均数（M）的百分比，描述知识广度的一致性水平；描述知识样本平衡性数据的整理，即以"评价项目击中目标数""目标下的评价项目数"和"领域下的测验题目数"为统计变量，计算知识样本平衡性指数，进而描述知识样本平衡性的一致性水平。

4. 判定一致性结果的方法

本研究依据一致性可接受水平的四项指标，从知识种类、知识深度、知识广度和知识样本平衡性等四个维度来判定一致性水平状况。

二、结果与分析

（一）各学习领域的一致性水平状况

从表 6 - 6 可以看出，在数与代数领域，除知识样本平衡性一致性比例为 0 外，知识种类、知识广度、知识深度等各项指标的一致性比例均为 100%，一致性程度均达到优秀水平。在空间与图形领域，知识种类、知识深度一致性比例分别为 83.3%、91.6%，一致性程度分别达到良好、优秀水平；知识广度的一致性比例为 66.7%，一致性程度达到了合格水平；知识样本平衡性一致性比例仅为 8.3%，表现为很低的一致性水平。在统计与概率领域，知识深度一致性比例达到 91.6%，一致性程度达到优秀的水平；知识广度一致性比例为 58.3%，一致性程度达到合格水平；知识种类、知识样本平衡性一致性比例分别为 16.7% 和 8.3%，一致性水平很低。在综合运用领域，知识深度一致性比例为 50%，一致程度达到合格水平；知识种类、知识广度和知识样本平衡性一致性比例分别为 0、16.7% 和 8.3%，表现为很低的一致性水平。

表 6 - 6　学习领域一致性水平状况统计表　单位：百分比

学习领域	数与代数							空间与图形						
年级	2上	2下	3上	3下	5上	5下	总体比例	2上	2下	3上	3下	5上	5下	总体比例
地区	A1 A2	A1 A2	A1 A2	A1 A2	A1 A2	A1 A2	百分比	A1 A2	A1 A2	A1 A2	A1 A2	A1 A2	A1 A2	百分比
种类	2/2	2/2	2/2	2/2	2/2	2/2	100	2/2	0/2	2/2	2/2	2/2	2/2	83.3
深度	2/2	2/2	2/2	2/2	2/2	2/2	100	1/2	2/2	2/2	2/2	2/2	2/2	91.6
广度	2/2	2/2	2/2	2/2	2/2	2/2	100	0/2	2/2	1/2	2/2	2/2	1/2	66.7
平衡	0/2	0/2	0/2	0/2	0/2	0/2	0	0/2	0/2	0/2	0/2	0/2	1/2	8.3

续　表

学习领域	统计与概率							综合运用						
年级	2上	2下	3上	3下	5上	5下	总体比例	2上	2下	3上	3下	5上	5下	总体比例
地区	A1 A2	A1 A2	A1 A2	A1 A2	A1 A2	A1 A2	百分比	A1 A2	A1 A2	A1 A2	A1 A2	A1 A2	A1 A2	百分比
种类	1/2	0/2	0/2	0/2	1/2	0/2	16.7	0/2	0/2	0/2	0/2	0/2	0/2	0
深度	2/2	2/2	2/2	2/2	2/2	1/2	91.6	1/2	2/2	1/2	1/2	0/2	1/2	50
广度	0/2	2/2	1/2	0/2	2/2	2/2	58.3	0/2	2/2	0/2	0/2	0/2	0/2	16.7
平衡	0/2	1/2	0/2	0/2	0/2	0/2	8.3	0/2	1/2	0/2	0/2	0/2	0/2	8.3

（二）各年级的一致性水平状况

从表 6-7 可以看出，在数与代数领域，三个年级知识种类、知识深度和知识广度维度的一致性比例均为 100%，一致性程度无差异，都达到优秀程度的一致性水平；而三个年级在知识样本平衡性维度的一致性比例均为 0，表现为极低的一致性水平。

表 6-7　各年级一致性水平状况统计表　单位：百分比

学习领域	数与代数						空间与图形					
年级	2上	2下	3上	3下	5上	5下	2上	2下	3上	3下	5上	5下
地区	A1 A2	A1 A2	A1 A2	A1 A2	A1 A2	A1 A2	A1 A2	A1 A2	A1 A2	A1 A2	A1 A2	A1 A2
种类	2/2	2/2	2/2	2/2	2/2	2/2	2/2	0/2	2/2	2/2	2/2	2/2
种类（百分比）	100		100		100		50		100		100	
深度	2/2	2/2	2/2	2/2	2/2	2/2	1/2	2/2	2/2	2/2	2/2	2/2
深度（百分比）	100		100		100		75		100		100	
广度	2/2	2/2	2/2	2/2	2/2	2/2	0/2	2/2	1/2	2/2	2/2	1/2
广度（百分比）	100		100		100		50		75		75	
平衡	0/2	0/2	0/2	0/2	0/2	0/2	0/2	0/2	0/2	0/2	0/2	1/2
平衡（百分比）	0		0		0		0		0		25	

续　表

学习领域	统计与概率						综合运用					
年级	2上	2下	3上	3下	5上	5下	2上	2下	3上	3下	5上	5下
地区	A1 A2	A1 A2	A1 A2	A1 A2	A1 A2	A1 A2	A1 A2	A1 A2	A1 A2	A1 A2	A1 A2	A1 A2
种类	1/2	0/2	0/2	0/2	1/2	0/2	0/2	0/2	0/2	0/2	0/2	0/2
	25		0		25		0		0		0	
深度	2/2	2/2	2/2	2/2	2/2	1/2	1/2	2/2	1/2	1/2	0/2	1/2
	100		100		75		75		50		75	
广度	0/2	2/2	1/2	0/2	2/2	2/2	0/2	2/2	0/2	0/2	0/2	0/2
	50		25		100		50		0		0	
平衡	0/2	1/2	0/2	0/2	0/2	0/2	0/2	1/2	0/2	0/2	0/2	0/2
	25		0		0		25		0		0	

从表6-7可以看出，在空间与图形领域，一致性程度差异明显。其中，在知识种类上，3、5年级一致性水平好于2年级，3、5年级一致性比例达到100%，一致性程度达到优秀的水平，而2年级一致性比例为50%，达到合格程度的一致性水平。在知识深度上，3、5年级一致性水平好于2年级，3、5年级一致性比例达到100%，达到优秀程度的一致性水平，而2年级一致性比例为75%，属于中等程度的一致性水平。在知识广度上，3、5年级一致性水平略好于2年级，3、5年级一致性比例均为75%，达到中等程度的一致性水平，而2年级一致性比例为50%，属于合格程度的一致性水平。在知识样本平衡性上，5年级一致性水平略高于2、3年级，5年级一致性比例仅仅为25%，一致性程度较低，达不到合格程度的一致性水平；而2、3年级一致性比例均为0，属于极低的一致性水平。

从表6-7可以看出，在统计与概率领域，各维度一致性程度差异明显。在知识种类上，2、5年级一致性比例为25%，一致性程度很低，3年级一致性比例为0，一致性程度极低，2、5年级略高于3年级。在知识深度上，2、3年级一致性比例达到100%，一致性程度达到优秀的水平；5年级一致性比例为75%，达到中等程度的一致性水平，2、3年级一致性水平好于5年级。在知识广度上，5年级最好，一致性比例达到100%，一致性程度达到优秀的水平；2年级次之，一致性比例为50%，达到合格程度的一致性水平；3年级最低，一致性比例为25%，一致性程度达不到合格水平。在知识样本平衡性上，2 年级一致性比例为 25％，一致性程度很低，3、5 年级一致性比例为 0，一致性程度极低，2 年级略高于 3、5 年级。

从表 6-7 可以看出，在实践与综合运用领域各维度一致性程度差异明显。在知识种类上，2、3、5 年级的一致性比例均为 0，都表现为极低的一致性水平。在知识深度上，2、5 年级的一致性比例均为 75％，达到中等程度的一致性水平；3 年级一致性比例为 50％，达到合格程度的一致性水平，2、5 年级好于 3 年级。在知识广度上，2 年级一致性比例为 50％，达到合格程度的一致性水平；3、5 年级一致性比例为 0，一致性程度极低，2 年级远高于 3、5 年级。在知识样本平衡性上，2 年级一致性比例为 25％，一致性程度很低，3、5 年级一致性比例为 0，一致性程度极低，2 年级略高于 3、5 年级。

三、结论与思考

（一）结论

1. 学习领域的一致性水平特征

通过以上分析发现，区域性学业水平测试与课程标准一致性水平的学习领域特征如下：数与代数领域一致性水平最高，实践与运用领域的一致性水平最低；各学习领域知识深度的一致性水平最高，知识样本平衡性一致性水平最低。

2. 年级的一致性水平特征

通过以上分析发现，区域性学业水平测试与课程标准一致性水平的年级特征表现在：数与代数领域除知识样本平衡性指标外，其他各项指标三个年级无明显差异；空间与图形领域除知识深度外，其他各项指标三个年级之间差异明显；统计与概率领域三个年级之间存在一定的差异。

（二）几点思考

影响一致性水平特征的原因是十分复杂的，大体可从如下几方面归纳分析。

首先，数与代数领域一致性水平之所以最高，这主要是由数与代数领域的特点决定的。在小学阶段，数与代数是课程标准中的基本学习领域，其内容是数学知识体系的基础，也是学生认识数量关系、探索规律以及建立数学模型的基石。数与代数领域在课程标准中的内容比例大、具体目标多，决定该学习领域成为学业测试的重点领域，加之命题者对此学习领域格外熟悉，因而其一致性水平必然好于其他学习领域。

其次，实践与综合运用领域的一致性水平最低主要是由实践与综合运用领域的特点决定的。在《数学课程标准》中，实践与综合运用领域的总体要求与其他领域是有很大区别的。实践与综合运用领域总体要求是，帮助学习综合运用已有的知识经验，经过自主探索和合作交流，解决与生活经验密切联系的、具有一定挑战性和综合性的问题，以发展他们解决问题的能力，加深对数与代数、空间与图形、统计与概率内容的理解，体会各部分之间的联系[5]。这表明，实践与综合运用领域由于强调数学知识的整体性、现实性以及学习领域乃至学科间的联系性，同时，实践与综合运用领域更多关注学生潜能学力的发展，更多关注学生学力的差别性[6]，这使得实践与综合运用领域的学业评价不以纸笔测验为主。因此，命题者对实践与综合运用领域的把握程度远不如"数与代数"等领域那么好，这也是造成该学习领域评价项目偏离课程标准的主要原因。

第三，各学习领域知识深度的一致性水平最高，标志着小学数学学业水平测试非常重视知识深度目标达成。新课程标准对学生数学能力的培养目标有更高的要求，即在"知识技能"基础上，明确了小学数学学习内容的六大核心概念，即数感、符号感、空间观念、统计观念以及应用意识与推理能力等[4]。数学新课程培养目标的变化，带来了小学数学评价理念的更新，即在具体学业评价中更加注重数学能力的考查，更加注重学生发现问题和解决问题能力的考查。从各地小学数学期末测试来看，都很重视考查学生数学认知水平和数学能力，重视考查学生较高层次的思维水平的要求。

最后，知识样本平衡性一致性水平最低，是因为小学数学学业水平测试题目在课程标准各项具体目标之间的分布不够均衡，过于集中考查某一些具体目标，课程标准中一些有价值的目标又被遗漏或被主观地排斥在测验内容之外。加之，受学业水平测试试卷版面、时间、题型等方面的局限，所以难以把更多的具体目标纳入考查的范围之内。

四、结　语

分析学业水平测试试卷与课程标准的一致性，其实质就是要在文本层面监测学业水平测试质量。区域性小学数学学业水平测试试卷与课程标准的一致性状况与特征表明，地方教育行政部门编制的区域性学业水平测试试卷在内容与结构上都存在着偏离课程标准的问题，这反映出区域性学业水平测试质量不够好，区域性学业水平测试试卷的设计水平亟须提高。实践表明，借鉴美国的一致性模式分析我国的学业水平测试质量具有重要意义，这不仅拓宽了学业水平测试质量研究的新视野，更能促进各地区基于标准去设计区域性学业水平测试试卷。同时，也要清醒地认识到，我们不能僵化地照搬韦伯模式，要立足本土化，合理吸纳韦伯模式的精髓，使之成为我国区域性学业水平测试质量分析的重要方法。

参考文献

[1] 崔允漷，于少非，夏雪梅. 基于标准的学生学业成就评价 [M]. 上海：华东师范大学出版社，2008：110.

[2] Norman L. Webb. Alignment of science and mathematics standards [M]. Madison，WI：National Institute for Science Education University of Wisconsin-Madison，1999.

[3] 刘学智. 论评价与课程标准一致性的建构：美国的经验 [J]. 全球教育展望，2006（9）：35-39.

[4] 中华人民共和国教育部. 全日制义务教育数学课程标准（实验稿）[S]. 北京：北京师范大学出版社，2002.

[5] 孔企平，胡松林. 新课程理念与小学数学课程改革 [M]. 长春：东北师范大学出版社，2002：152.

[6] 刘学智，范立双. 日本中小学教育中的个性化学习：经验、问题与启示 [J]. 比较教育研究，2006（2）：13-17.

[原文载于《东北师大学报（哲学社会科学版）》2012年第2期（刘学智 高云龙）]

基础教育视域下初中化学课堂教学与课程标准一致性研究

  课程实施程度是反映课堂教学质量的重要指标，分析课堂教学与课程标准的一致性水平则是课程实施的程度检测的基本方法[1]。就初中化学而言，采用这种一致性水平分析方法进行课程实施程度检测，对促进初中化学教师对《义务教育化学课程标准（2011版）》（简称"化学课标"）的理解，提升化学课程实施水平都具有重要意义。郑长龙认为，课程标准的每一个主题中都有内容标准，这些内容标准属于课程内容，但是以学习目标的形式出现[2]。"化学课标"对初中阶段化学学习的目标进行了分类，主要分为"认知性""技能性"与"体验性"三大类别学习目标。在三类学习目标中，认知性与技能性学习目标具有可观察性与结果性；体验性学习目标则具有过程性。另一方面，"化学课标"中对学习的主题也做了明确的描述，主要包含"身边的化学物质""物质构成的奥秘""物质的化学变化""化学与社会发展"与"科学探究"五个学习主题[3]10。基于此，本研究拟采用"SEC"一致性分析模型，即美国学者安德鲁·帕特（Andrew Porter）等人研制的"课程实施调查图"（Survey of Enacted Curriculum）[4]，以学习目标与学习主题为切入点对初中化学课堂教学与课程标准一致性水平（以下简称"一致性水平"）状况进行分析，促进初中化学教师基于标准提升课堂教学。

一、研究过程与方法

（一）确定研究对象

  本研究以初中化学教师为研究对象，以 J 省为取样范围，按照城区、县城、乡镇三类地区收集样本。在具体抽样过程中，城区、县城、乡镇三类地区共发放问卷累计 300 份，回收的有效调查问卷为 260 份。

（二）确定研究工具

  依据"SEC"一致性分析模型，本研究研制了初中化学课程实施调查表。

1. "SEC" 一致性分析模型阐释

为打开教师群体课堂教学调查的"黑匣子"，1999 年帕特等人研制了"SEC"一致性分析模型，这被公认为课程实施程度检测的有效工具。该模型的核心思想是创建描述教学内容的二维语言，即学习内容主题及认知要求两大维度。"SEC"分析模型的具体程序包括[5]：第一步，需要教师对教学内容进行回顾，建立描述内容的统一语言，包括学习内容主题和认知要求的统一"描述符"，即用该二维度"描述符"来表示数据处理中的主题项目和表示认知要求的分类项目。第二步，描述学习内容主题与认知要求在教学实施中的表现水平，先确定学习内容主题的关联程度：没有关联；少许关联，即少于一节课；适度关联，即 1～5 节课；持续关联，即多于 5 节课。其次确定认知要求的重视程度：没有重视；轻度重视，即分配到该主题的时间小于 25%；适度重视，即分配到该主题的时间在 25%～33%之间；持续重视，即分配到该主题的时间高于 33%。第三步，计算一致性指数，帕特等人研究并验证了不同的一致性指数方法，最后确认了一致性指数计算公式[6]：

$$一致性指数 = 1 - \frac{\sum |X - Y|}{2}$$

（其中 X 表示一个矩阵中的评价单元比例；Y 代表另一个矩阵中的课程标准单元比例）

2. 编制初中化学教师课堂教学调查问卷

本研究所设计的调查问卷遵循"化学课标"中的学习目标的三类体系。每一类的学习目标又分为三个层级：第一层级为"学习领域"（如身边的化学物质）；第二层级为"单元目标"（如质量守恒定律）；第三层级为"具体目标"（如反应中的能量变化）。

（三）数据整理与分析

本研究运用 Microsoft Office Excel 2007 与 IBM SPSS Statistics 19.0 统计工具对数据进行整理与分析。利用一致性指数公式对数据进行计算，得到了 J 省在初中化学学习目标层面的课堂教学与课程标准一致性水平指数以及学习主题层面的课堂教学与课程标准一致性水平指数。

二、研究结果与分析

（一）J省初中化学学习目标维度一致性水平状况

通过表 6-8 发现，在学习目标维度中，认知性目标的一致性指数为 0.72；技能性目标的一致性指数为 0.77；体验性目标的一致性指数为 0.67。通过比较可以发现，在三类学习目标中，技能性目标的一致性程度最高，体验性目标一致性指数相对较低。

表 6-8　J省初中化学学习目标维度的一致性水平总体状况

学习目标	均值	标准误差
认知性学习目标	0.72	0.004
技能性学习目标	0.77	0.006
体验性学习目标	0.67	0.007

（二）J省初中化学学习主题维度课堂教学与课程标准一致性水平状况

1. J省初中化学学习主题维度一致性水平的总体状况

通过表 6-9 发现，在初中化学学习主题中，"身边的化学物质""物质构成的奥秘""物质的化学变化""化学与社会发展"以及"科学探究"一致性均值分别为 0.67、0.73、0.80、0.63、0.70。其中，"物质的化学变化"主题一致性程度最高，"化学与社会发展"主题的一致性程度相对较低。

表 6-9　J省初中化学学习主题维度一致性水平总体状况

学习主题	均值	标准误差
身边的化学物质	0.67	0.005
物质构成的奥秘	0.73	0.044
物质的化学变化	0.80	0.006
化学与社会发展	0.63	0.007
科学探究	0.70	0.009

2. J省初中化学学习主题维度下一致性水平的具体状况

(1)"认知性"目标下学习主题的一致性水平状况

在认知性学习目标下主要有"身边的化学物质""物质构成的奥秘""物质的化学变化""化学与社会发展"四个学习主题。通过表6-10可以发现，这四个学习主题的一致性指数分别为0.76、0.61、0.89、0.62。通过比较发现，"物质的化学变化""身边的化学物质"一致性程度相对较高，"化学与社会发展""物质构成的奥秘"一致性程度相对较低。

表6-10 J省初中化学认知性学习主题一致性水平状况

学习主题	均值	标准误差
身边的化学物质	0.76	0.005
物质构成的奥秘	0.61	0.002
物质的化学变化	0.89	0.008
化学与社会发展	0.62	0.008

(2)"技能性"目标下学习主题的一致性水平状况

从表6-11可以看到，技能性目标下"科学探究"主题的一致性水平均值为0.76，一致性程度处于较高的水平。

表6-11 J省初中化学技能性学习主题一致性水平状况

学习主题	均值	标准误差
科学探究	0.76	0.010

(3)"体验性"目标下学习主题的一致性水平状况

在体验性学习目标下主要有"身边的化学物质""物质构成的奥秘""物质的化学变化""化学与社会发展""科学探究"五个学习主题。通过表6-12可以发现，这五个学习主题的一致性指数分别为0.58、0.85、0.70、0.65、0.64。通过比较发现，"物质构成的奥秘"一致性程度相对较高，"身边的化学物质"一致性程度相对较低。

表6-12 J省初中化学体验性学习主题一致性水平状况

学习主题	均值	标准误差
身边的化学物质	0.58	0.008
物质构成的奥秘	0.85	0.087

续　表

学习主题	均值	标准误差
物质的化学变化	0.70	0.010
化学与社会发展	0.65	0.008
科学探究	0.64	0.013

（三）J省三类地区初中化学课堂教学与课程标准一致性水平的差异状况

1. J省三类地区初中化学学习目标维度的一致性水平差异

通过表 6-13 可以看出，乡镇、县城、城区三类地区的初中化学教师在认知性学习目标上的一致性均值分别为 0.73、0.71、0.72。通过单因素方差分析，$F = 1.369$，$P = 0.259$，$P > 0.05$，说明乡镇、县城、城区三类初中化学教师在认知性目标上的一致性水平并无差异。乡镇、县城、城区三类地区的初中化学教师在技能性学习目标上的一致性均值分别为 0.75、0.80、0.77。通过单因素方差分析，$F = 5.724$，$P = 0.005$，显著性水平 $P < 0.05$，说明乡镇、县城、城区三类初中化学教师的一致性水平在技能性学习目标上存在显著差异。在体验性目标上，乡镇、县城、城区三类地区的初中化学教师一致性水平均值分别为 0.66、0.69、0.66。通过单因素方差检验，$F = 1.987$，$P = 0.143$，$P > 0.05$，表明在体验性学习目标上三类地区教师一致性水平不存在显著差异。

表 6-13　J省三类地区初中化学教师学习目标维度一致性水平状况

	地区类型			F 值
	乡镇	县城	城区	
认知性目标	0.73	0.71	0.72	1.369
技能性目标	0.75	0.80	0.77	5.724 *
体验性目标	0.66	0.69	0.66	1.987

注：* 表示 $P < 0.05$，下同。

2. J省三类地区初中化学学习主题维度的一致性水平差异

通过表 6-14 发现，在"身边的化学物质"主题中，J省乡镇、县城和城区三类地区化学教师的一致性指数分别为 0.67、0.67、0.66。通过单因素方差检验，$F = 0.290$，$P = 0.749$，$P > 0.05$，说明在该学习主题中三类地区教师一致性水平没有显著的差异。

在"物质构成的奥秘"主题中，乡镇、县城和城区三类地区化学教师的一致性指数均值分别为 0.68、0.85、0.67。通过单因素方差检验，$F = 1.772$，$P = 0.024$，显著性水平 $P < 0.05$，说明在该学习主题中三类地区教师的一致性水平存在显著差异，其中县城化学教师在该学习主题的课堂教学与课程标准一致性最佳。

在"物质的化学变化"主题中，乡镇、县城和城区化学教师一致性指数均值分别为 0.78、0.81、0.80，一致性指数均大于 0.7，表现较好。通过单因素方差检验，$F = 2.042$，$P = 0.136$，$P > 0.05$，说明在该学习主题中三类地区化学教师之间并不存在明显的差异。

在"化学与社会发展"主题中，乡镇、县城和城区化学教师的一致性指数均值分别为 0.65、0.60、0.65。通过单因素方差检验，$F = 5.322$，$P = 0.006$，显著性水平 $P < 0.05$，说明在这一学习主题中三类地区教师的一致性水平有显著差异，其中乡镇和城区化学教师在该学习主题的课堂教学与课程标准一致性最佳。

在"科学探究"主题中，乡镇、县城和城区化学教师一致性指数均值分别为 0.69、0.73、0.68。通过单因素方差检验，$F = 3.535$，$P = 0.033$，显著性水平 $P < 0.05$。结果表明，在这一学习主题中三类地区化学教师一致性水平有显著差异，其中县城类区域教师在该学习主题的课堂教学与课程标准一致性最佳。

表 6－14 J省三类地区初中化学教师学习主题一致性水平状况

	地区类型			F 值
	乡镇	县城	城区	
身边的化学物质	0.67	0.67	0.66	0.290
物质构成的奥秘	0.68	0.85	0.67	1.722 *
物质的化学变化	0.78	0.81	0.80	2.042
化学与社会发展	0.65	0.60	0.65	5.322 *
科学探究	0.69	0.73	0.68	3.535 *

三、结论与思考

（一）结论

1. 课堂教学与课程标准在学习目标维度内的一致性程度特征

通过以上分析发现，J省初中化学课程标准内容与实际课堂教学中，技能性学习目标的一致性程度最佳，其次为认知性目标，较低的为体验性目标。

2. 课堂教学与课程标准在学习主题维度内的一致性程度特征

（1）从学习主题分类来看，"物质的化学变化"主题是J省初中化学课程标准内容与实际课堂教学一致性水平最高的学习主题，其次为"物质构成的奥秘"主题，"科学探究"与"身边的化学物质"主题较低，而"化学与社会发展"主题最低。

（2）从学习目标类型来看，J省初中化学课程标准内容与实际课堂教学中，不同学习目标下的学习主题拥有不同的一致性程度：

第一，在"认知性"目标的学习主题中，"物质的化学变化"一致性程度最高，"身边的化学物质"一致性程度较高，"化学与社会发展"一致性程度次之，"物质构成的奥秘"一致性程度最低。

第二，在"技能性"目标的学习主题中，"科学探究"一致性指数高于0.7，课程实施呈现较好的趋势。

第三，在"体验性"目标的学习主题中，一致性水平较高的为"物质构成的奥秘"与"物质的化学变化"，其次为"化学与社会发展"与"科学探究"，一致性水平最低的为"身边的化学物质"。

3. 三类地区的差异特征

（1）三类地区在学习目标上的差异特征

在学习目标上，J省三类地区初中化学教师课堂教学与课程标准一致性水平呈现了不同的差异特征。通过比较发现，在认知性、体验性学习目标上三个地区初中化学教师的一致性水平差异并不显著。而在技能性学习目标上，三个地区初中化学教师的一致性水平呈现了较为明显的差异，主要表现为：县城初中化学教师的一致性水平最高，其次是城区初中化学教师，较低的为乡镇初中化学教师。

（2）三类地区在学习主题上的差异特征

总体上，处于三类地区的初中化学教师在学习主题中表现了不同的一致性水平。主要表现为：在"身边的化学物质"主题中，三类地区教师的一致性水平没有明显差异，一致性指数均值低于 0.7，处于较低的水平。在"物质构成的奥秘"学习主题中，三类初中化学教师的一致性水平存在显著差异，县城教师一致性水平最高，乡镇次之，城区最低。在"物质的化学变化"主题中，三类地区教师的一致性水平并不存在较大差异，一致性指数均高于 0.7，一致性水平呈现较好的趋势。在"化学与社会发展"学习主题中，三类地区初中化学教师的一致性水平存在明显差异，但三类地区化学教师的一致性程度均处于较低水平。其中乡镇与城区教师一致性水平相对较高，县城教师的一致性水平较低。在"科学探究"主题中，三类地区的教师一致性水平存在明显的差异，主要表现为：县城初中化学教师的一致性水平最高，其次是乡镇，城区初中化学教师的一致性水平最低。

（二）几点思考

影响化学教师课堂教学一致性水平特征的原因十分复杂，大致可从以下几个方面进行归因分析。

1. 在初中化学学习目标维度上，之所以呈现"技能性"一致性程度最高，"体验性"一致性程度最低的特征，主要原因在于：

首先，技能性学习目标一致性程度最高的原因，大致可以从两个方面解释，一是技能性学习目标在初中化学课程标准中具有重要地位。"化学课标"中的"科学探究"主题中强调了化学实验与学生化学实验技能的重要性，并明确提出了具体的技能性学习目标[3]。在新版课程标准中，"科学探究"作为独立主题出现，更是体现了课程标准对技能性学习目标的重视。二是技能性学习目标也是中考考察的重要内容。J 省 C 市教育局相关人员也表示："中考命题中重点考查学生运用所学知识分析和解决问题的能力。特别强调对学生理化实验能力的考查，重在培养学生动手能力、分析和解决问题的能力，规定中考试题中化学实验题目的分值不低于试卷总分值的 30%。"[7]受中考指挥棒的导向作用，初中化学教师在课程教学中也更加重视技能性目标。

其次，体验性学习目标一致性程度最低，则是由于各类考试中主要重视知识与技能的考查，体验性学习目标并不容易进行评价，因此导致教师在课程计划中，往往将体验性学习目标忽略。另外，体验性学习目标需要联系生活实际，学生亲身感受。但是由于学校或教师出于教学计划、课程资源与安全的考虑，并不会完全让学生亲身体验与感受，更多地采用观看视频或图片的方式代替，这也影响了体验性学习目标的实现。

2. 在初中化学学习主题维度上，呈现了"物质的化学变化"学习主题一致性程度最高，"化学与社会发展"学习主题一致性程度最低的特征，主要是因为：

首先，"物质的化学变化"学习主题一致性程度最高，主要由于该主题是学生学习的重点。该主题主要包括化学变化的特征、化学反应的类型、化学反应中的能量变化以及质量守恒定律和化学反应的表示方法等内容[3]。这些内容在化学学习中具有重要的地位，并且在教材中该主题分布在教材的多个单元，《中考化学考试说明》中指出中考化学试卷中该学习维度的试题约占 40%[8]，所占的篇幅较大，在课堂教学中更为教师所重视。

其次，"化学与社会发展"学习主题一致性水平之所以最低，也是多种复杂原因导致的。尽管"化学与社会发展"学习主题对学生认识化学与生活、化学与生产、化学与社会具有重要意义，但是该主题的学习难度不大，内容相对较少，并且在中考中所占比例较小，约占 8% 的比例[8]，导致教师在这些内容的教学上往往简单、粗略地带过，并没有给予其相应的教学重视与课时安排。

3. 从初中化学三类地区教师维度上看，无论学习目标还是学习主题均有不同程度的差异性。

首先，在学习目标维度上，三类地区的化学教师在认知性、体验性学习目标上并无明显差异，主要由于各类学校对初中化学教师的新课程培训，各类地区的教师对新课程都有了很好的认识与理解。虽然三类地区在认知性和体验性学习目标上并没有明显差异，但是三类地区初中化学教师的体验性学习目标一致性水平还是偏低的。无论城区、县城还是乡镇初中化学教师都不重视体验性学习目标，三类地区的教师都受中考、课程资源等限制，不大关注体验性学习目标的实现。在技能性学习目标上，县城最高，城区次之，乡镇最低，但一致性水平总体上呈现了较好的趋势。正如前文所言，由于课程标准与中考的要求，三类地区初中化学教师都对技能性学习目标更为重视，呈现较好的一致性水平。但是相比而言，乡镇一致性水平最低。这主要由于乡镇地区教学条件落后，一些化学教师专业素质较低，化学实验器材匮乏、损耗大[9]，乡镇化学教师在课堂教学中实施的化学实验较少，进一步影响了技能性学习目标在课堂教学的有效实施，导致一致性水平较低。

其次，城区、县城、乡镇初中化学教师在学习主题上也呈现了一定的差异性，具体分析如下：在"身边的化学物质"与"物质的化学变化"学习主题中，三类地区一致性水平并无显著差异，主要由于这两个学习主题都为初中化学学习的重点，在课堂教学中各类地区的教师对"身边的化学物质"与"物质的化学变化"学习主题都更加重视。在"物质构成的奥秘"与"科学探究"学习维度上，三类地区呈现县城一致性水平最高，城区最低的趋势。这表明，县城与乡镇教师在新课程的各类培训中，也逐渐提升了对课程标准的认识。虽然城区教师拥有较高的专业素养，但是城区学校的升学、考试压力相对较大，使得城区初中化学教师更加重视考试的重点，对其他主题略有忽视。在"化学与社会发展"主题上，乡镇和城区一致性水平较高，县城一致性水平较低。正如前文所言，"化学与社会发展"主题内容难度较小，也并非考试重点，在各类地区都不受重视。

四、结　语

"SEC"一致性分析模型是课程实施程度检测的重要方法。运用"SEC"一致性分析程序与方法，可以掌握初中化学课堂教学偏离课程标准的实然状态，据此促进初中化学教师基于课程标准改进课堂教学，逐步提升教学质量。实践证明，"SEC"一致性分析模式，在课程实施程度检测方面，适用于基础教育各个学段、各个学科的教学质量分析研究，是一种具有极高的推广价值的课堂质量分析工具。同时，借鉴"SEC"一致性分析模式进行课程实施程度调查时，也应充分考虑中国与美国教育体制的差异性。美国是分权教育体制，中小学教学主要依据州标准；而我国是集权教育体制，中小学教学主要依据国家课程标准。教育体制的差异，加之两国文化背景的差异，必然要求我国学者借鉴"SEC"一致性分析模式时，要从我国的教育实践出发，进行本土化改造，使其成为我国中小学课堂教学质量分析的重要方法。

参考文献

[1] 张善培. 课程实施程度的测量［A］. //课程实施与评价研究资料摘编［C］. 长春：教育部东北师范大学基础教育课程研究中心，2001.

[2] 郑长龙. 化学课程与教学论［M］. 长春：东北师范大学出版社，2005.

［3］中华人民共和国教育部. 义务教育化学课程标准（2011 年版）［M］. 北京：北京师范大学出版社，2012.

［4］CCSSO. Surveys of Enacted Curriculum：Tools and Services to Assist Educators ［EB/OL］. ［2016-06-20］. https：// secure. wceruw. org/seconline/Reference/secTools 05. pdf.

［5］刘学智. 学业评价与课程标准一致性研究——基于标准的小学数学学业水平分析模式与策略［M］. 长春：东北师范大学出版社，2011.

［6］Porter. How SEC Measures Alignment ［J］. Educational Researcher，1997（5）：8.

［7］长春晚报. 最新中考改革方案出炉改革对长春中考有何影响［EB/OL］. （2016-09-22）　［2016-11-1］. http://jl. sina. com. cn/news/s/2016-09-22/detail-ifxwevmc5119675. shtml.

［8］吉林中考：化学考试说明［EB/OL］. （2016）. http：//www. 51edu. com/zhongkao/jilin/shuoming/3743331. html.

［9］何如涛. 农村初中化学实验教学的弱化现象及应对策略［J］. 教育理论与实践，2010（32）.

［原文载于《东北师大学报（哲学社会科学版）》2017 年第 4 期（刘学智　陈淑清　王馨若）］

教师教育改革篇

专题七

基础教育教师教育问题研究

进入 21 世纪以来，以美国、日本等国为代表的当代基础教育改革研究开始超越对单一的课程的建构，而以培养学生生存能力、强化教师实践能力为目标，标志着新教育改革进入一个崭新的时期。在新的时代要求下，基础教育中的教师教育改革研究继续站在实践性视角上，努力变革基础教育课程领域中的不同话语，实现对教师意义的新阐释，并使教育改革走向教师教育一体化。显然，这为新时代的基础教育改革创新与进步提供了条件，为我国积极实行基础教育阶段的教师教育改革提供了经验与启示。尤其是经过理论和实践的奠基性努力，我们的目光得以回归教师与课程教学本身，由此更能够得以在教育的日常和实际生活中发现教师发展的意义，实现课程体系的完善与建构。

在本专题，我们尝试以美国、日本等国基础教育中的教师教育改革为典型示例，建构一种新的教师教育改革观念，即教育目标时代化、教师资格弹性化、课程体系整合化的观点，以此重新来审视教师与教育改革的关系，解除僵化的管理制度对教师主体地位的遮蔽，从而揭示出教师教育改革问题的深刻性与多元性，将真实的教育改革落到实处。

美国中小学教师 MKT、课程资源
与教学质量关系问题

教师知识作为影响教学质量的关键因素，日益受到教育研究者的关注。20 世纪 80 年代，舒尔曼（Lee S. Shulman）首次提出了"学科教学知识"（Pedagogical Content Knowledge，简称 PCK）的概念，这为教师专业发展提供了新视角。[1] 2008 年，鲍尔（D. L. Ball）在 PCK 概念基础上提出了"面向教学的数学知识"（Mathematical Knowledge for Teaching，简称 MKT）。[2] 此后，希尔（Heather C. Hill）等学者将该问题的研究视野扩展到 MKT、课程资源与教学质量的关系探讨上，这对教师专业成长、课程资源优化以及教学质量提升都具有十分重要的意义。

一、美国研究教师 MKT、课程资源与教学质量关系的理论框架

美国学者瑞米拉德（Remillard，2005）最早提出"教师—课程关系"的分析框架，他认为教师和课程之间是一种动态的互动关系，两者都是教学活动的积极参与者和影响因素。[3] 在研究教师 MKT、课程资源与教学质量关系时，以瑞米拉德的分析框架为基础，希尔构建了新的理论框架（见图 7 - 1）：

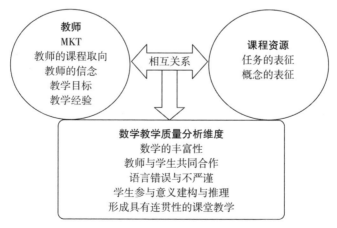

图 7 - 1　教师 MKT、课程资源与教学质量关系的理论分析框架

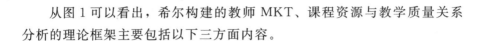

从图 1 可以看出，希尔构建的教师 MKT、课程资源与教学质量关系分析的理论框架主要包括以下三方面内容。

（一）教师 MKT 的结构

教师 MKT 是指"教师执行数学教学任务时所需要的数学知识"[4]。鲍尔等人认为，MKT 主要包括学科知识与 PCK 两大类。其中，学科知识包括一般内容知识、特殊内容知识、数学横向知识；PCK 包括内容与学生知识、内容与教学知识以及课程知识。[5]希尔在综合考虑教师信念、课程取向、教学目标、教学经验等因素对教学质量影响的基础上，对教师 MKT、课程资源与教学质量关系进行了探究。

（二）数学课程资源的表征

课程资源是教师实施教学的基本工具，一般包括教科书、教师指导手册、教学计划、教学材料包等。[6]课程资源在教学中具有不可或缺的功能。希尔提出的理论框架主要关注数学课程资源的两个方面[7]：一是任务的表征，主要包括教师教学指南、教学步骤、单元教学计划、学生学习任务等；二是概念的表征，即指通过图表、模型、解释、类比等方法描述、组织数学概念以及概念间的关系。

（三）数学教学质量的分析维度

希尔认为"数学教学质量"的分析维度应包括五个方面：[8]

1．数学的丰富性

该维度指教师为学生提供的数学内容的深度，主要关注数学事实、步骤的意义以及教学中关键的数学事件。具体包括：①建立数学表征间的联系；建立数学概念间的联系；建立数学表征和概念间的联结；②赋予数学概念、程序或问题解决方法意义；③针对同一个数学问题或任务提供多种解决方案或程序；④通过具体的例子，概括数学事实或程序；⑤流畅、连贯地使用密集、准确的语言等。

2．与学生共同合作

该维度主要包括：①教师是否能够理解和恰当回应学生的数学成果，如教师对学生的想法或答案做出有意义的理解并利用学生的想法或解决问题的方法进行数学概念的解释；②修正学生的学习困难或错误，教师要能够确定学生犯错的原因，预先设想学生可能犯的共同错误，并通过有效教

学使学生避免犯此种错误等。

3. 语言错误和不准确

该维度主要包括：①教师教学中出现的主要数学错误或者严重的数学疏漏，如解决数学问题的方式不正确，错误地定义数学术语，在数学术语界定时忘记重要的前提条件，将两个不同的数学词汇混淆使用等；②不准确地使用数学符号、数学语言，讨论数学观点时使用的语言不准确；③不能明确、清晰地提出数学任务、表述数学内容等。

4. 学生参与意义建构与推理

该维度主要关注学生参与课堂认知活动的情况以及学生在多高程度上参与意义建构和推理活动。

5. 形成具有连贯性的课堂教学

该维度主要关注教师课堂教学的整体性，这涉及教师对数学任务、例子的选择和顺序安排，在各项课堂活动之间建立联系，课堂教学朝着预设的目标进行而不偏离，以及课堂教学的内在凝聚力等诸方面。

二、美国研究教师 MKT、课程资源与教学质量关系的过程与方法

（一）美国教师 MKT、课程资源与教学质量关系的分析方法

希尔研究教师 MKT、课程资源与教学质量关系主要采用多案例研究方法。案例研究是对某个现象或事件及其承载环境的整个系统进行整体、全面、专门的研究。[9]研究表明，案例研究适用于无法对相关变量进行控制的事件的研究上，探究的是"怎么样"和"为什么"性质的问题。[10]一般而言，根据研究中所包含案例的多少，可以将案例研究分为单一案例研究与多案例研究。希尔采用多案例研究方法，探究教师 MKT、课程资源与教学质量关系主要基于以下因素：一是教师 MKT、课程资源与教学质量关系的研究，属于"怎么样"性质的问题，这适合采用多案例研究方法；二是多案例研究方法具有结论多重互证的特点，也会使教师 MKT、课程资源与教学质量关系的研究结论更为全面，更具说服力。

（二）美国教师 MKT、课程资源与教学质量关系分析的基本过程

1. 样本的选取

（1）数学教师的样本选取

希尔根据教师教学主题的不同，设计了四组案例。四组案例的教学内

容分别为比率、整数的减法、线性关系、分数的加减法。每组案例中选择 2 或 3 名教师参加研究，四组案例共选择 9 名教师。多案例研究遵从的是复制法则，而非统计抽样法则，所挑选出来的案例要么能产生相同的结果（逐项复制，literal replication），要么能由于可预知的因素而产生与前一研究不同的结果（差别复制，theoretical replication）。[11] 遵循复制法则的要求，研究中选取不同 MKT 水平的教师，其中高 MKT 水平的教师 3 名，中等 MKT 水平的教师 4 名，低 MKT 水平的教师 2 名（见表 1）。按照教师 MKT 水平选取样本，既有利于案例内的分析，又有利于跨案例的分析。此外，样本选取过程中除考虑数学教师 MKT 水平外，还考虑了教师的教龄、学历、专业等背景特征。

（2）课程资源的样本选取

1991 年，美国国家科学发展协会为改进美国数学教育启动"关联数学计划"，研发初中数学教材（一般称 CMP 教材），CMP 教材是美国市面上 4 套中学数学教科书中使用率最高的课程资源。[12] CMP 教材有两个版本，即 CMP1 和 CMP2。其中，CMP2 是在 CMP1 基础上的修订本。如表 7-1 所示，希尔选取的样本教师中，课程资源使用情况如下：有 2 名教师使用 CMP1，6 名教师使用 CMP2，1 名教师以 CMP2 为主，同时以 CMP1 中的部分数学问题为补充。

表 7-1　样本数学教师及课程资源的选取[13]

案例	数学主题	教学年级	教师参与者		
			编码	MKT 百分位	使用的课程版本
1	比率	7	A	93（高）	CMP2
			B	47（中）	CMP2
2	整数的减法	7	C	42（中）	CMP2
			D	22（低）	CMP1
			E	7（低）	CMP2
3	线性关系	8	F	94（高）	CMP2（增补 CMP1）
			G	31（中）	CMP1
4	分数加减法	6	H	89（高）	CMP2
			I	50（中）	CMP2

2. 数据的收集

（1）测量教师 MKT

在研究之初，所有的教师都被要求参加 MKT 测试。该测试工具由鲍尔团队所开发，由一套标准化的选择题组成。测试内容涉及数与运算、函数、代数、几何等方面。测试题主要考查教师 MKT 的两个方面的内容知识与特殊内容知识。一般内容知识是指许多受过良好教育的成人都应该具备的数学知识，不但在教学工作中需要，在其他一些职业中也需要，且使用方式相同。[14]

希尔在完成样本教师 MKT 水平测量后，将这些教师的 MKT 成绩按"项目反应理论模型"输入全美中学教师代表性样本数据库进行分析。结果表明，9 位样本教师的 MKT 成绩在全美中学教师 MKT 数据库中的百分位处于 7%~94% 之间（见表 1）。由此，希尔根据样本教师 MKT 百分位排名，将 9 名样本教师分为高、中、低三组。

（2）课堂录像

希尔选取的 9 名样本教师中，有 8 名分两次录了 6 节课（共 48 节课），有 1 名教师分三次共录了 9 节课。所有的课堂录像均由接受过专业培训的摄像师完成，他们知道如何捕获课堂整体事件，教师、学生的声音，课堂中共享的教师和学生作品。录像完成后将被转录，研究者能够听到课堂中教师 95% 左右的话语，能够听到课堂中学生 70% 左右的话语。在后续的案例分析过程中，研究者主要关注每名教师的某一节课，但有时为了确定所观察的教学特征在该教师其他课上是否具有一致性，也会关注教师的其他录像课。

（3）访谈教师

对样本教师的访谈分为两类，一是课后访谈，主要目的是了解教师这几节课的课程目标、教学计划、教学准备以及在准备和教授课程时遇到的困难。同时，课后访谈也要求教师讨论学生在课堂中了解与困惑的内容，描述假如再上一次同样的课，他们将进行哪方面的改变。课后访谈也将被录像和转录。二是一般性访谈，主要了解教师对数学教学及课程资源的认识，考查教师课程资源的使用状况，分析教师典型的教学实践。一般性访谈还要求教师解答和讨论具体的 MKT 试题，了解他们在具体的数学内容方面的 MKT。

3. 多案例的分析

希尔主要采用罗伯特 K. 殷（Robert K. Yin）提出的两种策略进行多

案例分析[15]：一是模式匹配策略。该策略主要是根据已有的教师 MKT、课程资源与教学质量关系的研究成果和经验，提出相应的假设，再与案例分析中所产生的数据相匹配。二是竞争性解释策略。该策略又分为"混合的竞争性解释"和"直接的竞争性解释"两种具体方法。"混合的竞争性解释"即指教师 MKT 和课程资源可能不是单独地影响教学质量，而是共同影响教学质量；"直接的竞争性解释"，即教学环境中的其他因素可能影响教学质量。通过这两种策略，希尔进行了深入的案例分析，具体包括以下五个阶段：

第一阶段，在观看录像课的基础上，写下详细的分析备忘录描述课堂教学活动的开展。在分析备忘录中，研究者将根据数学教学质量分析的五个维度考查教师的每节课。应当指出的是，为了保证录像分析的客观性，评价过程中研究人员并不了解教师纸笔测试的 MKT 成绩。备忘录为下一阶段的具体分析提供了基础。

第二阶段，利用分析备忘录和教师 MKT 的相关信息探索教师 MKT 与教学质量的关系。研究者根据 MKT 理论以及 MKT 与教学质量关系的相关研究，形成了第一个假设[17]：MKT 水平较高的教师更倾向于：①通过熟练的应用数学表征、数学解释以及运用"密集"的数学语言等方式，在课堂教学中支持学生进行意义建构；②理解和妥善应对学生的数学成就与数学学习困难；③当陈述教学内容时，避免语言、符号上的错误和不准确；④提供支持意义建构和理解的具有连贯性的课程。相反，MKT 水平较低的教师在上述方面提供了低质量的教学。

第三阶段，考查课程资源对教学质量的作用。在考虑 CMP 课程的总体特征、课程目标后，研究者提出了第二个假设[18]：高质量的课程资源能够为教师课堂教学提供支持，主要表现在以下几个方面：①提供丰富的、意义为导向的教学；②避免数学错误以及符号、语言的不准确；③引导学生参加需要认知能力的活动，要求他们进行数学意义的建构和数学推理。当课程资源呈现学生可能出现的错误观念和学习困难时，能够支持教师对学生作品做出有效的回应。相反，当 CMP 教材存在不足的时候，也会导致低质量的教学。为了验证第二个假设，就要确定课程资源是否为教师教学提供了有效支持。为此，研究者一方面要分析教师教学指导方面的 CMP 配套课程资源，考查学生课本中所给出的数学任务的顺序是否科学、合理；另一方面，要分析教师的课后访谈，深入了解教师本身是否认为课程资源有助于他们的课程准备与教学。第四和第五阶段是当案例中的数据不支持原有的假设时，研究者应关注其他可能的解释。在第四阶段，研究者通过考查 MKT、课程资源对教学质量的综合影响，寻找其他的解释。例如，在此阶段探究教师丰富的 MKT 能否弥补课程资源的某些不足，或者教师 MKT 的局限性能否通过课程资源的有关内容来弥补。假如存在这种可以弥补的情况，就要进一步探究这种弥补是否改进了教学，又是如何改进的。

第五阶段，如果分析结果显示，教师 MKT 和课程资源无论是单独还是共同都不能解释数学教学质量的时候，研究者就要寻求其他可能的解释。

三、美国教师 MKT、课程资源与教学质量关系研究的基本结论

希尔研究发现，教师 MKT、课程资源和教学质量的关系可以概括为如下几个方面：

首先，教师 MKT 水平高，教学质量也相对较好。希尔研究发现，MKT 对数学教学质量的影响主要体现在四个方面[19]：①数学语言，MKT 水平高的教师使用数学术语的频次与准确度相对更高，而 MKT 水平低的教师较少使用数学术语，且容易出现用语不准确的情况；②数学解释，MKT 水平高的教师与学生的每次交流均具有数学意义，而 MKT 水平低的教师往往不能进行清晰的数学解释；③数学丰富性，案例中 MKT 水平高的教师相比于 MKT 水平低的教师更倾向于在重要的数学思想和表征之间建立明确的联系；④课程教学的连贯性，这种连贯性可以在 MKT 水平较高和中等的教师的课程教学中观察到，主要表现为教师能够有效引出、解释、利用学生成果，能够快速理解、恰当对待学生的观点，且教学更具程序性和流畅性。但是，希尔在研究中也发现，数学教学质量的第五个维度——学生参与意义建构与推理和教师 MKT 之间的联系较为薄弱。MKT 水平高、中的教师能够促进学生进行数学思考，但这一促进作用并不持久；而 MKT 水平低的教师通过提出具有挑战性的问题或要求学生进行解释，能够为学生提供发展数学思想的机会。由此说明，教师 MKT 水平与教学质量之间并非绝对的正向关联。

其次，优质的课程资源能够促进教师教学质量的提高。同时，希尔研究发现，MKT 水平高的教师对课程资源依赖程度低。希尔认为，当课程资源能够清晰阐明教学任务和教学活动背后的基本原理并提出易于教师理解的数学思想时，课程资源更有可能对教学质量产生积极的影响。希尔认

为，CMP 课程不同于美国的传统课程，它鼓励学生进行意义建构和推理，要求学生解释、概括、建构数学观点与联系，因而 CMP 本身能够促进教师教学质量的提高。在课程资源与教师 MKT 关系方面，高 MKT 水平的教师能够弥补课程资源的某些不足并且顺利提出问题组织教学，低 MKT 水平的教师却无法清楚、正确地呈现数学材料。

再次，教师 MTK、课程资源会对数学教学质量产生整体性影响。一是对于 MKT 水平低的教师来说，当课程资源能够为教学提供充分支持，而他们紧跟课程资源的时候，课堂教学的质量则较高；当 MKT 水平低的教师脱离课程资源时则容易面临教学困境，导致低质量的教学。二是当课程资源的设计存在缺陷或质量不佳的时候，MKT 水平低的教师容易出现教学失误，呈现低质量的教学。三是 MKT 水平中等的教师在教学中一般能够忠实地、适当地使用课程资源，MKT 水平高的教师则能弥补和改进课程资源的某些不足。

四、启 示

研究表明，希尔关于教师 MKT、课程资源与教学质量的关系的探讨，其实质是在厘清教师知识与教学的内在关系，促进教师知识研究的不断深化。其启示有如下几点：

首先，教师知识研究，既要关注教师知识本体，也要关注教师知识对教学质量的作用。教师知识不仅是教师专业发展的重要内容维度，也是影响教学质量的重要因素之一。国外学者对教师知识的研究主要集中在两大方面，一些学者关注教师知识本体的研究，如舒尔曼（1986）关于教师知识结构、来源的研究以及艾尔贝兹（Elbaz，1983）关于教师实践知识的研究等；另一方面，一些学者着力探讨教师知识与课堂教学的关系。如希尔开展的教师 MKT 水平对教学质量影响的研究，推进了教师知识向教学实践的转化。就我国而言，一些学者主要关注教师知识本体的研究，如辛涛等人从认知心理学角度进行教师知识结构研究，而很少关注教师知识与教学质量的关系。虽然一些学者认识到教师知识对教学质量的影响，但只调查了中小学数学教师对教师知识在数学教学中影响程度的看法，并未深入探讨教师知识与教学质量的复杂关系，这在某种程度上滞后了教师知识在教学层面的转化，导致教师专业发展与教学质量要求相脱节。借鉴希尔的研究经验，我国应加大教师知识与课堂教学质量关系的研究，寻求我国教师知识发展的新意蕴。

其次，课程资源研究，既要关注课程资源本体，也要关注课程资源对教学质量的作用。课程资源是教师教学设计和实施的重要依据，直接影响着教学的质量和效果。国外对课程资源的研究，一方面关注课程资源本体的优化问题，如课程资源的结构、内容等；另一方面特别关注课程资源与教学质量关系的问题。如希尔研究发现，课程资源对教学质量的作用不容低估，特别是对于 MKT 水平低的教师来说，高质量的课程资源能够弥补其数学知识的某些不足，提高其教学的有效性。目前，我国对课程资源的研究主要停留在课程资源本体的优化层次与水平上，较少关注课程资源与教学质量关系问题的研究，这在一定程度上导致教材等课程资源不能满足教学质量提升的需要。借鉴希尔的研究经验，我国也要加强课程资源与教学质量关系的研究，适应教学质量需求开发更为优质的课程资源。

再次，课堂教学研究既要关注教师知识、课程资源对教学质量的单独作用，更要关注二者对教学质量的综合影响。教师知识和课程资源之间是一种动态的互动关系，两者相互影响，并且共同影响教学实践。目前，一方面，西方学者非常关注教师知识、课程资源对教学质量的单独作用，例如，卡本特（Carpenter）考查了教师对学生思维的认识是如何影响教学的[20]，格罗斯曼（Pam Grossman）探究了课程资源对新手英语教师教学的影响[21]。另一方面，以希尔为代表的西方学者开始关注教师知识、课程资源与教学质量的关系。希尔研究发现，高 MKT 水平的教师能够主动弥补课程资源的某些不足，低 MKT 水平教师的教学质量则高度依赖于课程资源质量。就我国而言，我国学者主要关注教师知识、课程资源对教学质量的单独作用，尚未触及教师知识、课程资源与教学质量的关系的研究。借鉴希尔的研究经验，我国应加强教师知识、课程资源与教学质量的共生关系、综合影响的研究，进而明晰教师知识发展的复杂机理。

最后，应用案例研究方法探究教师知识，既要关注单案例研究，又要关注多案例研究。研究表明，多案例研究具有一定的优点，不仅能够全面地了解案例的不同方面，还能够通过案例的相互验证，提高研究的信度和效度。[22]因此，希尔在研究教师知识、课程资源与教学质量关系问题时，采用多案例研究方法，通过多组案例的复合性分析，使其获得的研究结论更为科学、可信。就我国来说，一些学者开展教师知识研究，主要采用单一案例研究方法；即便是多案例分析，也主要停留在案例内分析的层次，很少采用跨案例的分析，这会导致所得出的研究结论是基于案例本身现象的分析，缺少普遍性。借鉴希尔的研究经验，我国学者在研究教师知识、课程资源与教学质量的关系过程中，也应引入多案例研究方法。

参考文献

[1] 解书，马云鹏. 学科教学知识（PCK）研究的发展历程——兼谈对我国教师教育研究的启示 [J]. 现代教育管理，2013（6）：56-61.

[2][4][5] Heather C. Hill, Deborah Loewenberg Ball, Stephen G. Schilling. Unpacking pedagogical content knowledge：conceptualizing and measuring teachers' topic-specific knowledge of students [J]. Journal for Research in Mathematics Education，2008，39（4）：372-400.

[3] Janine T. Remillard. Examining Key Concepts in Research on Teachers' Use of Mathematics Curriculm [J]. Review of Educational Research，2005，75（2）：211-246.

[6][7][8][12][16][17][18] Charalambos Y. Charalambous, Heather C. Hill. Teacher knowledge, curriculum materials, and quality of instruction：Unpacking a complex relationship [J]. Curriculum Studies，2012，44（4）：443-466.

[9][10][11] 罗伯特·殷. 案例研究：设计与方法 [M]. 重庆：重庆大学出版社，2004：14，9，52.

[13][14][19] Charalambos Y. Charalambous, Heather C. Hill. Teacher Knowledge, curriculum materials, and quality of instruction：Lessons learned and open issues [J]. Curriculum Studies，2012，44（4）：559-576.

[19] 孔凡哲. 基础教育教科书质量保障机制的国际比较及启示 [J]. 东北师大学报（哲学社会科学版），2004（6）：36-42.

[20] Thomas P Carpenter, Elizabeth Fennema, Megan Loef Franke, Linda Levi. Children's Mathematics：Cognitively Guided Instruction [M]. Port smouth, New Hampshire：Heinemann，1999：15.

[21] Pam Grossman, Clarissa Thompson Curriculum Materials：Scaffolds for New Teacher Learning? [R]. A Research Report Cosponsored by Center for the Study of Teaching and Policy and Center on English Learning & Achievement (CELA)，2004.

[22] 孙海法，刘运国，方琳. 案例研究的方法论 [J]. 科研管理，2004（2）：107-112.

[原文载于《教育科学》2017年第1期（栾慧敏　刘学智　宋帅）]

日本教师教育研究生院课程体系构建

步入 21 世纪后，日本为了适应时代发展与教育改革的新要求，不断深化教师教育制度改革。2006 年，日本中央教育审议会针对日本大学教师培养领域中教育研究者培养与教育高度专门职业人才培养的职能无区分度的问题，以及为实现教师培养的特色化，而要求各大学设置教师教育研究生院，并以此作为提高教师素质和能力的重要策略，作为义务教育改革的重要一环。从 2004 年文部科学大臣中山成彬提议设置教师教育研究生院，[1] 到 2008 年日本 19 所大学单独或者联合设立教师教育研究生院，标志着日本教师培养教育在制度层面的又一次创新。

一、日本构建教师教育研究生院课程体系的时代背景

（一）以学生"生存能力"为培养目标的教育改革

随着国际竞争的加剧以及日本国内社会经济的衰退，日本社会的生存环境日益恶化。这些社会问题也必然在教育领域有所反映，如校园暴力、学生逃学、学生规范意识和自律意识低下、学生学力不高和学习兴趣不浓、学习经验不足以及学习障碍（LD）、注意欠缺（ADHD）、自闭症等问题日渐严重。[2] 为改变基础教育中存在的各种问题，适应日本激变的社会经济发展对新型人才的新要求，1992 年，日本中央教育审议会咨询报告《关于我国 21 世纪教育状态的展望》中，明确提出适应时代要求的学生"生存能力"培养目标。日本学者加藤幸次、三浦信宏对"生存能力"的内涵进行了界定，即培养学生适应信息化、国际化、全球化社会的生存能力就是指：学生自主发现问题、主动思考、自主判断，能动地解决问题的能力；主体自我内省、自律性、宽容大气的态度以及合作意识等丰富的人格品质；学生适应社会竞争所拥有的健康体质等方面素质。"生存能力"的培养是日本确定的新世纪基础教育最为核心的战略目标。[3] 2006 年，日本中央教育审议报告也指出，学校教育必须担负起夯实学生知识与技能基

础的重任。同时，学校理应在学生自立、个性发展和能力培养等方面发挥其应有职能，全面塑造学生完满的人格，[4]这进一步推动了日本以"生存能力"培养为核心目标的教育改革。

（二）教师教育改革的不断深化

进入 21 世纪后，日本中小学教育不断深化改革，教师教育面临新的挑战和机遇。首先，日本教师教育面临着新的挑战。据统计资料显示，日本教师指导教学及学生能力不足的状况令人担忧。2006 年日本公立学校中，被认定"指导能力不足"的教师多达 450 人。其中不乏一些资深教师也存在教育素质和能力不足的问题；[5]一些教师缺乏必要的职业精神和信念，教师职业崇高感和使命感淡薄。基于此，日本社会民众对教师的素质和能力越来越产生怀疑。同时，日本教师教育也面临着新的机遇。20 世纪 80 年代以来，日本适应社会发展与变革的要求，不断调整教师教育目标。如 1987 年日本教育职员养成审议会咨询报告《关于改善教师素质与能力的对策》中明确把教师对教育事业的使命感、对学生的身心发展的深刻理解、对学生教育的爱以及掌握必要的学科知识、教学知识和丰富的教育实践指导能力等作为教师教育的基本目标。[6]1997 年日本教育职员养成审议会咨询报告《适应新时代要求的教师培养策略》中又把 1987 年提出的教师教育目标提升为"无论什么时代教师都应该形成的素质与能力"。进入 21 世纪后，为适应激烈的变革时代及培养学生"生存能力"的教育改革要求，日本再次把对教师教育事业的热忱、教育专家型的能力、适应社会的综合性能力等确定为教师不可动摇的素质。[7]日本教师教育目标的变化，为日本教师教育改革提供了新的机遇，这也是日本设立教师教育研究生院的深层次原因。

（三）研究生层次的教师教育课程改革的诉求

日本教师教育研究生院诞生之前，日本各大学一般采用研究型的硕士课程来培养教师。把硕士课程作为教师教育课程最早始于 1967 年东京学艺大学。到 2006 年前，已有 48 所大学在教师教育领域开设了硕士课程，但主要以在校学生为培养对象，以培养教育领域研究者为目标。1976 年以来，日本多数大学依据都道府县的派遣制度，吸纳在职教师入学，启动在职教师培训功能。为提高在职教师的水平，有 15 所大学开设了夜间课程，43 所大学改革了原有的学院式教育方法，采用两年学制，其中一年在大学脱产学习，另一年回到原有的学校，一边从事岗位工作，一边接受指导，进行学校现场学习。1979 年，日本开设了新教育大学并实施研究生院制度，明确提出研究生院要保证提供在职教师的研究及再教育的机会。由此，日本教师教育全力推行硕士课程，向研究生院水平的教师教育迈进。以 2004 年为例，在获得教师资格证书群体中，小学教师取得研究生毕业证书的人数占 2.6％，中学教师为 4％。这表明，日本教师结构发生了一定的变化，研究型的教师数量不断增加。[8]但是，在研究生院制度下，教育研究者的培养和教育高度专门职业人才培养方面，研究生院的职能划分不甚明显。日本中央教育审议报告指出，在教师教育培养领域存在过度重视个别领域的理论知识和能力的培养问题，同时存在学校现场所需用的实践能力、应用能力等教育工作所需的高度专门性的知识与能力相对滞后的问题。[0]日本研究生院教育研究科等开设的硕士课程培养的实然状态是聘请特定相关领域持有高深的理论知识、能力的大学教师，去培养中小学教育工作所需要的实践能力、应用能力强的在职教师，这导致教育学术研究者的培养凌驾于教育专门职业人才培养之上，进而引起人们对研究生院水平教师教育的思考。

二、日本教师教育研究生院教师培养课程体系的基本框架

（一）确定以实践能力为核心的教师教育培养目标

2006 年，日本中央教育审议会《关于今后教师培养、资格证书制度的理想状态》指出，教师教育研究生院在培养目标上要超越教师资格证书更新目标。主要表现在如下三方面：（1）从大学本科阶段已修完教师必须掌握的基础的、基本的素质和能力课程的毕业生中遴选培养对象，进一步培养其实践指导能力、教育工作拓展能力以及管理新学校的能力等；（2）以具有一定教育工作经验的在职骨干教师为对象，培养其在社区和学校作为教师不可或缺的指导理论以及良好的实践能力、应用能力等；（3）培养大学毕业后具有各种社会经验，而有志于从事教育工作的人员。[10]

（二）教师教育研究生院的课程设置

2006 年，日本文部科学省在《关于教师教育研究生院的课程设置（补论）》中，对教师教育研究生院的课程进行具体的规定，教师教育研究生院的课程主要由三部分内容构成，即学科教育类的课程、学生指导类的

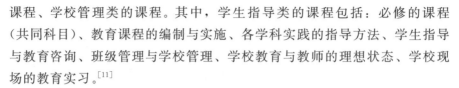

课程、学校管理类的课程。其中，学生指导类的课程包括：必修的课程（共同科目）、教育课程的编制与实施、各学科实践的指导方法、学生指导与教育咨询、班级管理与学校管理、学校教育与教师的理想状态、学校现场的教育实习。[11]

1. 必修课程

教师教育研究生院的必修课程主要包括五个领域：[12]

（1）课程的编制与实施。该领域主要关注的是各学科专业的课程内容。具体内容包括《学习指导要领》和课程的编制与实施、适应学生个性发展需要的教育指导的改进、指导与评价的一体化，以及课程的自我检查与自我评价、综合学习时间的整体计划与实施（应考虑各学科、道德、课外活动指导的关联性问题）等。

（2）各学科实践的指导方法。该领域主要关注保障学生成长、发展、创造性等的学力的各学科实践的教师指导能力。具体包括学科的意义、目的（包括学科间的关联性指导的方法），授课计划（学习指导方案），教材研究（教材的收集、选择、分析），指导方法（授课构成、授课方式）与指导和评价（考试的设计、评价的理想状态）等。

（3）学生指导与教育咨询。该领域主要指向关于对学生社会化、情感的发展的理解；促进学生通过各项教育活动，完成发展性课题和促进学生自立的发展；学生社会化、情感发展诸问题的把握及有效解决的实践指导力等方面课程内容。具体内容包括如理解学生发展的内容与方法（青春期学生的身心发展问题的知识），学生社会化、情感发展指导，教师与学生以及学生之间人际关系的指导，学生健全发育的指导，学习生活指导的体制及教育咨询的改善，关于问题行为的案例研究，学生在校指导体制，学校、家庭与社会之间的合作，促进学生就业发展的指导援助体制等。

（4）班级管理与学校管理。该领域设置了围绕学生学校生活、班级生活所进行的相关管理的课题分析和解决问题的策略性内容。具体包括：学校管理的内容和作用；班级管理与学校管理（学年管理案例、学年会、学校日常仪式）；与学生监护人合作的班级管理；学校组织、校务分工的机制；校内研修的意义、形态和方法；开放式学校的构建（与家庭和社区的合作、校际交流的推进、学校管理与学校评议员、信息公开和责任的说明）；班级管理、学校管理与评价。

（5）学校教育与教师的理想状态。该领域主要围绕现代社会学校教育的作用、地位的理解，以及教师的作用等方面设置课程。具体包括：学校与社会（在现代社会系统中学校的地位、学校的作用、与学校教育有关的课题等）；教师的社会作用、职业伦理；教师在社会与学校中必要的交际理论。

2. 不同学科领域的选修课程

（1）学科或学习领域的设定

日本文部科学省设置不同学科的选修课程主要基于如下考虑：在确定学生共同科目的基础上，设置适应各学科、各专业学习领域、研究课题等方面的科目。教师教育研究生院课程体系中，力图通过案例性的知识、基础性的理论来培养教师的素质和能力，致力于通过学校现场的课题来培养教师的教育教学能力，因此，适应不同教师的个性化需要，设置课程或学习领域成为一种必然和可能。具体的学习领域包括：[13]①学校现场的课题设定以及为解决此课题构建超越学科框架体系的科目群。例如，"以学力为目标的教材开发"，需要把学科教学法、认知心理学、学习共同体理论等列入专门的学习领域或课程。②学科课程研究科目群、教育组织管理研究群、教育临床研究群以及适应学生关心的领域确定课程或专门学习领域。③把一般教育学、心理学、各科教学法以及以其他教育与学习理论为基础的科目群作为专门的学习领域列入课程体系。

（2）现场研究内容的设定

基于学校现场是培养教师实践能力、应用能力等高度专门性素质的重要途径的考虑，实施案例性知识及学校现场的热点问题的研究也是教师专门性素质培养的重要方法。因此，应该把学校现场的实践活动、调查活动以及岗位实习等内容纳入教师教育研究生院课程体系中。具体包括：[14]①就设定研究题目的课题演习、探究方面而言，在设计必要的授课、教案、案例研究与分析、授课计划制订等内容的同时，学校现场的实践活动、现场调查研究也是不可或缺的学习内容。②适应研究生课题研究，在校岗位实习（例如，学科课程的编制、学校管理运作实务、教育组织管理实务的实习等）等方面，各大学的教师教育研究生院可以根据本大学的实际、研究领域的特色和教师教育培养目标，确定具体的实施内容与方法。为达到这一目的，大学的指导教师应与实习合作校的指导教师密切合作，共同制订指导计划，进行实习指导和实习结果分析等。

（3）学校现场的教育实习课程

文部科学省对教师教育研究生院课程体系中的学校教育实习课程做了必要的规定：[15]要求在大学本科阶段教育实习的基础上，进一步强化和完善在校研究生教育实习课程，借此充实、发展在校研究生的实践指导能力。对入学前有一定教育工作经验的学生，免修 10 学分的教育实习课程。为弥补大学本科阶段教育实习内容常常偏向教育实习的弊端，教师教育研究生院对教育实习课程做了进一步的规定，即要求与实习校紧密合作，全面、综合考查和体验学校管理、班级管理、学生指导、教育课程管理等各项教育教学实践活动。教师教育研究生院开设的"学校现场的教育实习"并不是大学本科阶段以教师最小限度的素质和能力培养为目标的"教育实习"的延续，而是借此在更高层面提高教师关于学校教育活动基础性理解的水平，并在此基础上培养研究生关于学科指导、学生指导、班级管理等方面的问题意识，以及自我制订解决上述课题或问题的策略的能力。特别是作为在职教师的研究生，在校实习本身更是参与教育实践活动的新体验，即通过观察、体验及参与制订等方式，客观地感受与自己原有教育实践有别的学校教育实践活动，并与自己原有教育实践进行比较，为自己在教师教育研究生院的课程学习过程中有针对性地制订提升自己素质和能力的研究、培养计划。为实现此课程目标，大学指导教师应指导研究生将理论知识学习与实践知识学习相结合，或者说帮助研究生获得理论知识转换为实践知识的素质和能力。相对于本科教育实习主要出于取得教师资格证书这一目的来说，教师教育研究生院的"在校实习"不是依据是否有教育经验来设置的实习课程，而是针对教师资格证书持有者设置的实习课程。在教师的指导下，学生在一定期间内，有计划地参与学校教育活动。尤其在职研究生的教育实习，应结合自己的实际情况，制订教育实习计划。

三、启 示

（一）研究生层次的教师教育应以"实践能力"培养为目标

日本创设教师教育研究生院的目的在于培养教育领域高层次的专门职业人才。为此，各大学教师教育研究生院都把培养学生实践能力、应用能力作为核心目标。如日本上越教育大学教师教育研究生院，把培养具有实践能力的专门职业人才确定为教师教育培养目标。具体强化三方面实践与应用能力的培养：[16]（1）"应变能力"，即指对不断变化的教育现场状况进行即时判断、适切的对应以及展开教育实践的能力；（2）"临床能力"，即指教师保持理论知识和实践知识动态平衡的能力。就是说，教师不仅要置身于实践中，还要有运用理论知识对教育实践进行记录与分析，进而丰富自己的教育实践知识的能力；（3）"协作能力"，即是指教师与社区、家长等各种各样的人进行联系与沟通，并解决各种问题的能力。从这三项能力的关系来看，临床能力和协作能力是基础的能力，应变能力则是上位能力。我国在研究生层次的教师培养上，十分重视学科素养、教学技能等基础能力的形成，作为教育教学与管理工作中最为关键的教育实践能力的培养却未得到应有的重视。

（二）研究生层次的教师教育应强化实践性、应用性的课程内容

日本文部科学省为培养真正具有实践能力的教师，在研究生层次的教师教育课程设置上，要求各大学力求体现实践教育、实务教育的特色。如日本上越教育大学教师教育研究生院在设置教师教育课程中就充分体现了这一要求：[17]一是学习临床共同课程。同时，在专任教师授课结束后，每门课程又布置了 10 个探究课题，组织在校研究生与在职研究生协作进行探究。二是开设学科选修课程和实习课程。选修课程和实习课程之间相融合是日本上越教育大学教师教育研究生院教师教育课程的亮点，是培养教师应变能力、临床能力和协作能力的核心课程。另外，日本上越教育大学教师教育研究生院选修课程中还设置了特定课程领域，即以培养学生实践能力为目标的专门学科。就教育实习课程而言，则是专任教师与实习学校的研究课题相连接，设置多个研究项目。学生从中择其感兴趣的项目作为研究课题，接受该专任教师研究团队指导。每个研究团队都应事先与实习校进行沟通，各人也要制订实地研究活动的计划，在校研究生在实习中还应制订专任教师、在职研究生的指导、合作方案。在与实习校教师、在校研究生、专任教师、在职研究生商议实习课程的同时，也要与大学的其他研究团队商议。由于实习课程致力于实习学校研究课题的解决，从而实现了学习成果还原于实习学校、反馈于实习学校的目的。

参考文献

[1] 三石初雄，张德伟，饶从满. 日本创设教师教育研究生院的动向：对高等教育机构扩充新教师培养和在职研修职能的要求及其课题 [J]. 外国教育研究，2009（7）：1-6.

[2] 教職研究生院の现状と課题（特集①）[EB/OL]. [2011-11-18]. http://www.keinet.ne.jp/doc/gl/08/09/toku080901.pdf.

[3] 加藤幸次，三浦信宏.「生きる力」を育てる評価活動：実践の工夫と技術

［M］．东京：教育開発研究所，1998：7.

　　［4］中央教育審議会初等中等教育分科会教育課程部会．審議経過報告［EB/OL］．（2006）［2011-11-18］．http：//search．yahoo．co．jp/search？p＝％E5％AF％A9％E8％AD％B0％E7％B5％8C％E9％81％8E％E5％A0％B1％E5％91％8A&search．x＝1&fr＝top＿ga1＿sa＿123&tid＝top＿ga.

　　［5］钟晨音．日本教师资格证书更新制度改革及其困境［J］．教师教育研究，2009（11）：77-80.

　　［6］教員養成審議会．教員資質能力の向上方策について［EB/OL］．（1987）［2011-11-18］．http：//www．mext．go．jp/b＿menu/shingi/12/yousei/toushin/021201．htm.

　　［7］山口毅．これから求められる教師像［J］．指導と評価，2008（1）：9-12.

　　［8］［9］山口毅．いま必要とされる教師力をいつどのように身につけるか3［J］．指導と評価，2008（4）：60-63.

　　［10］教職大学院におけるについて（第二次試案）（案）［EB/OL］．［2011-11-30］．http：//www．mext．go．jp/b＿menu/shingi/chukyo/chukyo3/siryo/06072721/002/032/024/001．htm.

　　［11］［12］［13］［14］［15］中央教育審議会．今後の教員養成？免許制度の在り方について（答申）．別添2教職大学院における力について（補論）［EB/OL］．（2006）［2011-11-18］．http：//www．mext．go．jp/b＿menu/shingi/chukyo/chukyo0/to ushin/06071910/015．htm.

　　［16］［17］小林辰至．これからの教師像と教職大学院の役割［J］．指導と評価，2009（3）：27-30.

［原文载于《外国教育研究》2012年第7期（刘学智　付晓娟　栾慧敏）］

日本基础教育中的教师教育改革：
经验与启示

21 世纪以来，日本为迎接激烈变化的社会对教育的挑战，不断推进教师教育改革。日本中央教育审议会、日本教育职员养成审议会多次强调教师教育问题，把培养和储备高素质能力的教师、创造教师安心从事教育事业的良好环境，以及营造尊师重教的社会氛围，视为教师教育改革的关键课题。为此，笔者拟对日本教师教育改革的经验加以探讨，期望对我国教师教育改革以有益的启迪。

一、日本教师教育改革的缘起

（一）以培养学生"生存能力"为目标的教育改革需要

20 世纪 90 年代以来，随着国际化、全球化进程的加快，国际社会竞争的日益激烈，人类面临着前所未有的挑战。日本学者研究发现，要使孩子适应激变的国际化、信息化社会，教育应责无旁贷地承担起培养学生"生存能力"的重任。1996 年日本在《展望 21 世纪的我国教育的应有状态》的教育改革提案中，详细阐述了确定"生存能力"培养目标的现实性和紧迫性。该咨文指出，目前，走向高学历社会的日本，大学、高中的升学压力日益严峻。在这样的背景下，学生的学习兴趣不高，学习生活十分枯燥、乏味；学生的社会体验、自然体验严重不足；家庭和社会教育水平明显下降，校园暴力、逃学、青少年犯罪等诸多教育问题日益突出[1]。同时，学生学业水平的国际排名下降，2006 年 OECD 调查中，日本学生成绩国际排名"中位层"减少，而"低位层"增加，学生读写等学力水平表现出下降的趋势[2]。为改变这一教育状况，日本积极推进基础教育改革，明确提出适应时代变化，培养学生自己发现问题、自己学习、自己思考、主体判断和行动，自律性和他人共同协作、宽容和感动心等丰富的人格品质，拥有不可欠缺的健康体魄等"生存能力"的教育目标。为实现这一教育改革目标，日本积极推进教师教育改革，以适应其深化教育改革需要。

(二) 教师教育乱象的诉求

日本教师教育中存在的问题影响着日本教师队伍的建设，其弊端主要表现在：一是日本教师管理制度存在严重缺陷。1988 年日本颁布的《教师资格法》规定，普通教师资格证书具有永久有效性，只有在法规上失效或撤销规定时其资格证书才会无效。日本教师资格终身制度对于社会关注的不胜任教师，即学科、学生指导力不足的教师，并没有相应的改进措施。由于在制度层面缺失"鞭笞"教师参加研修的自主性，日本教师难以适应时代变化和教育改革的问题在所难免。日本文部科学省调查结果显示，2006 年被认定为"教学指导能力不足"的公立学校教师多达 450 人，其中不乏资深教师教学资质和能力的不足[3]。二是大量"证书教师"出现，导致教师职业崇高感和使命感的丧失。由于日本取得教师资格证相对容易，加之中小学教师薪酬优厚，许多并无从教理想的毕业生也加入考证的队伍中，从而淡化了教师职业的崇高意义和使命感。大量"证书教师"的出现，导致日本教师队伍整体素质和能力的下降。三是教师教育机构和课程乱象，导致教师教育质量难以保证。由于日本教师培训市场潜力巨大，日本高校纷纷加入师资培训行列，抢占教师资格证书培训市场。目前，日本几乎所有的大学都开设了师资培育课程。据日本文部科学省2007 年《文部统计要览》的统计，截止到 2006 年 4 月，四年制大学开设"教师资格"课程的共有 713 所学校，在 468 所短期大学中就有 280 所短期大学开设教师资格培养课程；另外 576 个研究所亦设有教师资格培养课程[3]。教师教育机构和教师教育课程的管理乱象，导致日本教师教育质量难以得到保障。日本文部科学省发布的统计资料显示，2007 年日本全国公立中小学新聘教师 21734 人，但是经过 1 年试用后没有获得正式聘任资格的教师高达 301 人，这在一定程度上也反映出日本教师教育质量的下降[3]。

二、日本教师教育的基本经验

(一) 在目标上，适应时代需要确立教师教育目标

适应时代的要求提升教师的专业化素质，一直是日本中央教育审议会和教育职员养成审议会的热点议题。20 世纪 80 年代以来，日本教育职员养成审议会适应时代的要求，多次更新教师的养成目标。1987 年，日本

教育职员养成审议会答申《关于提升教师的资质与能力的对策》中指出，作为教师应具备下列能力，即教育者的使命感、对人的成长与发展的深刻理解、对学生的教育爱、掌握学科的专门知识、具有广博教养以及丰富的教育实践的指导能力[4]，并以此作为日本教师资质和能力的最基本的要求。1997 年日本教育职员养成审议会《面向新时代教师养成的改进对策》，把 1987 年日本教育职员养成审议会答申提出的教师资质与能力，确定为"无论什么时代教师都应具备的资质与能力"，同时进一步指出[4]，适应激烈变革的时代，要培养学生自己学习、自己思考以及丰富的人格特质等"生存能力"。今后教师理应具有站在全球的视野去行动的能力、适应时代变化作为活生生的社会人所具有的能力以及作为教师职业所必然要求的能力。步入 21 世纪，日本面向未来对教师素质提出了更高的要求[4]：①站在全球视野去行动所应具有的能力。具体包括对地球、国家和人类关系的适切的理解，丰富的人间性，在国际社会必须具有的资质和能力。②生存在激变时代的社会人所具有的能力，即包括课题解决等所需要的相关资质和能力，处理人际关系等方面的素质，适应社会变化所要求的知识和技能。③基于教师履行岗位职责必须具有的资质和能力，即对学生以及教育理想状态的理解，对教育事业的热爱和自豪感，为学生指导和教学指导所应具有的知识、技能和态度。由此看出，日本教师在专业化发展中，不断适应时代的新变化，对教师教育目标提出更高的要求。

（二）在管理制度上，打破教师资格终身制，实行弹性教师资格更新制度

随着教育改革的推进，日本教师队伍建设的滞后性日益突出，日本教师指导力不足，一些教师敬业精神匮乏，教师教学水平不高，教师研修的积极性低下等问题，成为困扰日本教育改革的重要因素。因此，打破教师资格终身制，实行弹性教师资格更新制已经成为日本教师教育改革中最为迫切的任务。日本教师资格更新制度的导入经历了较长时间，2001 年日本中央教育审议会《关于今后教师资格制度的应有状态》报告中明确提出教师资格证书制度综合化、弹性化后，日本展开了广泛的教师资格更新制实施可能性的大讨论。2005 年，日本文部省初步确定教师教育改革的具体方案，2007 年日本颁布《教育职员修正法》，2008 年日本教师资格更新制正式实施。研究表明，日本实施教师资格更新制的目的并不是为了清除不合格的教师，而在于提高教师必要的资质和能力，掌握最新的知识技能，教师能够自信、自豪地从教，赢得社会的尊敬和信赖。日本教师资格证书有效期限由终身制改为每 10 年更新一次。教师应在资格证书更新期限的两年前学习大学开设的 30 学时的教师研修课程，通过考核合格后，颁发新的教师资格证书；考核不及格者可以在两年内重新进行研修，如果有效期满仍不能完成更新讲习课程，则其教师资格证书随即失效。教师资格证书更新的适用对象包括现职教员（校长、副校长、教务主任、骨干教师、实习助手等）、教育委员会内定采用的教师以及教师资格证书管理者确认的预备教师等。同时规定，校长、副校长、骨干教师、教育长、教师资格证书更新讲习的讲师、文部省、教育委员会等表彰的优秀教师等，都可以通过申请而无须参加更新课程学习就可以获得教师资格更新证书。日本取消教师资格终身制，改变了教师职业倦怠的现状，激活了教师研修学习的热情，重振了日本教师的职业精神，适应了日本以生存能力培养为目标的教育改革的新要求。

（三）在课程设置上，构建教师教育一体化课程体系

日本非常重视教师专业化发展。早在 20 世纪 80 年代，日本就提出教师的资质和能力不可能一次学习就形成，必须通过养成、采用和研修各个阶段的课程学习才能获得。2002 年 2 月，日本中央教育审议会答申《关于今后教师资格证书制度的理想状态》中指出，日本现行教师教育包括三大阶段[5]：一是教师资格证书授予阶段，即通过养成阶段，学习教师资格证书课程。日本规定在修完学科专业领域的课程的基础上，应学习教师资格证书制度所要求的各科课程，以掌握学科教学、学生指导所必要的最低限度的素质和能力。二是出任教师的采用阶段，即教育行政部门主要依据开放的教师养成原则，从取得教师资格证书的人员中择优选拔具有优秀的素质和能力的人出任教师。三是在职研修阶段，即提高现职教师顺利履行岗位职责水平的过程。这一阶段主要适应社会发展的新要求、教育培养目标的变化，依据教师的教龄、职务、学科等方面，适应时代要求提升教师素质和能力。其中，除采用阶段的新教师录用外，教师养成阶段和现职研修是教师教育的关键阶段，日本教师教育主要通过该两大阶段来保证教师的资质和能力对教育教学改革的适应性。

（四）在培训机构上，以大学为依托开展教师教育

日本承担教师教育任务的主要机构是大学。为此，2006 年，日本中等教育审议会答申提出"教师资格制度要向以大学的教师教育课程内容为

教师最低限度的必要资质和能力"要求的改革，并设立教师教育大学院，进一步强化大学在教师教育中的功能。2006 年，日本中等教育审议会答申讨论"关于教师养成、教师资格证书制度的现状和课题"时指出，现行的大学教师课程存在各种各样的问题，主要包括[6]：①大学对培养适应时代社会发展与教育发展需要的教师要求不明确，即对教师养成的理念不清晰、对培养学生所必要的资质与能力是什么不清晰。②科目间内容的整合性、连续性比较差等。③大学教师偏向专门的研究领域进行授课，与学校实践相关的课题不对应。而且以讲义为中心，演习、实验和实习等环节不足，教师的实践指导力培养不够等，这引起人们对教师教育委任给大学的担忧和批评。尽管如此，日本一些学者认为大学在教师研修中的功能和作用不可低估，主张教师研修不体现大学研究者的研究专门性，教师研修也就失去了价值。为此，近年来日本一些县的教育委员会与大学纷纷缔结教师培养合作协定，把教师研修的一些任务放到大学。研究表明，日本在大学里研修的教师一边感受大学新鲜的校园文化，一边汲取知识的营养；研修教师以大学的研究课题为契机，自己的教育教学能力得到了很好的发展。

三、对我国教师教育的启示

（一）确立教师教育目标应体现时代特点

适应时代变革，推进教师专业化发展是世界发达国家提高教师质量的重要战略。2005 年日本中等教育审议会答申《创造新时代的义务教育》中，明确提出作为教师的最重要的三个条件，即对教育工作的强烈热爱、作为教育专家所具有的力量以及综合的人间性等。1998 年日本教育职员养成审议会（第一次答申）就明确提出教师应具备的基本素质和能力，即教育者的使命感、对人的成长与发展的深刻理解、对学生的教育爱、掌握丰富的学科知识、具有广博而丰富的教养以及教育实践的指导能力等。2007 年日本《教职员修正法》，在重申上述教师教育目标的同时，对教师教育提出了更高的目标，即要求教师积极发展自己擅长的领域和延展自己的个性[7]。我国《中长期教育改革与发展规划纲要（2010－2020 年）》明确把提高教育质量作为教育改革的根本任务。而提高教育质量，首要的前提是提升教师的能力和素质。借鉴日本的经验，我国在确定教师教育目标过程中，应当考虑全球化的教育背景和学生发展日益复杂化的环境，紧扣

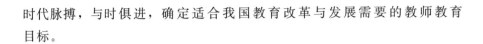

时代脉搏，与时俱进，确定适合我国教育改革与发展需要的教师教育目标。

（二）实现教师资格管理由终身制向更新制的转变

日本打破传统的教师资格终身制，实现教师资格的弹性化，确定教师资格证书有效期为 10 年，充分调动了日本教师在职研修的主动性和积极性，为其教师专业发展创造了很好的政策环境。目前，我国教师资格证书管理仍实行的是终身制。我国《教师法》第十四条明文规定："受到剥夺政治权利或者故意犯罪受到有期徒刑以上刑事处罚的，不能取得教师资格；已经取得教师资格的，丧失教师资格。"教师只要不违反此项法律法规，其教师资格证书就会永远有效。在实践中，教师资格终身制作为我国教师资格管理制度，其弊端日渐凸显。表现为教师参加研修的积极性不高，进取心不强，教育教学能力不适应社会经济和文化以及学生身心发展的新变化，这在一定程度上制约了我国教师专业发展的水平。借鉴日本的经验，我国应打破教师资格终身制的局限，推行弹性教师资格证书管理制度，在政策上调动教师参加研修的主动性，增强教师从教的危机感，进而推动教师的专业化发展。

（三）完善教师教育一体化课程体系

日本教师教育课程管理秉承着适应时代发展和终身学习的理念，采用养成和现职研修的一体化课程体系。1998 年日本教育职员养成审议会明确把教师养成、采用和研修的统一性作为其教师教育的重要政策。为此，日本积极构建教师教育一体化课程体系，即在养成阶段，以培养教师"什么时代都要求的资质与能力"为目标，通过教师资格证书课程的学习，从而获得课程指导、学生指导以及教学实践等最低限度必要的资质和能力；在采用阶段，以遴选优秀的教师为目标，在教师资格证书持有群体中选拔具有优秀的资质和能力者，任命为新教师；而现职研修阶段，则以培养"今后对教师特殊要求的素质和能力"以及教师实践性知识和个性化的资质和能力为目标，通过大学开设的教师教育课程，促进教师的专业发展。研究表明，日本通过此三个阶段的统合，完善了日本教师教育一体化的课程体系。我国教师教育尚缺乏统一的课程体系，职前与职后课程任务不明确，这在一定程度上制约了我国教师教育质量的提高。借鉴日本的经验，我国教师教育课程改革应实现职前教师教育课程和在职教师教育课程的统一，既要通过师范院校、教师资格证书培训机构的职前课程、教师资格证书课程培养教师基本、基础的教育教学知识和能力，也要依托大学、教师进修院校设置的教师教育课程，开展教师在职研修学习，多途径促进教师的专业发展。

参考文献

[1] 中央教育審議会. 21 世紀を展望した我が国の教育の在り方について [R]. 1996：5.

[2] 中央教育審議会，初等中等教育分科会，教育課程部会. 教育審議経過報告（R）. 2006：2.

[3] 钟晨音. 日本教师资格证书更新制度改革及其困境 [J]. 教师教育研究，2009（11）.

[4] 山口毅. これから求められる教師像 [J]. 指導と評価，2008（1）.

[5] 中央教育審議会. 今後の教員免許制度の在り方について（答申）[R]. 2002：18-19.

[6] 千千布敏弥. これから求められる教師像 [J]. 指導と評価，2008（1）：4-8.

[7] 高倉翔. これからの教員に求められる資質能力と「教育職員免許法」の改正. 教育研究所紀要（第 7 号）[N]. 国立教育研究所，1998：8.

[原文载于《东北师大学报（哲学社会科学版）》2011 年第 4 期（刘学智　陈淑清）]

日本中小学教师教育改革述评

日本教师专业化发展与其完备的教师教育制度密切相关。20 世纪 80 年代以来，日本非常重视教师教育，在制度层面确立教师专业发展必经的三个阶段，即养成、遴选与现职研修。进入 21 世纪，日本全面启动教师教育制度改革，以适应时代发展与教育改革的新要求。研究表明，借鉴日本教师教育改革，对破解我国教师教育中存在的各种问题，引导我国教师教育的改革具有一定的启迪意义。

一、日本教师教育改革的时代背景

（一）日本以培养学生"生存能力"为目标的教育改革

随着日本老龄化、少子化社会的到来，日本社会竞争日益加剧，社会生存环境日益复杂化。在教育领域，中小学学生的学力水平明显下降，校园暴力频发，学生逃学现象严重；学生学习生活感到枯燥乏味，严重缺乏生活经验。[1]为适应激烈变化的现代社会的发展，日本提出塑造全体国民的人格，培养国家社会的形成者的教育目标。2006 年日本中央教育审议报告指出，在塑造学生完美人格的过程中，学校教育担负着艰巨的任务，学校教育应在学生自立、个性和能力的发展等方面发挥其不可替代的作用。另一方面，日本要致力于世界贡献度高的国家，就必须培养学生活跃国家和世界舞台的各种能力，以推进日本成为世界一流教育水准的国家战略。[2]围绕着这一教育目标和国家战略，日本确立了以培养学生"生存能力"为目标的教育改革方向。早在 1992 年，日本中央教育审议会答申《关于展望 21 世纪的我国教育的状态》中，就倡导培养学生"生存能力"的重要性。日本学者认识到，要使孩子适应日益复杂的信息化、全球化社会，教育责无旁贷地要把发展学生的生存能力作为核心的培养目标来实现。为此，2002 年日本在学习指导要领中指出，日本教育要由片面重视知识与技能的教育向培养学生"生存能力"的教育转换。所谓生存能力是指培养学生确实掌握基础知识和技能、自己学习与思考、主体的判断与行动、关心他人的责任心和感动心等丰富的人格以及健康的体魄等。[3]日本学者三浦信宏就"生存能力"的含义进行了界定，即认为应从三方面认识"生存能力"的内涵，即学生自主发现问题、主动思考、自主判断，能动地解决问题的能力；主体自我内省、自律性、宽容大气的态度以及合作意识等丰富的人格品质；学生适应社会竞争所拥有的健康体质。[4]由此，培养学生的生存能力成为日本教育改革的核心目标。

（二）日本教师教育面临的挑战

进入 21 世纪后，日本教师教育面临着严重的挑战。一是日本不能胜任教师职位的人数逐年增多。一项统计资料显示，2006 年，在公立学校中，被认定"教学指导能力不足"教师多达 450 人。其中一些资深教师的教学资质和能力也存在严重的不足[5]。二是一些教师的职业精神匮乏，教师职业崇高感和使命感淡薄。三是日本教师教育制度存在严重的问题。1988 年日本《教师资格法》明文规定，普通教师资格证书具有永久有效性，只有在法规上失效或撤销规定时其资格证书才会失效。随着社会的发展和教育改革的深入，日本教师资格终身制度的弊端逐渐显现。由于在制度层面对教学指导力、学生指导力不足的教师缺失必要的惩罚措施，教师自主研修的积极性不高，这直接导致日本教师质量的下降。据日本文部省统计，2007 年日本全国公立中小学新聘教师 21734 人，但是经过 1 年试用后没有获得正式聘任资格的教师多达 301 人[6]。因此，日本社会质疑教师质量和教师教育的问题的声音非常强烈，日本教师教育改革迫在眉睫。

二、日本教师教育改革的主要内容

（一）更新教师教育目标

20 世纪 80 年代以来，教师的素质与能力的培养问题就成为日本教育领域的重要议题。日本教育职员养成审议会为适应时代的要求，不断地更新教师的养成目标，即教师的素质与能力目标。1987 年，日本教育职员养成审议会答申《关于提升教师的素质与能力的策略》中指出，作为合格教师应具备下列能力，即教育工作者的使命感、对人的身心发展的深刻认识、对学生的宽厚的爱以及掌握学科知识、教学知识，具有广博而丰富的教养和丰富的教育实践指导能力。[7]1997 年日本教育职员养成审议会答申

《面向新时代教师养成的改善对策》，把 1988 年日本教育职员养成审议会答申确定的教师教育目标确定为"无论什么时代教师都应该具有的教育的素质与能力"的同时，进一步指出，适应激烈变革的时代，培养学生的"生存能力"，教师理应具有更高层次的素质，这包括：教师站在国际化视野去实施教育的能力，作为现实社会人所具有的能力以及教师专门职业所必然要求的能力。[8]2006 年，日本中央教育审议会《创造新时代的义务教育》指出，今后的教师应具备三个素质[9]：一是作为教育专家确实应有的素养。包括对学生的理解力、对学生的指导力、集团指导力、形成班集体力、学习指导力、授课力、理解教材力等。二是教师对教育事业的热爱，即对教育事业有崇高的使命感和自豪感，对学生挚诚的爱护和无比的责任感以及积极向上的精神。三是教师应具有综合的人间性。就"人间性"的含义，日本学者千千布敏弥认为，教师作为学生人格形成的直接相关者，除了具有教育工作的热忱、专业化知识外，还要具有丰富人格特质和社会性，即有教养、知礼仪，会人际交往和沟通等。[10]同时，该答申指出："教师的热忱、专业化和人间性对教师来说是不可动摇的素质，教育的成败与否关键在教师。"[11]这表明，日本教师在专业化发展中，不断适应时代的教育改革的需要提出新的教师教育目标。

（二）导入弹性化的教师资格更新制

日本是世界上较早实行教师资格制度的国家，其完善的教师资格制度为日本培养了大批优秀的教师。但是，进入 21 世纪以来，由于日本教育面临的各种新问题，如学业失败、校园暴力等问题导致日本社会对教师素质产生了不信任感，对教师资格证书制度的作用产生了怀疑。为此，为推进符合新时代要求的教育改革，满足日本民众对高质量教育日益高涨的需求，日本在开展全国性教师资格更新制导入问题大讨论的思想辩论的基础上，重新修正教师资格法，导入弹性化的教师资格更新制。2009 年 4 月 1 日日本全面推行教师资格更新制，对教师资格证书者的持有条件提出更新、更高的要求。日本教师资格更新制的基本要点包括六项[12]：一是提出教师资格更新制的目的。日本教师资格更新制的实施，不以排除不胜任教师为目的，而志在促进教师适应时代发展，形成必要的资质和能力，掌握最新的知识和技能，使教师自豪、自信地站在讲坛上，成为备受社会尊敬和信赖的人。二是确定教师资格证书的有效期，规定普通教师资格证书和特别教师资格证书的有效期为 10 年。三是确定教师资格证书更新学习的主要对象为：①现职教员（校长、副校长、教务主任）；②实习助手、宿舍管理人员、学校营养员、养护职员；③教育长、指导主事、社会教育主事以及教育委员会中任职的与学校教育或社会教育相关的指导者；④教育委员会确定的教育人员；⑤教师录用内定者；⑥教育委员会、学校法人等确定的临时任用教师名册簿中登录的人员；⑦过去作为教师的有经验者；⑧认定的幼儿园的保育人员等。四是规定更新学习的免除对象：①指导教师的培训者、教师资格证书课程讲师等；②优秀教师表彰者。五是设定教师资格证书更新的条件：规定有效期满的前两年内，必须修完大学开设的 30 学时以上的教师资格证书更新课程。

（三）构建教师教育课程新体系

1. 注重教育实践课程的开发

在教师养成阶段，日本承担教师培养任务的主要机构是大学。2006年日本中等教育审议会答申"关于教师养成、教师资格证书制度的现状和课题"中指出，现行大学教师教育课程存在各种各样的问题，主要包括[13]：一是大学对培养适应时代社会发展与教育发展需要的教师要求不明确，即对教师养成的理念不清晰，对培养学生所必要的资质与能力的内涵不明确。二是教师教育课程内容的整合性、连续性比较差等。三是大学教师授课过分注重学术研究的成果，与学校实践相脱节。教师偏向以讲义为中心，实验和实习等环节明显不足，忽视教师实践指导力的培养。这些问题引起人们对教师再教育委任给大学的担忧和批评。为改变这一现状，日本在职前教师教育阶段，一方面注重"核心科目群"的建设，另一方面各大学先后实施了"体验—反思计划"，强化教育实习课程的开发。如日本信州大学从 2005 年开始设置"教育临床基础""教育临床演习"等课程，并增设了"基础教育实习"和"应用教育实习"等实践课程。[14]

2. 适应教师个体自主发展需要，开展教师现职研修

1999 年日本教育职员养成审议会答申《关于养成·遴选·研修的一体化》中指出，教师不仅要具有"什么时代都要求的素质与能力"和"今后对教师特殊要求的素质和能力"，所有教师还要掌握多样化的素质和能力。"学校是由具有多样个性的教师构成的，即使再小的学校，只要走进教室，也会闪耀教师个性的光芒。"[15]教师的专业成长是从量变到质变的过程，教师只有立足校本研修和教学研究才会有质的发展。实践表明，一些教师有时无论怎样努力也不会有太大的变化，但是在某一天教学能力会

发生突飞猛进的发展。这表明教师的专业发展会因个体差异而出现专业成长过程的不同。为此 1999 年日本教育职员养成审议会答申《关于养成·遴选·研修的一体化》中重新确立了教师研修的方向，即在确保全体教师共同的、基础的、基本的素质和能力的同时，要积极地促进教师擅长领域和个性的发展。2006 年日本中央教育审议会指出，教职员要适应学生的个性，富有创造性地发挥自己的能力。[16]为此要适应教师个体自主发展的需要，为其提供多样化的研修机会，如工作之外时间的研修机会的获得。同时，更要为教师改进自主研修的环境，以及派遣培训教师，针对教师的个体情况，实施个性化指导。

三、日本教师教育改革的启示

(一) 适应社会变革，确立教师教育目标

教师教育在教育发展中处于优先发展的战略地位。教师教育的先导性决定教师教育必须反映时代的新潮流，反映教育改革发展的新趋势。为此，日本不断适应社会变革，不断调整教师教育目标，以适应其教育改革的新要求。2005 年日本中等教育审议会《创造新时代的义务教育》中，就明确提出培养教师崇高的职业感、成功进行教育所具有的知识与力量以及综合的素质等。1998 年日本教育职员养成审议会（第一次答申）也明确提出教师应具备教育者的使命感、对学生成长与发展的深刻领悟，掌握丰富的学科知识，具有广博而丰富的素养以及教育实践的指导力等。2007 年日本《教师修正法》在重申教师教育基础目标的同时，对教师教育提出了更新的培养目标，即要求教师积极发展自己的个性和拓展自己擅长的领域。研究表明，这些教师教育政策都对教师教育培养目标赋予新的内涵。就我国而言，教师教育在教师队伍建设中具有不可替代的作用。在一定意义上说，教师的素质决定教育的质量，教育的差距归根结底是教师的差距。因此，实施人才强国战略，必须重视教师资源的开发，应从教育优先发展的高度认识教师教育问题。借鉴日本的经验，我国在确定教师教育目标过程中，要充分考虑社会经济、文化背景和学生发展环境的复杂性，确定适合我国教育改革与发展需要的教师教育目标。

(二) 多维度构建教师教育课程体系

研究表明，日本教师教育课程管理秉承适应时代发展和终身学习的理

念，形成了养成、现职研修一体化课程体系。1997 年日本教育职员养成审议会明确把教师养成、采用和研修的一体化作为教师教育课程改革的重要制度。为此，日本积极构建教师教育一体化课程体系，即在职前阶段，通过教师资格证书课程的学习、教育实践课程的学习，培养教师必备的教育教学资质和能力；在采用阶段，以遴选优秀的教师为目标，在教师资格证书持有群体中择优选用具有优秀的资质和能力的新教师；在现职研修阶段，继续夯实教师基础素质，同时瞄准培养"今后对教师特殊要求的素质和能力"以及教师擅长的领域、教学实践性指导能力等目标，通过大学等教师教育机构开设的教师教育课程促进教师的专业发展。借鉴日本的经验，我国教师教育课程建设应打通职前与在职教师教育课程，实现教师教育课程一体化。同时，要关注教师教学实践能力培养课程和教师"擅长领域"，拓展课程的研究与开发，综合促进教师的专业发展。

（三）改革教师资格证书制度，实施弹性教师资格更新制

实践表明，日本教师资格证书管理政策的出台，极大地调动了日本教师在职研修的主动性和积极性，为其教师专业化发展提供了政策支持。我国教师教育管理制度还有待改进，尤其现行教师资格证书管理仍实行的是终身制。按照《教师法》的精神，我国教师只要不触犯法律，其教师资格证书就会永远有效。在教师教育实践中，教师资格终身制作为教师资格管理的常规制度，其弊端非常突出，例如教师参加研修的积极性不高，教师缺乏研修的主动意识，教师的知识与技能不适应社会发展以及信息化社会学生身心发展的新变化等，这些问题严重制约了教师队伍整体素质的提高。借鉴日本的经验，我国应积极推行教师教育管理制度改革，突破教师资格终身制的囿限，建立弹性化的教师资格证书更新制度，进而调动教师在职研修的积极性、主动性，增强教师从教的危机意识，从而提高教师队伍素质。

参考文献

　[1] 中央教育審議会. 21 世紀を展望した我が国の教育の在り方について［R］. 1996：5.

　[2]［3] 中央教育審議会. 中央教育審議経過報告［R］. 2006.

　[4] 加藤幸次，三浦信宏.「生きる力」を育てる評価活動：実践の工夫と技術［M］. 东京：教育開発研究所，1998：7.

［5］［6］钟晨音. 日本教师资格证书更新制度改革及其困境［J］. 教师教育研究，2009（11）：77-80.

［7］教員養成審議会. 教員資質能力の向上方策について［R］. 1987.

［8］教員養成審議会. 新たな時代に向けた教員養成の改善方策について［R］. 1997.

［9］中央教育審議会. 新しい時代の義務教育を創造する（答申）［R］. 2005.

［10］［13］［15］千千布敏弥. これから求められる教師像［J］. 指導と評価，2008（1）：4-8.

［11］出口毅. これから求められる教師像［J］. 指導と評価，2008（1）：9-12.

［12］教員免許更新制［R］. ［2011-04-08］. http://www. mext. go. jp/amenu/sho-tou/koush in/08051422/009. htm.

［14］岩田康之. 日本教师教育课程中的体验与反思［J］. 东北师大学报（哲学社会科学版），2009（2）：159-160.

［16］高仓翔. これからの教員に求められる資質能力と「教育職員免許法」の改正. 教育研究所紀要（第7号）［N］. 国立教育研究所，1998：8.

［原文载于《教育科学》2011 年第 4 期（刘学智　陈淑清）］

图书在版编目（CIP）数据

基础教育课程教材改革前沿问题研究/刘学智著.
—长春：东北师范大学出版社，2019.12
　（元晖学者教育研究丛书）
ISBN 978 - 7 - 5681 - 6645 - 4

Ⅰ. ①基… Ⅱ. ①刘… Ⅲ. ①基础教育—课程改革—
研究—中国　②基础教育—教材改革—研究—中国　Ⅳ.
①G632.3

中国版本图书馆 CIP 数据核字（2019）第 282999 号

JICHU JIAOYU KECHENG JIAOCAI GAIGE
QIANYAN WENTI YANJIU

　　　　　　　　　　　　　　□策划编辑：张晓方

□责任编辑：冀爱莉　张晓方　　□封面设计：上尚印象
□责任校对：施　涛　　　　　　□责任印制：许　冰

东北师范大学出版社出版发行
长春净月经济开发区金宝街 118 号（邮政编码：130117）
电话：0431—84568046
传真：0431—85691969
网址：http：//www.nenup.com
东北师范大学音像出版社制版
辽宁新华印务有限公司印装
沈阳市张士经济技术开发区
中央大街六号路 14 甲—3 号（邮政编码：110021）
2019 年 12 月第 1 版　2019 年 12 月第 1 次印刷
幅面尺寸：169 mm×239 mm　印张：20.25　字数：340 千

定价：62.00 元